BAEDEKER
SMART

BALI

Perfekte Tage
auf der Insel
der tausend Tempel

Verlag Karl Baedeker – www.baedeker.com

Inhalt

Kapiteleinteilung: siehe vordere Umschlaginnenseite

TOP 10

Was muss ich gesehen haben? Unsere TOP 10 helfen Ihnen, von der absoluten Nummer eins bis zur Nummer zehn die wichtigsten Reiseziele einzuplanen.

1 UBUD ➤ 74
Eingebettet in eine exotische Landschaft aus grünen Reisterrassen und vom Vulkankegel des Gunung Agung überragt, schlägt am Rande des Hochlands das künstlerisch-kulturelle Herz der Insel.

2 PURA TANAH LOT ➤ 48
Für viele das prägendste Bali-Erlebnis: der vom Indischen Ozean umbrandete Meerestempel mit der untergehenden Sonne im Hintergrund.

3 GUNUNG BATUR & DANAU BATUR ➤ 132
Eine der großartigsten Vulkanlandschaften der Erde verheißt der Batur-See, eine riesige Caldera, aus der der gleichnamige Feuerberg herausragt (Abb. links).

4 PURA BESAKIH ➤ 104
Die aus rund 30 Einzelkomplexen mit über 200 Gebäuden bestehende Tempelanlage Pura Besakih ist als »Mutter aller Tempel« Zentrum des religiösen Lebens auf Bali.

5 TIRTAGANGGA ➤ 109
Für die kinoreifen Aussichten über Reisterrassen hinunter aufs Meer und bis zur Nachbarinsel Lombok möchte man diesem Refugium am liebsten einen Oskar verleihen.

6 PURA LUHUR ULU WATU ➤ 50
Der »Tempel über dem Felsen« und die 100 m weiter unten gegen die Küste peitschenden Wellen sind die beiden Pole eines unvergesslichen Panoramas.

7 DANAU BRATAN ➤ 137
Wer den im Regenwald eingebetteten und von Vulkanen umzingelten Bergsee erblickt, wird nicht lange rätseln, warum der Danau Bratan den Balinesen heilig ist.

8 BANGLI ➤ 80
Das ehemalige Königsstädtchen beheimatet einen der drei heiligsten Tempel der Insel – so zauberhaft wie kaum ein anderer liegt er inmitten üppig grüner Natur.

9 PULAU MENJANGAN ➤ 156
Der beste Tauchspot Balis. Vor dieser unter Naturschutz stehenden Insel genießt man selbst in 40 m Tiefe noch einen ungetrübten Durchblick auf eine märchenhafte marine Welt.

10 KUTA ➤ 53
Sonne, Strand und Spaß – von diesem Dreiklang träumen alle, die Kuta, die vielleicht turbulenteste Ferienfabrik von Südostasien, zu ihrem Urlaubsziel erkoren haben.

DAS BALI

Erleben, was die Insel ausmacht und ihr einzigartiges Flair spüren. So, wie die Balinesen selbst.

EIN FEST FÜR DIE GÖTTER

Tempelfeste garantieren unvergessliche Einblicke in die balinesische Frömmigkeit. Mittels Meditation, Gebeten, Mantren und Rituale laden die Gläubigen die Götter ein, den Tempel zu besuchen, Gamelan-Klänge sorgen für eine magische Atmosphäre und spezielle Delikatessen fürs leibliche Wohl. Die Touristeninformationen halten Listen der aktuellen Tempelfeste bereit.

ZU GAST BEI FREUNDEN

Wie sollten Sie besser und intensiver in direkten Kontakt mit der einheimischen Bevölkerung treten, als wenn Sie sich in einem Homestay einquartieren? Gewinnen Sie Einblicke in den balinesischen Alltag, der Touristen normalerweise verborgen bleibt. Auf der ganzen Insel betreiben Hunderte von Gastfamilien kleine Bleiben, insbesondere im gebirgigen Inland, wo sie noch gelebt wird, die von Herzen kommende balinesische Gastfreundschaft. So gerade auch im aufstrebenden Feriendörfchen Munduk (► 144), wo Besucher auch als Erntehelfer tätig werden können. Bei der Vermittlung von Unterkünften hilft z. B. das Bali Homestay Program (www.bali-homestay.com).

Yoga und Meditation sind untrennbar mit der hinduistischen Kultur Balis verwoben

GEFÜHL

FÜR LEIB & SEELE

Seit der Hollywood-Verfilmung von *Eat Pray Love* mit Julia Roberts folgten ganze Heerscharen von meist weiblichen Touristen der Protagonistin Liz Gilbert, um in Ubud (► 74) oder anderswo auf Bali in einem der vielen Yoga-, Meditations- und Heilerzentren zu sich selbst und den Seelenfrieden zu finden.

FRUCHTIGES TREIBEN

Papaya, Mango, Kokosnuss – wer kennt sie nicht, ganz zu schweigen von Bananen und Ananas? Aber die wirklich tropischen, exotischen Früchte, die selten bis nie den Weg in einen europäischen Supermarkt finden – wer kennt die? Auf Balis Märkten kann man sie preiswert verkosten: Früchte mit seltsamen Namen wie Rambutan, Longan

oder Durian. Und ganz nebenbei gewinnt man Einblicke in den balinesischen Alltag. Besonders schöne Märkte warten in Ubud (Jl. Raya Ubud, tägl. 6–13 Uhr), Sukawati (Jl. Raya Sukawati, tägl. 6–20 Uhr), Jimbaran (Jl. Ulu Watu, tägl. 6–12 Uhr) und Denpasar (Pasar Badung, Jl. Gajah Mada, tägl. 6–20 Uhr).

STRASSEN-SCHLEMMEREIEN

Internationale Speisen mögen den Vorteil haben, dass es keine Überraschungen gibt. Doch machen nicht gerade diese den Reiz einer Reise aus? Ob Babi Guling (mit Gewürzen gefülltes Spanferkel), Gado Gado (warmer Gemüsesalat mit Erdnusssauce), Nasi Campur (Reistafel) oder eine der vielen anderen balinesische Spezialitäten – am besten und authentischsten erkunden Sie die Inselkulinarik in einem der überall zu findenden *warung*, einer Garküche mit einem Tisch, zwei Bänken und einem Sonnensegel davor.

STRANDLEBEN

Der Strand, das ist die große Bühne vieler Urlaubsträume. Und auch wenn Bali vielleicht nicht die schönsten Strände des Planeten zu bieten hat, so spielt sich ein großer Teil des Lebens an der Küste ab. An kilometerlangen Sandstränden wie vor Kuta (► 53) und Balian (► 161) wie auch an den kleinen, von Klippen eingerahmten Buchten der Halbinsel Bukit Badung (► 58) mit ihren einfachen *warungs*.

DORFLEBEN

Balis Bevölkerung ist dörflich geprägt (► 16). Um ihren »Way of Life« zu verstehen, sollten Sie sich aufmachen ins Dorf Penglipuran (► 17). Hier können Besucher die Häuser der Bewohner aufsuchen, ihnen bei der Ausübung ihres Kunsthandwerks zuschauen und mit ihnen ins Gespräch kommen.

ZEITREISE

Es gibt Orte auf dieser Welt, die an Anmut und Schönheit nicht zu übertreffen sind. Die kleine Insel Gili Trawangan (► 173) gehört dazu. Nostalgiker auf den Spuren der Hüttenromantik können hier erleben, wie auf Bali die Uhren vor der Ankunft des Tourismus tickten.

Wer eine Reistafel bestellt, kann eine Vielzahl von Spezialitäten probieren

Das Magazin

Agama Hindu Dharma

GLAUBE UND ALLTAG VERWOBEN

Nach dem dualistischen Weltbild von Agama Hindu Dharma, der weltweit einzigartigen Religion der Balinesen, stehen Makrokosmos (= Universum) und Mikrokosmos (= Mensch) in einem antagonistischen Verhältnis zueinander. Der Mensch lebt in einem Kosmos der Gegensätze wie Himmel und Erde, Berg und Meer, Leben und Tod, Gut und Böse – und seine Existenz wird erst durch das Zusammenwirken dieser Antipoden möglich.

In der synkretistischen Religion vereinen sich Elemente aus Hinduismus, Buddhismus und uraltem Geisterglauben, in dem alles mit allem in Verbindung steht. Damit ist eine Kraft so gut wie die entgegengesetzte – Bestreben des Menschen muss es sein, durch seine als *karma* bezeichneten Taten dem Weltgesetz *dharma* Genüge zu tun, das regelt, wie die Harmonie zwischen den Gegensätzen herzustellen ist. Das erklärt, warum die Balinesen mit Opfergaben den Göttern ebenso wie den Dämonen huldigen. Und da das Pantheon der Götter und Dämonen auf Bali riesig ist, wird der Alltag der Balinesen maßgeblich von Opferriten und Zeremonien bestimmt.

Gläubige nehmen ein Bad im Wasser des Quellheiligtums Pura Tirta Empul

Glaube ist Leben und Leben ist Glaube

Alles auf Bali ist Glaube, das ganze Leben ist vom Glauben durchdrungen. Selbst in den Touristenzentren muss man auf der Hut sein, nicht auf Opfergaben zu treten: aus Bananenblättern geflochtene Körbchen mit Reis- und Fruchtpyramidchen, die vor Zimmer- und Haustüren, vor Boutiquen, Restaurants und Discos, an Bushaltestellen und Kreuzungen gelegt werden. Räucherstäbchen sollen Böses fernhalten und Gutes herbeilocken, fast jedes Reisfeld und jede Brücke besitzt einen Schrein, jede Familie und jeder Hof einen eigenen Tempel, jedes Dorf derer mindestens drei (➤ 16). Und so verwundert es nicht, dass Bali auch als »Insel der zehntausend Tempel« gilt.

Göttersitze auf Zeit

Balinesische Tempel (*pura*) sollte man sich aber nicht als pompöse Bauwerke mit überreich verzierten Hallen und Türmen vorstellen, mit golden blinkenden Götterstatuen in imposanten Gewölben. Vielmehr sind es auf den ersten Blick eher unscheinbare Gebäude, die nicht errichtet wurden, um den Göttern ein prachtvolles Haus zu geben, sondern um mithilfe bestimmter Rituale mit ihnen in Kontakt treten zu können. Sie präsentieren sich stets als offene, zum Schutz gegen Dämonen von Mauern eingefasste und in Höfe gegliederte Plätze, die in den Achsen Berg–Meer (für Gut und Böse) sowie Ost–West (für die aufgehende und untergehende Sonne) ausgerichtet sind. Gemäß der kosmischen Ordnung gliedern sie sich in drei Zonen, deren Grundriss einem festen Schema folgt.

Tempel-Prototyp

Einlass gewährt nur ein einziges Tor, das meerwärts ausgerichtete und nach oben hin geöffnete, folglich gespaltene *candi bentar*, das die Er-

Opfergaben für die Götter im Dorftempel von Blungbang

TEMPEL-TOP 10

❶ **Pura Tanah Lot** (➤ 48): Der Sonnenuntergang beim berühmtesten Meerestempel von Bali ist das vielleicht beliebteste Postkartenmotiv der Insel.

❷ **Pura Besakih** (➤ 104): Balis größter und heiligster Tempel ist schon allein wegen der dortigen Atmosphäre einen Besuch wert.

❸ **Pura Luhur Ulu Watu** (➤ 50): Hoch über dem Meer thront dieser Tempel spektakulär auf einer Klippe.

❹ **Pura Luhur Batukau** (➤ 89): Von Urwald umgeben und oft in Nebelschwaden gehüllt, ist dieser von Touristen eher selten besuchte Tempel vielleicht derjenige mit der magischsten Ausstrahlung auf Bali.

❺ **Pura Kehen** (➤ 80): Der Bergtempel Pura Kehen ist einer von Balis wichtigsten Tempeln. Und auch einer der schönsten.

❻ **Pura Taman Ayun** (➤ 86): Der von einem Lotosteich und einem wunderschönen Park umgebene Tempel ist ein »Muss« auf Bali.

❼ **Pura Ulun Danu Bratan** (➤ 137): Teilweise auf künstlichen Inseln im Bratan-See gelegen, wird der Tempel von einem üppig grünen Park umgeben. Er ist der Reisgöttin gewidmet und übt besonders in den frühen Morgenstunden einen mystischen Reiz aus.

❽ **Pura Ulun Danu Batur** (➤ 132): Nicht zuletzt wegen der Lage über dem Batur-See mit Blick auf den Vulkan ein Tempel der Superlative.

❾ **Brahma Vihara Arama** (➤ 145): Buddhastatuen und golden glänzende Gebäude prägen die einzige buddhistische Klosteranlage.

❿ **Pura Meduwe Karang**: Dank seiner außergewöhnlichen Reliefs und Statuen ist dieser Tempel in Kubutambahan inselweit einmalig.

kenntnis der komplementären Kräfte des Kosmos zum Ausdruck bringen soll. Jenseits davon erstreckt sich der *jaba sisi*, der erste Tempelhof, der die irdische Welt repräsentiert, mehrere Ruhepavillons für Gläubige (*bale*) sowie eine Hahnenkampfarena (*wantilan*) enthält und als Vorbereitungsort für Tanzproben, Feste und Rituale dient.

Der sich anschließende *jaba tengah*, der mittlere Hof, wird von einer großen, offenen Versammlungshalle (*bale agung*) und der großen Signaltrommel *kulkul* dominiert; diese wird geschlagen, um die Gläubigen in den Tempel zu rufen. Das *kori agung*, ein mit Steinmetzarbeiten reich verziertes, oben geschlossenes Tor, wird von den zwei mächtigen Wächterfiguren (*raksasa*) flankiert und versinnbildlicht den Übergang des Menschen von einer Existenz in die andere und damit den Glauben an die Wiedergeburt. Es führt – nach Umgehung der Dämonen-Schutzmauer *aling aling* – in den am höchsten gelegenen, dritten Tempelhof, den *jeroan*.

Dieses für Touristen nicht zugängliche Allerheiligste bewahrt die Schreine auf, die den Göttern während ihres Verweilens auf der Erde als Aufenthaltsorte dienen. Diese *merus* bestehen aus steinernen Sockeln, die das Fundament symbolisieren, auf der die Welt ruht. Es folgt ein Aufbau im Stil einer Pagode, wobei die Zahl der gestaffelten und mit Palmwedeln gedeckten Dächer den Rang einer Gottheit im balinesischen Pantheon ausdrückt (die Höchstzahl elf steht für Shiva).

Insel des LÄCHELNS und der FETTNÄPFCHEN

Der gesamte zwischenmenschliche Bereich wird auf Bali dadurch geprägt, dass man Rücksicht auf die Gefühle anderer nimmt. Dabei gilt es, die unzähligen Fettnäpfchen zu umgehen, in die man als Ausländer leicht stolpern kann.

In westlichen Klischeevorstellungen ist Bali als Glanzbild eines romantischen Tropenparadieses beliebt, in dem stets lächelnde und glückliche Menschen leben. In der Tat ist den Balinesen das Lächeln ins Gesicht geschrieben, doch dient es ihnen als eine Art Schutzwall vor Konflikten. Es kaschiert Emotionen und hilft, Unsicherheit oder Verlegenheit zu überspielen. Man lächelt aus diversen Gründen, doch im Gegensatz zu westlichen Gepflogenheiten wird nie über etwas oder gar eine andere Person gelächelt.

Harmonie über alles

Lächelt ein Balinese auf die Frage nach dem Weg, antwortet aber zunächst nicht, versteht er vermutlich kein Englisch. Um nicht das Gesicht zu verlieren, wird er jemanden herbeiholen, der die Frage vielleicht beantworten kann. Notfalls gibt er irgendeine Richtung an, nur um das Gesicht zu wahren. Das Gegenüber das Gesicht wahren lassen, aber auch das

Selbst das Feilschen auf dem Markt geschieht stets mit einem Lächeln

Mit einem Lächeln reist es sich durch Bali noch viel angenehmer

eigene nicht verlieren, so lässt sich der wichtigste Leitgedanke bei allen Verhaltensregeln kurz und bündig zusammenfassen. Nichts ist schlimmer als ein Gesichtsverlust. Deswegen gilt: Wer etwa aggressiv auftritt, Gefühlsausbrüche zeigt oder unangemessen laut spricht, zerstört die Harmonie und büßt sein Ansehen ein.

Mit Hand und Fuß

In weitere Stolperfallen kann man tatsächlich auch mit den Füßen treten oder den Händen greifen: Die linke Hand gilt als »unrein«, weshalb man sie niemals beim Essen oder zum Überreichen von Geschenken benutzen darf. Aggressivität zeigt derjenige, der sie in den Hosentaschen vergräbt, in die Hüften stemmt oder vor der Brust verschränkt. Auch zeigt man nicht mit ausgestrecktem Finger auf einen Menschen. Und einem anderen etwas zuzuwerfen, ist schlicht verletzend, wirft man doch nur Tieren etwas hin.

Die Füße auf den Tisch zu legen, ist verpönt; auch schlägt man sie nicht übereinander oder sitzt mit ausgestreckten Beinen auf dem Boden. Der Kopf hingegen ist als Sitz des Geistes und der Seele den Balinesen heilig. Ihn zu berühren, ist eine Beleidigung, weshalb es auch tabu ist, einem Kind den Kopf zu tätscheln.

Weitere Stolpersteine

Kritik von Angesicht zu Angesicht, besonders im Beisein von Dritten, wird als eine mindere Form von Gewaltanwendung betrachtet, zärtliche Zuneigungsbekundungen zwischen Partnern sind in der Öffentlichkeit ebenfalls verpönt. Besonders auf dem Land gilt es als absolut unschicklich, wenn Frauen kurze Röcke, knappe T- oder Trägershirts, durchsichtige Blusen oder Ähnliches tragen. Unabhängig vom Geschlecht gilt es als anstößig, hautenge Hosen und knappe Shorts zu tragen; auch schmutzige und zerrissene Kleidung wird als ein Zeichen der Nichtachtung angesehen.

Auch am Strand bevorzugen die Balinesen Knie und Schultern bedeckende Kleidung

Bei einer Einladung pünktlich zu sein, ist zwar keine Beleidigung, zeugt aber von barbarischen Sitten – etwa eine halbe Stunde sollte man schon zu spät kommen, wie ja Zeitangaben auf Bali ohnehin nie als fixe Termine angesehen werden, sondern lediglich als Anhaltspunkte. Vor Betreten des Hauses sind unbedingt die Schuhe auszuziehen, zur Begrüßung wird dann in leichter Berührung (und nicht mit festem »Männerdruck«) die rechte Hand gereicht, die sodann an die Brust gelegt wird. Und wenn man dann beim Essen zu guter Letzt noch ein wenig auf dem Teller zurücklässt, kann man eigentlich kaum noch etwas falsch machen.

TEMPEL-ETIKETTE

- Es ist eher die Regel als die Ausnahme, dass sich Touristen gerade bei Tempelfesten oft wie die »Axt im Walde« benehmen, um die besten Motive vor die Linse zu bekommen. So drängeln sie sich vor, klettern auf Mauern, laufen zwischen Betenden hindurch, führen ihre Kameras viel zu nah an Gesichter heran, verwenden Blitzlicht – Verhaltensweisen, die von Respektlosigkeit zeugen und unentschuldbar sind.
- Wer im Stranddress oder zu knapper bzw. schmutziger Bekleidung erscheint, wird in der Regel erst gar nicht auf das Tempelareal gelassen. Gleiches gilt, wenn man ohne *selendang* die Anlage betreten will: Der Tempelschal wird um die Hüften gebunden und kann meistens ausgeliehen werden (allerdings oft gegen horrende Beträge, weshalb man sich nach der Ankunft einen solchen Tempelschal für wenig Geld kaufen sollte). Auch die Anschaffung eines Sarong (Wickelrocks) ist ratsam, da dieser bei allen Tempelfesten für Frauen und Männer gleichermaßen vorgeschrieben ist.
- Tabu ist auch, einen Tempel mit offenen Wunden oder während der Menstruation zu besuchen, da Blut für Verunreinigung steht.

Das balinesische Dorf
SPIEGEL DES KOSMOS

Auf Bali kommt die Dorfgemeinschaft auch heute noch direkt nach der eigenen Familie. Und wie überhaupt alles auf der Insel vom Glauben bestimmt wird, so ist auch das traditionelle balinesische Dorf selbst in seiner Anlage auf das kosmische System ausgerichtet.

Wie alle balinesischen Tempel auf Bali (➤ 11) spiegeln dabei auch die Dörfer der Insel den balinesischen Makrokosmos im Kleinen wider. Entsprechend sind sie zum Schutz gegen Dämonen ummauert, entlang einer imaginären Berg-Meer- bzw. Ost-West-Achse angelegt und in drei Zonen unterteilt, die den Lebenslauf der Menschen von der Geburt über das Leben hin zum Tod symbolisieren sollen.

Drei Sphären

Am oberen Ende der Hauptstraße eines Dorfes, die zwischen den beiden Kardinalpunkten Berg und Meer verläuft, befindet sich das Oberdorf mit dem Ursprungstempel, der jenseits des letzten Gehöfts liegt und den Ahnen geweiht ist. Diese werden wie Gottheiten verehrt, da ihr Vermächtnis der Grundbesitz des Dorfes selbst ist. Am entgegengesetzten Ende liegt entsprechend das Unterdorf mit dem Totentempel sowie dem Verbrennungsplatz.

Dazwischen erstreckt sich die Mitte des Dorfes, die stets von einem Platz gebildet und von einem Banyan-Baum überragt wird. Hier gruppieren sich der Dorftempel, der Musikpavillon, die Hahnenkampfarena mit dem Markt sowie die Versammlungshalle des *banjar*.

Dorfbewohner vor einem Hahnenkampf; Hauptstraße im traditionellen Dorf Penglipuran; Versammlung eines *banjar*, dem ausschließlich verheiratete Männer angehören

Zum Wohle aller

Diese kleinste soziale Einheit der balinesischen Gesellschaft ist der »Gemeinderat« eines Dorfes und geht noch auf vorhinduistische Zeiten zurück. Die Mitgliedschaft im *banjar* und die Teilnahme an den Versammlungen ist für jede Familie bindend, werden hier doch gemeinschaftliche Beschlüsse diskutiert, Zeremonien und Tempelfeste organisiert, Ehen gebunden und geschieden, Neubauten geplant, Ernten verwaltet u. v. m. Auch über Straftaten wird gerichtet, und zwar nach dem äußerst differenzierten, aber nicht kodifizierten Gewohnheitsrecht des *adat*, das ebenfalls noch aus vorhinduistischer Zeit stammt und das Verhalten, die Rechte und Pflichten der Familien bestimmt. Überdies definiert es sehr genau, wie die Dorfgesellschaft beschaffen sein muss, damit der Einzelne in Harmonie mit ihr, mit sich selbst, der Familie, der Natur und der nicht stofflichen Welt lebt. So ist jedes Dorf ein kleiner Staat im Staat. In diesem ist der soziale Status übrigens nicht davon abhängig, wie viel ein Mitglied besitzt, sondern in welchem Maße er sich zum Wohle aller einsetzt. Und weil die Balinesen wissen, dass oberhalb einer bestimmten Größe vieles nicht mehr funktioniert, muss bei Überschreiten einer Höchstgröße von rund 500 Dörflern ein neues *banjar* gegründet werden. Da wird jede Stadt zum Dorf, selbst Kuta und Denpasar.

HAHNENKÄMPFE

Den einen gelten sie als uraltes Ritual, für andere sind sie schlichtweg Tierquälerei: Hahnenkämpfe finden auf Bali seit rund 1000 Jahren statt und entstammen dem religiösen Brauchtum – daher auch der Name *tabu rah* (wörtlich: »vergossenes Blut«), das den Göttern geopfert wird. Meist geht es heute aber um Zeitvertreib und viel Geld. Wetteinsätze von 5 Mio. Rp sind keine Seltenheit. Damit die Tiere möglichst lange durchhalten, werden sie mit Drogen vollgepumpt, umso grausamer ist der Kampf zwischen den Hähnen, von denen nur einer überleben kann: Der Verlierer wird getötet.

DAS LEBEN ALS FEST

Auch auf Bali unterteilen meist religiöse Feste das Jahr in Zyklen, Perioden und Rhythmen und durchbrechen den Alltag. Sie werden ausgelassen und äußerst bunt gefeiert, und die ganze Insel ist auf den Beinen.

Stattlich ist die Zahl der festlichen Anlässe, rund 200 listet der offizielle balinesische Festkalender pro Jahr auf. Dies ist umso beeindruckender, bedenkt man, dass die Feste auf Bali nach dem Pawukon-Kalender festgelegt werden, der das Jahr lediglich in 210 Tage unterteilt.

Tempelgeburtstag

»Erschwerend« kommt hinzu, dass jeder Tempel auf Bali einmal in solch einem 210-Tage-Jahr »Geburtstag« feiert. Das Odalan-Fest findet am Jahrestag der Weihe des jeweiligen Tempels statt. Dabei wird das ganze Bauwerk mit Schirmen und langen bunten Bändern geschmückt, mit Blumen und Früchten, die von festlich gekleideten Frauen in gewaltigen Opfertürmen auf ihren Köpfen ins Tempelinnere getragen werden. Dort werden die Gaben von Priestern gesegnet, damit sich die Götter an ihrer geistigen Essenz laben können. Aus diesem Grund ist es den Gläubigen auch gestattet, die Opfergaben später zu verzehren. Zuvor aber werden die Gottheiten aufgefordert, sich in heilige Bilder hineinzubegeben, die in feierlicher Prozession zum Strand, nächsten See oder Fluss getragen und dort rituell gebadet werden. In der Nacht dann beginnt der ausgelassene Teil des Festes, Palmwein fließt in Strömen, überall wird gescherzt und gelacht, es gibt Tanz, Musik und Spiele.

Ein Tag der Stille

Einen Tag gibt es im Jahr, an dem man auf keinen Fall an- oder abreisen oder sich überhaupt irgendetwas auf Bali vornehmen sollte: das balinesische Neujahrsfest Nyepi, das sich nach dem Mondkalender richtet und stets in einer Neumondnacht im März mit einem infernalischen Lärm beginnt. Musik und Geschrei, Gegonge und Getrommel, Gerassel und Geknalle in trommelfellzerreißender Lautstärke sollen die Insel von Dämo-

Links: Am Vortag des Nyepi-Festes werden bunte Monsterfiguren durch die Straßen getragen; oben: Opfertürme mit Früchten werden für die Prozession vorbereitet

nen und Geistern befreien. Da diese jedoch als listig gelten und immer die Gefahr besteht, dass das Böse allem Krach zum Trotz noch hier und da auf der Insel weilt, hüllt sich Bali am kommenden Tag ab 6 Uhr morgens in Dunkelheit und vollkommenes Schweigen. Den eventuell noch vorhandenen Geistern und Dämonen soll vorgegaukelt werden, die Insel sei ausgestorben. Keine Arbeit ist erlaubt, kein Feuer oder Licht darf brennen, Musik ist tabu, kein Auto darf bewegt werden, kein Motorrad oder Moped. Und niemand darf sich außerhalb seines Hauses blicken lassen. Erst ab 6 Uhr des Folgetages gehen die Balinesen wieder ihrem üblichen Alltag nach.

GUT ZU WISSEN

- Insgesamt gib es ca. 20000 Tempel auf Bali, durchschnittlich werden rund 90 Tempelfeste täglich begangen. Die Chancen, ein Fest auf Bali mitzuerleben, könnten also auch bei kurzen Aufenthalten kaum besser stehen.
- Die exakten Daten fast aller Feste auf Bali finden sich im jährlich neu erscheinenden »Calendar of Events«, der in den Touristenbüros erhältlich ist (online abrufbar unter www.bali-indonesia.com/events-calendar.htm).
- Das Schweigegebot am Nyepi-Tag gilt auch für ausländische Touristen. Zwar werden die Regeln für diese nicht so streng ausgelegt, doch wer das Hotel oder Resort verlässt, wird mit Sicherheit schnell von einem Dorfpolizisten (*pecalang*) dazu aufgefordert, wieder dorthin zurückzukehren. Ein- oder auschecken ist nirgendwo möglich, alle Restaurants sind geschlossen, es verkehren weder öffentliche Verkehrsmittel noch Taxis. Man ist also gut beraten, sich schon am Vortag mit allem Nötigen für solch einen »Retreat«-Tag einzudecken. Die Termine der nächsten Schweigetage fallen auf den 28. März 2017 und den 17. März 2018.

Reisterrassen
HIMMELSTREPPEN & WELTKULTURERBE

Es ist die friedliche Atmosphäre, die Bali so einmalig macht – das gilt ganz besonders für das ländliche Inselinnere, wo sich wogende Reisfelder als grün gestaffelte Kaskaden an nahezu senkrecht aufsteigenden Bergflanken hinaufziehen und mit Wasser überflutete Parzellen im Sonnenlicht glitzern.

Im Laufe der Jahrtausende haben die Balinesen mühsam mit nichts als Hacke und Schaufel die Reisterrassen angelegt, denen wahrlich ein Platz auf der UNESCO-Liste des Weltkulturerbes gebührt – denn zu diesen gehören sie offiziell seit dem Jahr 2012. Von ihrer Schönheit überzeugt man sich am besten bei Tegallalang (➤ 77), Jati Luwih (➤ 89), Tista (➤ 172) und Tirtagangga (➤ 109).

Kooperative Landwirtschaft

»Himmelstreppen für Götter« oder auch »Treppen in den Himmel« nennen die Balinesen diese Landschaftsform, die ein einziges Kunstwerk darstellt – dabei ist sie aus der Not entstanden. Das nutzbare Land, das die Inseltopografie vorgab, reichte schon in frühen Besiedlungstagen nicht mehr aus, die Bevölkerung mit dem Getreide zu ernähren. So blieb keine andere Wahl, als die Anbauflächen durch Terrassenbau zu vervielfachen. Da niemand ein solches Mammutwerk als Einzelner bewältigen kann,

Bis heute wird der Reis auf Bali meist nach traditionellen Methoden angebaut

VIELE NAMEN, NOCH MEHR ENTEN

- Reis ist auf Bali nicht einfach nur »Reis«: Während der Reis auf dem Feld noch *padi* genannt wird, heißt der gedroschene Reis *gabah*, der geschälte rohe Reis *beras* und der gekochte Reis *nasi*.
- Enten leben auf Bali wie Gott in Frankreich (zumindest bis sie geschlachtet werden), gelten sie doch für die Reisfelder als lebendes Insektenvertilgungs- und Unkrautvernichtungsmittel, während ihr Kot eine Düngung mit künstlichen Erzeugnissen überflüssig macht.

entstanden auf Bali schon in grauer Vorzeit die *subak*, die Reis- und Bewässerungskooperativen, deren Aufgabe die Organisation von Anbau und Ernte der Reispflanze war und ist. Und die gerechte Wasserverteilung, werden doch pro Kilogramm Reis zwischen 3000 und 5000 l fließendes Wasser benötigt, das durch ein ausgeklügeltes System aus Kanälen und Becken von den Bergen zu den Terrassen geleitet wird. Jeder Reisbauer ist Mitglied einer *subak*, die auch festlegt, wo, wann und von wem Felder anzulegen sind, wann die Bewässerung erfolgt, wann das Setzen und das Ernten und wie der Ertrag zu verteilen ist.

Geschenk der Götter

Auch die Häufigkeit und die Termine der Opferriten werden in der *subak* festgelegt. Denn Reis ist nicht nur das bedeutendste Grundnahrungsmittel auf Bali (wie in ganz Asien), sondern wird als »Geschenk der Götter«, das von der Reisgöttin Dewi Sri beseelt ist, religiös verehrt. Ihr, der Gattin von Vishnu, werden täglich Opfer in Form von geweihtem Wasser, Speisen und duftenden Essenzen dargebracht. Um sie nicht zu erzürnen, darf während der Feldarbeit kein böses Wort fallen. Nur dann nämlich, wenn die Göttin rundum zufrieden gestellt wird, wird sie »schwanger« (Reisblüte), um schließlich drei bis fünf Monate später – je nach Region und Boden – Korn um Korn zu »gebären« (Reisernte).

Auf rund 25 % der Inselfläche Balis wächst Reis, bis zu drei Ernten im Jahr sind möglich

Am Rande des Feuerrings

Kurz nach 6 Uhr erscheint die Sonne zwischen den Vulkanen Agung und Batur, verwandelt den Horizont in ein intensives Farbenspiel. Wenig später heben sich Silhouetten der beiden imposanten Kegel vom Licht des neuen Tages ab. Kein Wunder, sind die Feuerberge den Balinesen heilig.

Das gilt ganz besonders für den 3142 m hohen Gunung Agung (➤ 106), der nach dem hinduistisch-balinesischen Glauben zufolge den Weltenberg Meru symbolisiert, Mittelpunkt des Universums, Sitz der hinduistischen Dreieinigkeit und aller sonstigen Götter und Heimstätte der Geister verstorbener Ahnen. Eben aus diesem Grund finden sich an seinen Hängen auch die heiligsten Tempel der Insel, allen voran der »Muttertempel« Pura Besakih (➤ 106), ist er der Pol des balinesischen Koordinatensystems, sind alle Tempel, Dörfer und Häuser nach ihm ausgerichtet und bettet man sich zum Schlaf mit dem Kopf in seine Richtung.

Unberechenbare Götterberge

Der gewaltige Konus dieses aktiven Schichtvulkans ist nahezu überall auf Bali zu sehen. Zusammen mit seinen kleineren Geschwistern Gunung Batur (1717 m; ➤ 132), Gunung Abang (2153 m), Gunung Batukaru (2276 m) und vielen anderen dominiert er die gesamte Insel Bali, die zu mehr als drei Vierteln aus Vulkanen besteht.

Zum bislang letzten Mal ließ der Gunung Agung im März 1963 seine Götterstimme erschallen, als er nach 120 Jahre währendem Schweigen große Teile besonders der östlichen Inselhälfte verheerte. Zahlreiche Dörfer wurden seinerzeit verwüstet, Tausende Menschen kamen in den glühenden Lavaströmen um. Und auch der benachbarte Gunung Batur ist noch nicht zur Ruhe gekommen; 1917 und 1926 kam es zu den letzten großen Eruptionen, einen »Warnschuss« hat er 1994 abgegeben und erst im September 2009 wurden leichte Beben gemessen.

Wandernde Platten

Auf der Nachbarinsel Java gelten gar 35 Vulkane als besonders gefährlich. In ganz Indonesien gibt es 125 aktive Feuerberge und allein in geschichtlicher Zeit wurden mehr als 200 Ausbrüche registriert; überdies ereignen sich Jahr für Jahr bis zu 1000 Erdbeben. Die hohe seismische Aktivität ist Folge der Lage Indonesiens am Rande des fast 40 000 km langen Pazifischen Feuerrings: Im Fall Balis wandert die Sahul-Platte als Teil der Austra-

Reisfelder am Fuße des Gunung Agung

lischen Kontinentalplatte mit einer Geschwindigkeit von rund 6 cm pro Jahr unter die zur Eurasischen Kontinentalplatte gehörende Sunda-Platte. Es entstehen Risse in der Erdkruste, aus denen das Magma nach oben dringt. Verschieben sich die Platten ruckartig, kommt es zu Erdbeben.

Zerstörer und Schöpfer

Doch obwohl die Vulkane immer wieder aufs Neue alles Menschenwerk zerstören, siedeln die Menschen seit jeher bevorzugt an deren Hängen. Denn mit der vernichtenden Kraft geht die Fruchtbarkeit der vulkanischen Böden einher, die auf Bali und den Nachbarinseln zu den ertragreichsten der Erde zählen. Zwei bis drei Reisernten pro Jahr sind möglich – und so wurde nicht nur das landschaftliche Erscheinungsbild, sondern auch die gesellschaftliche Entwicklung der Insel maßgeblich vom Vulkanismus geprägt. Er hat überhaupt erst die hohe Bevölkerungsdichte der Insel ermöglicht – rund 750 Einwohner verteilen sich auf einen Quadratkilometer – und so die Entwicklung hoch stehender Kulturen gefördert.

So sind die Vulkane Zerstörer und Schöpfer in einem. Ganz wie im Mythos, demzufolge Bali einst flach und unfruchtbar war, bis es dem Hindu-Gott Shiva – der sowohl das Prinzip der Schöpfung als auch der Zerstörung verkörpert – gefiel, den Weltenberg Meru von Indien hierhin zu verpflanzen und in die beiden Teile Agung und Batur aufzuspalten.

AUFS DACH DER INSEL

Für wanderfreudige und gut trainierte Urlauber gibt es auf Bali kein größeres Natur-Highlight, als in der Morgendämmerung auf dem Gipfel des Gunung Agung oder Gunung Batur zu stehen und zu sehen, wie die aufgehende Sonne eine der großartigsten Vulkanlandschaften der Erde illuminiert. Der Batur ist dabei die leichtere Wahl (➤ 166 & 169).

Gamelan
So rein wie das Mondlicht

Für Musikliebhaber ist Bali wahrhaftig eine Insel der Glückseligkeit: Musik spielt im täglichen Leben eine Hauptrolle und ist in den Tempel- und Dorfzeremonien so wichtig wie Blumen, Weihrauch und Opfergaben, Andacht und Meditation.

So ist die Luft auf Bali fortwährend von musikalischen Klängen erfüllt. Keine Nacht vergeht, in der nicht Täler und Hügel sanft von den vibrierenden Tönen der großen Bronzegongs, der Cymbals und Xylophone widerhallen würden, kein Tag, an dem nicht Trommeln zum Schlag von Becken die Straßen entlangdonnern, während in Prozessionen Frauen und Männer Obsttürme für die Götter zum Tempel tragen.

Magische Klänge

Es ist der Gamelan, um den sich zu religiösen Feiern, zu sozialen Anlässen wie Hochzeiten oder Geburten, aber auch zu Tanzdramen, Puppentheatern und Schattenspielen musikalisch auf Bali – und teilweise auch auf Java und Lombok – alles dreht. Bis in die vorhinduistische Zeit lässt sich diese Musiktradition zurückverfolgen, von der der niederländische Musikethnologe Jaap Kunst einst behauptete, sie sei »so rein und mysteriös wie das Mondlicht und dauernd wechselnd wie das fließende Wasser.«

Doch Gamelan so zu empfinden, ist nicht leicht für westliche Ohren, kennt Gamelan doch keine auf einem Grundton aufbauende Melodie, kommt ohne Harmonien in unserem Sinn aus und basiert auf gänzlich

GAMELAN ERLEBEN

Wer die balinesischen Klangwelten näher kennenlernen will, ist im **Mekar Bhuana Conservatory** (Jl. Gandapura Gandapura III, No. 501X, Denpasar, Tel. 0361 46 42 01, www.balimusicanddance.com) goldrichtig. Zum Sortiment der Kultur-Institution der Insel gehören Dutzende Instrumente und unzählige CDs und DVDs. Auch Gamelan-Unterricht und Tanzkurse werden auf hohem Niveau gegeben: Eine weitere Top-Adresse für Unterricht in Gamelan u.v.m. ist das **Pondok Pekak Library & Learning Center** (Monkey Forest Road, Ubud, Tel. 0361 97 61 94, www.pondokpekaklibrary.com).

fremdartigen Intervallen, die auf zwei unterschiedlichen Tonleitern beruhen: dem chinesischen Fünfton- und einem Siebentonsystem.

Am Anfang war der Schlag

Gespielt wird Gamelan hauptsächlich mit Schlaginstrumenten (*gamel* = »Schlag« oder »Hammer«); das verehrteste Instrument im Gamelan ist dabei der große Gong, der einen Durchmesser von mehr als einem Meter aufweisen kann und eine punktierende oder phrasierende Funktion innehat. »Schöpfer der melodischen Elemente« sind die Metallophone, die mit Resonanzkörpern aus Bambus ausgestattet sind, während die mit Fell bespannte Röhrentrommel das Temposchema ordnet, über Beginn und Ende der »Melodie« entscheidet und die Form der Komposition bestimmt.

Entsprechend ist der Trommler auch der Leiter des Orchesters, das aus etwa zehn bis maximal 40 Musikern und doppelt so vielen Instrumenten bestehen kann. Je nach Anlass aber spielt nicht nur ein Orchester, sondern treten durchaus auch mehrere gleichzeitig auf – und es ist ein Ohrenschmaus der ganz besonderen Art, wenn sich die Tonalitäten mit verschiedenen Grundtönen und Tempi mischen und ineinanderklingen. Bei der Todesfeier des Fürsten von Ubud beispielsweise sollen insgesamt sogar nahezu 150 verschiedene Ensembles simultan gespielt haben. So verwundert es auch kaum, das Bali mit geschätzt über 6000 Gamelan-Orchestern als Hochburg dieser auch auf Java verbreiteten Musik gilt, die überdies im Rundfunk den Löwenteil der Sendezeit besitzt (und in abgewandelter Form heute noch in Thailand und Malaysia sowie auf den Philippinen anzutreffen ist).

Schlaginstrumente sind das prägende Element des Gamelan, der auf Bali quer durch alle Bevölkerungsgruppen gespielt wird

Meilensteine der Geschichte

Balis Vorgeschichte liegt im Dunkeln – jedoch lässt die Tatsache, dass auf der Nachbarinsel Java bereits 500 000 Jahre alte frühmenschliche Relikte gefunden wurden, auch eine frühe Besiedlung Balis annehmen. Die ersten altmalaiischen Völker wanderten über die Malaiische Halbinsel um 2500 v. Chr. ein.

Da sie bereits Träger einer weit entwickelten Kultur waren, drängten sie die Ureinwohner bald in die unwegsamen Inselregionen zurück. Eine kulturelle Revolution aber brachte erst die Eisenzeit, die aller Wahrscheinlichkeit mit der Einwanderung von Indern begann. Diese legten ab dem 1. Jh. n. Chr. erste Handelsplätze auf dem Archipel an.

In Denpasar erinnert ein Denkmal an den *puputan* von 1906

Von Indien beseelt, von Holland unterdrückt

In der Folge entstand auf Java ein erstes hinduistisches Reich, das sich ab dem 10. Jh. auch nach Bali ausdehnte. Mit dem Vordringen des Islam zerfiel dieses Reich im frühen 16. Jh.; die Elite Javas floh nach

GESCHICHTE ZUM ANSCHAUEN

- Der rituellen Selbstvernichtungsschlacht des Fürstenhofs von Bandung ist das bronzene Puputan-Monument auf dem zentralen Platz Tanah Lapang Puputan (➤ 60) in Denpasar gewidmet. Es wächst aus einer stilisierten Lotosblüte heraus; die heroisch blickenden Menschenskulpturen wollen den Todesmut derer zum Ausdruck bringen, die zur rituellen Selbsttötung bereit sind.
- Nur ein paar Meter entfernt kann man im u. a. auch der Inselgeschichte gewidmeten Bali-Museum (➤ 60) archäologische Fundstücke und andere historische Exponate begutachten.

Bali, das nun letzte Zufluchtsstätte des Hinduismus wurde, aber bald schon in mehrere Königreiche zerfiel.

Mitte des 19. Jhs. betrat die Kolonialmacht Niederlande die balinesische Bühne und unterwarf vom Norden aus in jahrelangen Kämpfen bald die gesamte Insel. Nur der Herrscher von Bandung, dem heutigen Denpasar, wollte sich nicht der Fremdherrschaft beugen, gegen die er doch militärisch vollkommen chancenlos war. So entschloss er sich mitsamt seinem Hofstaat 1906 zur rituellen Selbstvernichtungsschlacht, dem *puputan*; 2000–4000 Balinesen wurden dabei getötet. 1908 wiederholte sich ein solcher *puputan* in Klungkung und erst 1913 war Bali vollkommen in der Hand der Niederländer, die jedoch 1942 von japanischen Invasoren verdrängt wurden. Nach der Kapitulation Japans erklärte Indonesien am 17. August 1945 seine Unabhängigkeit, die die Niederlande 1947/48 nochmals mit Waffengewalt rückgängig zu machen versuchte.

Suharto errichtete eine Diktatur mit einem auf ihn ausgerichteten Personenkult

Vom Regen in die Traufe

1949 schließlich mussten die Niederlande die von Java aus regierte Republik Indonesien anerkennen. Deren Präsident wurde Sukarno, der letztlich vergeblich versuchte, die Nationalisten, Kommunisten und muslimischen Fundamentalisten unter dem Konzept einer »gelenkten Demokratie« zu vereinen. Im Herbst 1965 kam es zu einem von Kommunisten initiierten Aufstand; dem rechtsgerichteten Gegenputsch fielen allein auf Bali Zehntausende zum Opfer. Sukarno trat 1967 zurück, neues Staatsoberhaupt wurde General Suharto, einer der Initiatoren des Massakers, der schon bald den Beginn einer »Neuen Ordnung« ausrief.

Zwischen Diktatur und Demokratie

Dahinter verbargen sich Terror und Gewalt. Jegliche Opposition wurde im nun diktatorisch regierten Inselreich unterdrückt, die Religionsfreiheit sukzessive zugunsten des Islam ausgehöhlt. Erst nach drei Jahrzehnten entlud sich der Volkszorn, der 1998 zum Rücktritt Suhartos und schließlich zur ersten demokratischen Präsidentschaftswahl führte. Diese leitete endlich friedlichere Zeiten ein, wenn auch getrübt von islamistischen Bombenanschlägen, die 2002 und 2005 Bali, die hinduistische Enklave mitten im bevölkerungsreichsten muslimischen Land der Erde, erschütterten und über 220 Todesopfer forderten. Heute sitzt die Demokratie vergleichsweise fest im indonesischen Sattel, die Terrorakte der 2000er-Jahre sind Geschichte und der balinesische Tourismus wächst Jahr um Jahr.

Bali tanzt

Zu jeder Feier und Zeremonie, ja zu jeder Gelegenheit findet sich auf Bali die passende Tanz-Darbietung. Mehr als 200 verschiedene Tänze sind auf der Insel bekannt und jedes noch so kleine Dorf besitzt eine eigene Tanzgruppe. Das eine Mal sind die Tänze Ausdruck der reinen Lebensfreude, ein anderes Mal haben sie eine tiefreligiöse Bedeutung. Von außergewöhnlich hoher Qualität sind sie hingegen fast immer.

Längst gehören die Tänze auch zum festen Inventar touristischer Unterhaltung. Dabei liefern die Tanzdramen, die tagtäglich in den Touristenzentren auf Dutzenden von Bühnen aufgeführt werden, einen großartigen Beweis dafür, dass jahrtausendealte Traditionen und touristische Vermarktung auch eine einträgliche Koexistenz eingehen können. Vor allem in Ubud gehören die musikalisch stets von einem Gamelan-Orchester (► 25) begleiteten Tänze zum täglichen Leben wie der Reis zum balinesischen Essen. Wer zum ersten Mal den ungeheuer farbenfrohen Darbietungen beiwohnt, darf sich nicht wundern, wenn die Speicherkarte der Kamera schnell an ihre Grenzen stößt. Zwei der populärsten und regelmäßig in allen Touristenzentren aufgeführten Tänze sind der Barong und der Legong.

Gut gegen Böse

Besonders dramatisch präsentiert sich der in vorhinduistischer Zeit wurzelnde Barong, der in sieben Akten den ewigen Kampf des Guten gegen das Böse symbolisiert. Das mythische Fabelwesen Barong, Beschützer der Menschheit und äußerlich einem Löwen ähnlich, verkörpert dabei das Gute, während die Furcht einflößende Hexe Rangda das Böse personifiziert. Der Höhepunkt des Geschehens wird erreicht, wenn Barong seine Helfer ruft, Männer bewaffnet mit dem *kris*, einem Dolch mit magischer Kraft. Rangda jedoch versetzt die Kämpfer mit ihrer Hexenkunst in Trance, in der sie die Dolche gegen sich selbst richten. In höchster Not gelingt es

TANZDRAMEN SELBST ERLEBEN

Am besten taucht man in die geheimnisvolle Welt der Tanzdramen in Ubud ein, wo jeden Abend zahlreiche Tanzaufführungen stattfinden (► 75). Nicht weit von hier ist Batubulan ein weiteres Zentrum für balinesische Tänze, wo – fotografenfreundlich – zumeist morgens um 9 Uhr vor einer prächtigen Tempelkulisse getanzt wird (► 83). Vor allem der Legong wird auf Bali auch in vielen Restaurants kostenlos zum Essen dargeboten – so qualitativ hochstehend selbst diese Aufführungen sind, so wenig passend ist oft das Ambiente.

TANZKURSE
Tanz-Workshops bieten die Möglichkeit, sich intensiver mit dem balinesischen Tanz zu beschäftigen, so u.a. im **Pondok Pekak Library & Learning Center** (► 25) oder im **Mekar Bhuana Conservatory** in Denpasar (► 25). Und wer auf Bali auf den Geschmack gekommen ist und nun in Deutschland Unterricht nehmen möchte, kann sich an **Frau Murjanti** (Tel. 07 11 6 8744 06, http://gamelan.germasia.com) in Stuttgart wenden.

Barong, diesen Bann zu durchbrechen, die Tänzer erwachen langsam wieder unverletzt aus dem Zauber. Und so endet der Kampf, wie er nach balinesischer Auffassung enden muss, mit einem Unentschieden. Gut und Böse, die antagonistischen Kräfte des Kosmos, bleiben untrennbar miteinander verbunden, um die Welt im Gleichgewicht zu halten.

Tanz der göttlichen Nymphen

In krassem Gegensatz zu dem fast schon hypnotisch wirkenden Barong steht der ungemein graziöse und anmutige Legong, eine Art klassisches balinesisches Ballett, das erst im 19. Jh. an den Fürstenhöfen Balis entstand und von zwei oder drei Mädchen in opulenten Brokatgewändern aufgeführt wird. Sie erscheinen als Verkörperung von Himmelsnymphen, wie Spiegelbilder wiegen sie sich in abgezirkelten Schritten und trennen sich bald in eigene Gestaltungen, um pantomimisch eine Legende aus dem 13. Jh. darzustellen. Wie ein Handzettel ausländischen Besuchern erläutert, geht es um die Geschichte einer nicht erwiderten Liebe eines Königs zu einer Prinzessin. Jede Pose, jede Bewegung und jeder Lidschlag sind exakt vorgegeben und genau einstudiert. Wegen der vorgeschriebenen Reinheit durfte der Legong früher nur von Mädchen vor der Pubertät getanzt werden, die dann nach jahrelangem Training im Alter von etwa acht bis zehn Jahren auftraten.

So anmutig und graziös der Legong (Abb. vorherige Seite), so farbenprächtig und mitunter auch martialisch wirkt der Barong

Erster Überblick

Ankunft

Der Großteil aller Bali-Touristen wird mit dem Flugzeug auf der Insel ankommen. Wer jedoch auf einer Rundreise durch Indonesien oder Südostasien ist, kann alternativ auch mit Zug und Fähre anreisen.

Pass und Visum

- Deutsche, österreichische und schweizerische Staatsangehörige benötigen für die Einreise nach Indonesien einen **Reisepass**, der über den Zeitraum der Reise hinaus noch mindestens sechs Monate gültig sein muss; auch **Kinder** unter 16 Jahren benötigen einen eigenen Reisepass.
- Bürger bestimmter Staaten, darunter auch Deutschland, Österreich und die Schweiz, können seit Juni 2015 **ohne Visum** einreisen, sofern ihr Aufenthalt rein touristischer Natur ist und nicht länger als 30 Tage dauert. Hierzu muss ein gültiges **Rück- oder Weiterflugticket** vorgelegt werden und die Ein- und Ausreise über einen der internationalen Flughäfen Indonesiens (u. a. Denpasar) erfolgen.
- Wer nicht zu rein touristischen Zwecken nach Indonesien reist oder sich länger als 30 Tage im Land aufhalten will, benötigt ein **Visum**, das bei der Einreise in den Reisepass gestempelt wird; es gilt zunächst für 30 Tage, kostet 35 US$ und muss in bar in den gängigen Hauptwährungen bezahlt werden. Es muss ein Rückflugticket vorgelegt werden.
- Das Visum kann einmalig um 30 Tage **verlängert** werden. Der Antrag muss sieben Tage vor Ablauf bei einer Zweigstelle der indonesischen Einwanderungsbehörde Imigrasi (auf Bali derzeit in Kuta, Denpasar und Singaraja) erfolgen und kostet 30 US$. Während der Bearbeitungszeit wird der Reisepass einbehalten (Kopie erforderlich).

Mit dem Flugzeug

- **Internationale Flüge** nach Bali werden u. a. ab Frankfurt a. M., München, Wien, Zürich, Amsterdam und London von Fluggesellschaften wie KLM, Singapore Airlines (in Kooperation mit Lufthansa), Qatar Airways, Cathay Pacific, Malaysia Airlines, Thai Airways und Qantas angeboten.
- Einen Linienflug hin und zurück in der Economy-Klasse gibt es ab 850 €. Deutlich günstiger sind komplette Pauschalreisen. Auch ein Vergleich über **Internetportale** wie Opodo (www.opodo.de) oder Swoodoo (www.swoodoo.com) kann sich lohnen.
- Für die rund 13 500 km Flugstrecke wird eine reine Flugzeit von ca. 14 Stunden benötigt. In den meisten Fällen gibt es jedoch keine Direktflüge, **Zwischenlandungen** sind in Doha, Bangkok, Kuala Lumpur, Singapur oder Jakarta vorgesehen und können auch zu kurzfristigen Aufenthalten, sogenannten **Stopovers**, genutzt werden.
- Direktflüge nach Bali gehen von den meisten großen Metropolen Südostasiens, sodass man einen Bali-Trip problemlos z. B. mit einer Städtereise kombinieren kann.

Ngurah Rai International Airport

- Alle nationalen wie auch internationalen Flüge landen auf dem Ngurah Rai International Airport, der **13 km südlich der Inselhauptstadt Denpasar** in direkter Nähe aller Ferienzentren von Südbali gelegen ist.
- Obwohl unlängst umgebaut und erweitert, ist der **Ngurah Rai International Airport** (DPS, Tel. 0361 935 10 11, www.baliairport.com) dem An-

drang schon wieder nicht mehr gewachsen – entsprechend lange kann es dauern, bis alle Formalitäten erledigt sind.

- Hat man die Einreise bewältigt und sein Gepäck abgeholt, sollte man in der Ankunftshalle als Erstes Geld abheben. Es stehen mehrere **Geldautomaten** (ATM) zur Verfügung, an denen die Wechselkurse deutlich besser sind als an den Wechselstuben des Flughafens.
- Auch die großen internationalen **Mietwagenfirmen** betreiben im Ankunftsterminal eine Niederlassung, des Weiteren gibt es einen **Zimmervermittlungsservice**. Und wer einen Transfer bestellt hat, wird hier abgeholt.
- Vor der Ankunftshalle befindet sich rechter Hand ein Schalter des **Koperasi Taxi Service**. Hier nennt man sein Ziel und bezahlt die Fahrt auch gleich: nach Kuta 50000 Rp, Legian 55000 Rp, Seminyak 60000 Rp, Jimbaran 75000 Rp, Sanur 95000 Rp, Nusa Dua 110000 Rp, Ubud 195000 Rp und nach Candi Dasa 335000 Rp.
- Wer vom Flughafen aus nach Sanur, Nusa Dua, Ubud oder Candi Dasa möchte, wird am Taxistand gefragt, ob es über den **Bali Mandara Toll Way** gehen soll, eine erst 2013 eröffnete Schnellstraße, die auf einem Damm mitten durch die Benoa-Bucht verläuft. Die Route hilft, viel Zeit zu sparen, und ist zudem recht eindrucksvoll – die ohnehin spottbillige Maut in Höhe von 10000 Rp, die man zusätzlich zum regulären Fahrpreis zahlen muss, ist also gut investiertes Geld.

Mit Bahn und Fähre

- Reisende, die sich bereits in Indonesien aufhalten, können – wenn auch mit einem **erheblich größeren Zeitaufwand** – von der indonesischen Insel Java aus per Bahn und Fähre nach Bali gelangen.
- Von Jakarta und Yogyakarta verkehren regelmäßig Züge bis zum Fährhafen **Ketapang** (unweit nördlich von Banyunwangi) am Ostende von Java (Fahrtzeit ca. 16 Stunden). Dort muss man umsteigen auf die täglich in kurzen Abständen verkehrende Autofähre nach **Gilimanuk** an der Westspitze von Bali (Überfahrt in ca. 30–45 Min.).
- Da es auf Bali keine Eisenbahnstrecken gibt, geht es von nun an per Bus weiter (➤ 35).

Unterwegs auf Bali

Wenn das Bad im Meer oder Pool zum Alltag wird, kann sie kommen, die Urlaubslangeweile. Dann am besten nichts wie los auf Inselexkursion. Bleibt nur die Frage, womit?

Mietfahrzeug

- Bali mit einem gemieteten Auto oder Motorrad zu entdecken, mag zwar nicht die nachhaltigste und geselligste Art des Reisens sein – aber mit Abstand diejenige, die **am meisten Freiheit** gewährt. Da Mietfahrzeuge im internationalen Vergleich obendrein ein echtes Schnäppchen sind, entscheiden sich immer mehr Bali-Touristen dazu, für die gesamte Zeit ihres Aufenthalts einen eigenen fahrbaren Untersatz zu leihen.
- Voraussetzung dafür ist ein **internationaler Führerschein**, der hier sowohl für das Führen eines Pkw als auch eines Mopeds vorgeschrieben ist. Auf Bali wird er weniger von den Verleihfirmen als viel mehr von der Polizei verlangt (wer keinen hat, muss meist eine inoffizielle Buße in

Höhe von 100000 Rp bezahlen, während das offizielle Bußgeld gar bei 2 Mio. Rp liegt). Das **Mindestalter** beträgt 21 Jahre, jedoch wird die Regel selten genau genommen.

- Dank eines extremen Überangebots an Mietwagen sind die **Preise** außerordentlich niedrig. Erfahrungsgemäß fallen sie dort besonders günstig aus, wo die Konkurrenz am größten ist, also in den Ferienzentren von Südbali mit den Schwerpunkten Kuta und Sanur. Dort bekommt man bereits ab etwa 150000 Rp pro Tag einen Kleinwagen, eine Mittelklasse-Limousine ab 290000 Rp, SUVs ab 365000 Rp und einen Minibus für sechs oder mehr Personen ab 350000–440000 Rp; die beliebten kleinen Suzuki-Jeeps kosten in ihrer offenen Version ca. 290000 Rp. Die Preise verstehen sich inklusive **Freikilometer** ohne Begrenzung und **Vollkasko-Versicherung** (»All risks insurance«, Police zeigen lassen!).
- Dass man sich bei der **Übernahme des Fahrzeugs** von seiner Verkehrssicherheit überzeugen (vor allem Bremsen, Reifenzustand und Licht checken) und es auf etwaige Vorschäden prüfen sollte, versteht sich von selbst. Zudem sollte man darauf achten, dass man einen Mietvertrag sowie die Fahrzeugpapiere ausgehändigt bekommt.
- Wer sich nicht in den dichten und vor allem chaotischen Verkehr auf Bali stürzen will, kann sich einen **Mietwagen mit Fahrer** organisieren; dieser schlägt mit ca. 100000 Rp pro Tag zu Buche. Einen Fahrer findet man schnell – entweder über eine Verleihstation oder indem man auf die in den Ferienzentren ständig zu hörende Frage »Do you want any transport« reagiert. Will man sich späteren Frust ersparen, sollte man dem Fahrer aber gleich zu Beginn klarmachen, dass man nicht in die üblichen Touristenfallen gefahren werden will. Das Essen unterwegs zahlt man dem Fahrer extra (um 20000 Rp je Mahlzeit). Und fallen Übernachtungen an, muss man natürlich auch dessen Unterkunft übernehmen.
- **Mietmopeds** sind das beliebteste Transportmittel der Bali-Touristen. Allerdings geht die Zahl der Mopedunfälle, in die ausländische Besucher verwickelt sind, jährlich in die Tausende. Ein Moped sollte also nur der mieten, der über eine gute Fahrpraxis verfügt – und ausreichend unerschrocken ist. Vermietet werden hauptsächlich halb- oder vollautomatische Mopeds mit 125 ccm Hubraum, die Preise liegen zwischen ca. 44000 und 60000 Rp pro Tag; günstiger wird's bei einer Mietdauer von einer Woche oder länger. Auch Enduros (125 ccm) und Straßenmaschinen (150 ccm) sind im Angebot, Kostenpunkt ca. 175000 Rp. Es besteht **Helm- und Versicherungspflicht**.
- Verleihfirmen für Mopeds und Autos gibt es auf Bali wie Sand am Meer, weshalb es selbst in der Hochsaison völlig unnötig ist, schon im Voraus eine Reservierung vorzunehmen oder ein Pauschalpaket inklusive Fahrzeug zu buchen. In den meisten Fällen sind die internationalen Unternehmen ohnehin wesentlich teurer als ihre inländische Konkurrenz – und das bei identischem Angebot.
- Mit dem Linksverkehr klarzukommen, ist vielleicht etwas gewöhnungsbedürftig, jedoch wesentlich einfacher, als sich mit der **Missachtung der offiziellen Verkehrsregeln** zu arrangieren, die nur formell denen in Europa entsprechen und in Indonesien sehr kreativ ausgelegt werden. Es kann also durchaus vorkommen, dass es in einer Einbahnstraße Gegenverkehr gibt, rote Ampeln notorisch missachtet werden, nachts der eine ohne Licht und der andere mit Fernlicht fährt oder dass nach links geblinkt und nach rechts abgebogen wird.
- **Weitere Gefahren** gehen von Tieren und spielenden Kindern aus, mit denen auf Straßen jederzeit zu rechnen sind. Schlaglöcher können sich

immer und überall in allen möglichen Größen öffnen. Um all diesen Risiken gerecht zu werden, ist um- und vorsichtiges Fahren geboten. Also langsam fahren und sich die balinesische Gewohnheit zu eigen machen, beim Überholen von Fahrzeugen wie Fußgängern stets die Hupe bzw. nachts zusätzlich die Lichthupe zu betätigen.

- **Benzin** (auf Indonesisch Premium) kostet zurzeit um 7500 Rp pro Liter, Diesel (Solar) liegt bei 6300 Rp. Allerdings bekommt man diese Preise nur an offiziellen Tankstellen, die sich aber in der Regel auf die Hauptstraßen beschränken. Im Abseits wird der Treibstoff aus 400-l-Fäsern in den Tank gepumpt oder aus Plastikflaschen eingefüllt und kostet etwa 50 % mehr als an den Tankstellen.
- **Abschlepp-/Pannendienst** gibt es nicht auf Bali, bei einem technischen Problem ist der Autovermieter zu kontaktieren. Dies gilt auch bei einem Unfall, zu dem immer die Polizei hinzugezogen werden muss!

Touristen-Shuttlebusse

- Reisebusse spielen auf Bali kaum eine Rolle. Von Interesse sind lediglich die Touristen-Shuttlebusse, die in den Touristenzentren von mehreren Anbietern betrieben werden. Der größte und vertrauenswürdigste ist **Perama** (Hauptbüro in Kuta, Jl. Legian 39, Tel. 0361 75 18 75 und 0361 75 08 08, www.peramatour.com). Gefahren wird mit modernen klimatisierten Bussen, auch Transfers von und zur Unterkunft können organisiert werden.
- Die **Preise** sind moderat. Von Kuta nach Lovina beispielsweise zahlt man 125 000 Rp, nach Padang Bai 75 000 Rp, nach Ubud 60 000 Rp.
- Da Perama auch eigene Boote unterhält, bietet das Unternehmen auch Bus-Boot-Transfers von allen Ferienzentren nach Gili Trawangan/ Lombok sowie nach Nusa Penida und Nusa Lembongan an. Man kann auch online buchen und Privattransfers nutzen.

Taxis

- In den Touristenzentren von Südbali sowie in Denpasar herrscht kein Mangel an Taxis. Offiziell müssen alle Taxis mit einem Taxameter ausgestattet sein, viele Fahrer weigern sich jedoch, ihn einzuschalten. In diesem Fall empfiehlt es sich, ein anderes Fahrzeug zu suchen. Bester Anbieter ist **Blue Bird Taxi**, erkennbar an der hellblauen Farbe und dem blauen Vogel auf dem Dach. Dessen Fahrzeuge sind mit Abstand die gepflegtesten und sichersten, zudem sprechen die Fahrer meistens Englisch und sind vertrauenswürdig (weshalb viele auf Bali lebende Ausländer nachts ausschließlich mit einem Blue Bird Taxi fahren); das Taxameter schalten sie normalerweise unaufgefordert ein.
- Die **Preise** sind niedrig: Die Grundgebühr beträgt rund 7000 Rp, je Kilometer werden 6500 Rp und für eine Wartestunde 50 000 Rp fällig. Im Süden von Bali kann man auch telefonisch bestellen (Tel. 0361 70 11 11); alternativ kann man sich die Bestell-App »My Blue Bird« (www.bluebirdgroup.com, verfügbar für Anroid und iOS) downloaden.

Bemos & Ojeks

- **Bemos**, oft auch als Colts bezeichnet, sind Minibusse oder umgebaute Lieferwagen, bei denen die Ladefläche mit Sitzbänken ausgestattet ist. Sie verkehren auf festen Routen zwischen den Ortschaften. Wenngleich sie eigentlich oft nur Platz für höchstens ein Dutzend Fahrgäste bieten, haben sie nicht selten weitaus mehr Personen an Bord. Normalerweise fährt ein Schaffner mit, der das Ziel ausruft und den **Fahrpreis** kassiert;

eine Strecke von etwa 10 km kostet ca. 5000 Rp. **Wer aussteigen will**, klopft aufs Fahrzeugdach und ruft laut »kiri!«. Wird man überhört, muss man ein noch lauteres »kiri kiri!« nachlegen.

- Wer es sehr eilig hat und keine Angst kennt, der mag auf einem **Ojek** auf den Sozius springen. Nichts ist schneller als ein Motorradtaxi – und mit etwas Glück kommt man sogar heil am Ziel an (ein Helm kann dabei helfen). Die **Preise** sind äußerst variabel, liegen aber kaum unter 4000 Rp pro Kilometer.

Übernachten

Einmal in einem Baumhaus schlafen und geweckt werden vom Ruf der Affen? Oder wie wäre es mit einer luxuriösen Teakholzvilla mit privatem Pool und eigenem Butler, einer romantischen Robinsonhütte an einem Strand, einem gemütlichen Gästehaus mit Einblick ins balinesische Alltagsleben oder einem durchgestylten Traum aus Glas unterhalb eines Vulkans? Auf Bali haben Sie die Qual der Wahl.

Buchungen

- Das **Spektrum an Übernachtungsmöglichkeiten** auf Bali mag extrem weit gefächert sein, eine Gemeinsamkeit gibt es aber fast immer: Man bekommt sehr viel für sein Geld, ob man nun wenige Euro oder weit über Tausend pro Nacht bezahlt.
- »Kommen, sehen, nehmen« ist aber nur in den Häusern der Budgetklasse zu empfehlen, denn von der Mittelklasse an aufwärts – und besonders bei Häusern der Spitzenklasse – kann man bei vorheriger Online-Buchung **Schnäppchenpreise** erzielen, die bis zu 50 % unter den offiziellen Tarifen liegen.
- Die Buchung erfolgt dann entweder direkt auf der Website des jeweiligen Hotels oder über spezielle **Buchungsportale**, die oft noch wesentlich günstigere Angebote im Programm haben (u. a. www.balihotels.com, www.agoda.com, www.booking.com, www.hrs.de, www.expedia.de, www.holidaycheck.de).
- Auch **pauschal** zu reisen, kann viel Geld sparen, da gerade die Tophotels in den Katalogen der Veranstalter oft konkurrenzlos günstig angeboten werden.
- Während der **Hochsaison** von Juni bis August sowie über den Jahreswechsel kann es Probleme bereiten, in den Ferienzentren der Insel ohne rechtzeitige Reservierung ein freies Zimmer zu bekommen. Nicht selten werden dann in Kuta und Sanur Preisaufschläge von bis zu 50 % erhoben.

Guesthouses & Hotels

- Gästehäuser, auf Bali **Losmen** oder **Homestay** genannt, sind mit Abstand die günstigsten Unterkünfte. Die Zimmer sind in den meisten Fällen zwar einfach, aber sauber und oft nur mit Bett, Moskitonetz

Preise
für ein Doppelzimmer pro Nacht inkl. Frühstück:
€ unter 750 000 Rp — **€€** 750 000–1,5 Mio. Rp — **€€€** über 1,5 Mio. Rp

und Ventilator ausgestattet. Sehr häufig gehört zu dem Quartier noch ein bescheidenes Bad mit fließend kaltem Wasser – mehr braucht man in den Tropen auch kaum – sowie eine Veranda, auf der morgens das einfache Frühstück serviert wird. Dieses besteht meistens aus Bananenpfannkuchen, einem Fruchtsalat sowie Tee oder Kaffee. Es geht familiär zu, man erhält Einblick in den balinesischen Alltag, wird von den Vermietern vielleicht zu Festen und Feierlichkeiten eingeladen und hat es meistens denkbar leicht, in Kontakt zu Land und Leuten und auch anderen Touristen zu kommen. Und all dies zu Preisen ab etwa 115000 Rp, selbst in den Ferienzentren. Einige Gästehäuser bieten gleichwohl den Komfort von Hotels.

- Der Standard der als **Hotel** klassifizierten und oft in exotische Tropengärten eingebetteten Häuser reicht von mittelmäßig bis unvergleichlich luxuriös. Oft sind sie im Villenstil errichtet, häufig auch mit Kunsthandwerk und Antiquitäten reich geschmückt und nicht selten derart geschmackvoll eingerichtet, dass man am liebsten für immer bleiben möchte.
- Natürlich gibt es auch hier die hässlichen **Betonburgen**, doch machen sie sich rar auf Bali, wo es zwar weit über 100000 Hotelbetten und geschätzt mindestens ebenso viele Gästehausbetten gibt, doch nahezu keine Hochhaushotels.

Essen und Trinken

Liebe geht bekanntlich durch den Magen, nicht zuletzt auch diejenige zu Indonesien, wo es alles in allem angeblich fast 1600 spezifische Gerichte geben soll. Basis der meisten Mahlzeiten ist weißer, gekochter Reis, was allein schon in der Begrüßungsformel »Sudah makan nasi?« zum Ausdruck kommt: »Hast Du heute schon Reis gegessen?«

Von Garküchen bis Restaurants

- Die Anzahl der Garküchen ist überall auf Bali schier unermesslich. Da die Balinesen am liebsten in den kühleren Abendstunden essen, gibt es überall **Nachtmärkte** ***(pasar malam)***, wo sich mobile Essensstände (*kaki lima*) dicht an dicht drängen: Man holt hier eine Suppe, nascht da einen Snack und kostet dort ein Curry oder Fischgericht. Eine sättigende Auswahl wird kaum mehr als 15000 Rp (ca. 1 €) kosten.
- Auch in den ***warungs***, fest installierten Garküchen mit einem Tisch und zwei Bänken davor und einem Sonnensegel darüber, kann man ab etwa 15000 Rp satt werden.
- Legt man den gleichen Betrag nochmals oben drauf, isst man in einem ***pumah makan***, einem einfachem »Ess-Haus«, dessen Ausstattung aus ein paar Tischen und vielleicht einem Ventilator besteht; dort kann man in der Regel bereits aus mehreren Gerichten auswählen.
- Eine noch größere Auswahl sowie eine deutlich bessere Ausstattung darf man in einem ***restoran*** erwarten. Hier wird die balinesische bzw. indonesische Küche auf unterschiedlichstem Niveau gepflegt und auf der Speisekarte finden sich oft auch europäische bzw. europäisierte Gerichte. *Fried egg on toast*, Omelette, Spaghetti und Sandwiches sind mittlerweile überall ein Begriff und die damit bezeichneten Gerichte werden mitunter auch von Balinesen gerne gegessen.
- In den Touristenzentren – aber auch nur dort – finden sich außerdem die üblichen **Restaurants**, die die unterschiedlichsten Küchen in allen

Preise
für ein Hauptgericht ohne Getränke:
€ unter 60000 Rp **€€** 60000–120000 Rp **€€€** über 120000 Rp

möglichen Güteklassen und Preisniveaus bieten. Auch die ultimativen Feinschmecker-Adressen sind zu finden, insbesondere Ubud, Seminyak und Jimbaran gelten als Schlaraffenland für Schlemmer.

Gewürzorgien für den Gaumen

- Die **Vielfalt** der indonesischen Küche und ihre Verschmelzung mit Einflüssen aus Indien, China und Malaysia haben ihr den Ruf eingebracht, eine der besten der Welt zu sein. Eine der gesündesten ist sie obendrein.
- Und eine der **würzigsten**: Schon in Standardgerichten sind – um nur die wichtigsten zu nennen – Gelbwurz, Koriander, Bergamotte und Muskat, Knoblauch, Pfeffer, Ingwer und Gewürznelken, Kardamom, Zitronengras und Minze feste Bestandteile. Nicht zu vergessen die Chilischoten, die kleinen »Gaumenterroristen«, die das indonesische Essen auch noch zu einem der **schärfsten** der Welt machen.
- Was am Anfang der Reise aufgrund der exotischen und scharfen Gewürze nicht essbar erscheinen mag, empfindet man bald schon als angenehm. Zudem hat es sich auf Bali längst herumgesprochen, dass die meisten Europäer mildere Varianten bevorzugen, weshalb **die Schärfe für Ausländer meist reduziert** wird. Oft hört man die Frage »*bisa (makan) pedas* – können Sie scharf essen?« Wer daraufhin *ya* (ja) antwortet, darf sich auf ein Feuerwerk im Mund einstellen, mit *tidak* (nein) sollte der Gaumen weitgehend verschont werden. Das goldene Mittelmaß erhält, wer *sedikit* (ein wenig) sagt. Und wer dann noch die indonesische Speisefolge übernimmt, also reichlich Reis, Suppen und andere, milde Gerichte genießt, der gibt seinem Gaumen die Chance, sich auf die neuen Geschmackserlebnisse umzustellen.
- Jawohl, Suppe zum Essen und nicht etwa davor, danach oder ausschließlich. Denn im Gegensatz zu der westlichen Speisefolge werden bei einem indonesisch-balinesischen Menü alle Speisen mitsamt dem Reis auf einmal aufgetischt. Und wenn man gemeinsam mit anderen speist, ist es auch gang und gäbe, dass alle von allem essen.

Die Mahlzeiten

- Eine typische Hauptmahlzeit, die meist **abends** eingenommen wird, besteht natürlich aus **Reis *(nasi)***, wird doch »Essen« auf Indonesisch gleichgesetzt mit »Reis essen«. Dazu gibt es ***bakso***, eine kräftige klare Suppe mit Fleischbällchen, oder ***soto sayur*** (Gemüsesuppe), ein gekochtes Gericht wie etwa ***rendang*** (Rindfleisch-Curry) oder ***opor ayam*** (in Kokosnussmilch gegartes Hühnerfleisch), ein gebratenes Gericht, oft mit ***ayam*** (Huhn) oder ***babi*** (Schwein), und immer wieder auch ***sate*** (Fleischspießchen). Vielleicht wird auch ein ***gado gado*** serviert, ein warmer Salat aus gedünstetem Gemüse mit einer sämigen Erdnusssauce. Nur das Dessert wird in Indonesien nach dem eigentlichen Essen serviert – und was wäre in einem Tropenparadies naheliegender, als dass es aus Früchten besteht?
- **Mittags**, wenn die Hitze den Hunger ohnehin reduziert, werden eher nur leichte Speise eingenommen, etwa ein ***nasi goreng*** (gebratener Reis

mit Fleischstückchen, etwas Gemüse und vielleicht verquirltem Ei) oder ***bami goreng*** (das gleiche, nur mit Nudeln statt Reis) oder eine Suppe, etwa die leicht säuerliche ***gedang mehuah***, in der sich alles um grüne Papaya dreht.

- Wie sollte es anders sein, auch das **Frühstück** ist auf Bali traditionell ein Reisgericht: gerne ***nasi putih*** (trockener Reis) mit einem ***telur*** (Ei) dazu oder – wie auch mittags und abends – mit gebratenem Fleisch, Gemüse und Ei als ***nasi campur*** (gemischter Reis). Auch ***nasi lemak*** (Kokosreis) ist beliebt, nichts geht aber über ***pisang goreng***, also gebratene bzw. eher frittierte Bananen.

Einkaufen

Wer Shoppen paradiesisch findet, wird sich auf Bali im siebten Himmel wähnen. Der Einfallsreichtum, die handwerkliche Geschicklichkeit und die Kopierbegeisterung der Balinesen füllen die unzähligen Läden der Insel mit immer neuen Kreationen.

Was kaufen?

- Ob nun die Erzeugnisse der Silberschmiede in Celuk (➤ 84), der Steinmetze in Batubulan (➤ 83), der Holzschnitzer in Mas (➤ 85), der Maler in Ubud (➤ 75) sowie Batuan (➤ 85), der Korbflechter und Schirmemacher in Sukawati (➤ 85) oder der Weberinnen in Tenganan (➤ 113) – eigentlich alles, was auf der Insel in Sachen **Kunsthandwerk** hergestellt wird, wandert in die Shops der Touristenzentren. Obendrein erhält man dort auch all das, was sonst noch so an Kunsthandwerk im restlichen indonesischen Archipel gefertigt wird, so etwa Blasrohre aus Kalimantan, Holzfiguren aus Nias, Batiken und Schattenspielfiguren aus Java, Batak-Kalender aus Sumatra, Sarongs aus Flores, Penisköcher aus Irian Jaya und, und, und.
- Da die alte »Hippie«-Garde schon vor Jahrzehnten von Ibiza nach Bali emigriert und hier in Sachen **Mode** tätig ist, quellen die Geschäfte über von Designerklamotten: Hemden und Hosen, Shirts und Kleider, Röcke und Jacken gibt's in Hülle und Fülle. Und für wenig Geld kann man sich auch Maßgeschneidertes aus Seide oder Baumwolle anfertigen lassen.

Wo kaufen?

- »Der« Ort für Kaufsüchtige auf Bali ist Kuta, genauer gesagt die Trias aus Kuta, Legian und Seminyak. Wer dort einmal zugeschlagen hat, der möchte wiederkommen, ein ums andere Mal – denn was man in Kuta an Hipsterzeug, aber auch ganz neuartigen Designs findet, dazu gibt es vielleicht weltweit kein Pendant. Im Vergleich dazu ist Shoppen in der Heimat regelrecht langweilig.
- Doch Vorsicht: Ob Sie viel oder wenig im Geldbeutel haben, Sie werden es ausgeben, ganz sicher! Und nirgends leichter als in Kuta, wo aufgrund der extremen Nachfrage und der hohen Ladenmieten alles mindestens doppelt so teuer ist wie anderswo und man die Preise meist auch mit noch so hartnäckigem Handeln nicht auf ein vernünftiges Maß reduzieren kann. In den kleinen Souvenirgeschäften an der Poppies Lane nicht, in den großen Department Stores nicht und schon gar nicht in den hypermodernen Shopping Malls, die zurzeit der letzte Schrei sind.

Erster Überblick

- Am günstigsten in **Kuta** ist noch der gleichnamige Ortsteil, in dem man insbesondere in puncto Marken-Sportkleidung – insbesondere aus der Surferszene – so manches Schnäppchen machen kann. Vor dem Kauf sollten die Artikel aber genau begutachtet werden, da auch **Ausschussware** und viele **Fälschungen** in den Handel kommen.
- Das benachbarte **Legian** hat sich einen Namen für Schneiderwerkstätten gemacht: Bringen Sie Ihr Lieblingsstück von zu Hause mit und lassen Sie sich die Teile nachschneidern. Auch ein Foto genügt als Vorlage.
- **Seminyak** ist erste Anlaufstelle für überwiegend hochpreisige Waren, nicht zuletzt Antiquitäten und solche, die man dafür halten soll.
- Kunsthandwerk und Kunst kaufen Sie am besten dort, wo die Erzeugnisse auch gefertigt werden, und eben nicht in Kuta, wo sie zu völlig überzogenen Preisen angeboten werden. Ubud ist eine großartige Adresse und hier ganz besonders der **Ubud Art Market** (► 95).
- Sanur hätte Shopping-Freunden eigentlich nichts besonderes zu bieten, wäre da nicht der **Sanur Night Market**, der sich inzwischen einen guten Ruf erarbeitet hat.
- Eine »High-end shopping experience« versprechen Prospekte in **Nusa Dua** mit seiner Bali Collection. Allerdings kann dem einen oder anderen Besucher die supercoole Atmosphäre des »Instant-Bali« zu steril erscheinen – man liebt es oder hasst es.
- Allgegenwärtig in den Touristenzentren sind die **fliegenden Händler**, die irgendwie immer dort sind, wo man sich auch gerade selbst aufhält. Sie können ihnen nicht entgehen oder sie gar verscheuchen – da bringt es auch nichts, sie anzuschnauzen oder zu ignorieren. Ja, sie haben meist unverschämte Preise, sind lästig, durchaus eine Plage, aber das wären Sie vielleicht auch, hätten Sie sechs Kinder, eine Einzimmerwohnung von 12 m², keine Arbeit und auch keine Chance, eine zu bekommen. Bleiben Sie also wenigstens höflich, selbst wenn Sie keine Sarongs, Muschelketten, Sonnenbrillen, bunte Tücher oder was auch immer sonst haben wollen.

Die Kunst des Feilschens?

- Auf Bali weiß man nie, was ein Gegenstand kosten wird, nichts ist ausgezeichnet, **kein Preis ist fix**, stattdessen wird er durch Verhandeln bestimmt: Während den Wert einer Ware nur der Händler kennt, müssen die Käufer versuchen, sich möglichst nahe an das Geheimnis herantutasten. Aber letztlich gehört diese Ungewissheit doch zum Reiz des Feilschens dazu, hinterlässt sie doch beim Käufer das Gefühl, einen guten Preis ausgehandelt zu haben.
- Dabei ist es eine **hohe Kunst**, sich nicht betrügen zu lassen. Erschwert wird diese Aufgabe nicht zuletzt dadurch, dass es für die Waren nicht einen, sondern viele Preise gibt. Preise für Land- und Stadtbewohner, für In- und Ausländer, für Neugierige und Behutsame, für Arme und Reiche, für Männer und Frauen, Preise je nach Tageszeit und Wochentag, nach Lust und Laune, für einen Gegenstand, für zwei, für viele zusammen. So viele Preise eben, wie Situationen und Konstellationen denkbar sind.
- Die wichtigste Faustregel – und die gilt ganz unabhängig davon, was der Händler sagen wird – lautet: Nennen Sie niemals, wirklich niemals als Käufer den ersten Preis! Das ist Aufgabe des Händlers, Ihre ist es anschließend, einen **Rabatt von mindestens 50 %** vom aufgerufenen Angebot zu erzielen. Gelingt das nicht, haben Sie zu viel gezahlt. Garantiert!

Ausgehen

Wer mal Ferien vom Urlaub machen will, ist auf Bali goldrichtig. Ob man nun einen Tag, eine Nacht oder auch gleich drei Wochen lang rund um die Uhr Action haben möchte, hier kommt sicher keine Langweile auf. Für Feierwütige führt kein Weg an Kuta vorbei, lediglich auf Lomboks Nachbarinsel Gili Trawangan kann man noch ein vergleichbares Nachtleben finden. Aktivurlauber hingegen haben auf ganz Bali genug zu tun.

Nachtleben

- Das Nachtleben von **Kuta** ist legendär. Jahr für Jahr verbringen vorwiegend junge Australier den ganzen Urlaub und auch so manches verlängerte Wochenende hier und machen die Nacht zum Tag. Auch bei den wohlhabenderen Schichten von Jakarta und Singapur, bei Koreanern, Japanern und Chinesen liegt das Feiermekka voll im Trend.
- Wenn sich die Sonne mit ihrer spektakulären Light-Show am Strand verabschiedet hat, erwacht in Kuta das Nachtleben. Zuerst in den Restaurants, Kneipen und Bars, rund um Mitternacht dann in den **zahlreich vorhandenen Clubs**, die sich mit bekannten DJs aus aller Welt bis in die Morgenstunden hinein gegenseitig den Rang der hippsten und groovigsten Location streitig machen. Epizentrum des Nachtlebens von Kuta ist die **Partymeile Jl. Legian**. Hier gibt's die größte Dichte an Bars und Clubs, darunter auch all die Klassiker, die Kutas Ruf als Nightlife-Metropole begründet haben. Zu diesen zählen das **Bounty Ship** (➤ 67), der **Engine Room** (➤ 67) oder die **Sky Garden Lounge** (➤ 68) – sie alle bieten ein wechselndes Unterhaltungsprogramm mit Feuerspuckern, Tänzerinnen, Akrobaten und Coverbands.
- Je weiter es Richtung **Legian** geht, desto ruhiger und gesetzter wird das Nachtleben, das sich in **Seminyak** schließlich in stylishen Lounges, Boheme-Cocktailbars und schicken Beach Clubs wie dem berühmten **Ku De Ta** (➤ 68) abspielt. Besser lässt es sich zu fortgerückter Stunde nirgendwo chillen – vorausgesetzt, man hat das nötige Kleingeld und das entsprechende Outfit, denn die Türsteher sind streng in Seminyak.
- Verglichen mit Kuta herrscht in allen anderen Touristenzentren auf Bali »tote Hose«. Wer neuen Input braucht, kann allenfalls noch einen Abstecher per Speedboat nach **Gili Trawangan** wagen. Der Treff der jungen Backpackerszene aus aller Welt hält gleich einen regelrechten Nightlife-Zeitplan parat: Montags lädt das Blue Marlin mit Psychedelic und Techno-Beats zum Rave auf die Tanzfläche, mittwochs findet man sich zu Hip-Hop und House im Tir na Nog ein und der Freitag gehört Rudy's Pub, wo Trance und Techno hämmern, während sich Reggae-Fans allabendlich in der Sama Sama Bar vergnügen. Alltäglich ab 10 Uhr startet ein Partyboot auf locker-flockige Fahrt rings um die Gili-Inseln. Und einmal im Monat flippt die gesamte Gästeschar auf der **Gili Trawangan Fullmoon Party** aus. Die kommt zwar nicht an die berühmte Vollmondparty von Ko Pha Ngan ran, kann sich aber allemal sehen lassen!

Bali aktiv

- Relaxen und Tempelgucken schön und gut, aber vielleicht darf's auch etwas mehr sein. Ob zu Lande oder Wasser, auf Bali gibt es unerhört viel zu tun und es ist nicht übertrieben, wenn die Insel in Hochglanzmagazinen als ein Paradies für Naturfreunde, Sportbegeisterte und Abenteuerlustige vorgestellt wird. Die Möglichkeiten sind schier grenzenlos, kein anderes Ferienziel in Südostasien kann eine vergleichbare **Infrastruktur** aufweisen. Und auch unter Kostenaspekten gibt es kaum eine Alternative.

- Perfekt zum **Schwimmen** geeignete Strände sucht man vergebens auf Bali, das entgegen der landläufigen Meinung keine Badeinsel im eigentlichen Sinn ist. Im gesamten Bereich der offenen Südküste wird die oft meterhohe Brandung zur Spaßbremse, obendrein können die Strömungen lebensgefährlich sein; und vor Sanur und Nusa Dua kann die Ebbe das Badevergnügen ordentlich trüben. An der Nordküste kann man zwar gut schwimmen, hier aber können die vorgelagerten Korallenriffe stören. Und die hellgrauen bis lavaschwarzen Strände machen optisch nicht gar so viel her.
- Zum **Schnorcheln** bietet die Nordküste bei **Amed, Tulamben** und **Lovina** dank kilometerlanger Korallenriffe ganz ausgezeichnete Bedingungen; und auch die Ostküste, vor allem rund um **Padang Bai** und **Nusa Lembongan**, ist ein schönes Schnorchelrevier. Unübertroffen sind allerdings die auch zum Tauchen großartig geeigneten Korallengärten, die zum marinen Schutzgebiet von **Pulau Menjangan** gehören. Das kleine Eiland genießt den Ruf, einer der spektakulärsten Divespots in ganz Südostasien zu sein (wenngleich diesem Superlativ die Korallenbänke vor Lomboks Nachbarinsel Gili Trawangan in nichts nachstehen).
- Auch die Palette der sonstigen **Wassersportarten** könnte vielfältiger nicht sein und reicht von Raftingfahrten durch ursprüngliche Wildnis über Kajaktrips auf wilden Wasserläufen bis hin zu Bootsfahrten, Segeltörns und Parasailing.
- Groß geschrieben wird **Surfen**, die Bedingungen vor Bali genießen Weltruhm. Das Gros der Wellenreiter fährt die Breaks am Strand von **Kuta** und Umgebung ab; auch das weiter westlich gelegene **Balian** sowie **Medewi** haben in der Szene einen herausragenden Namen. Berühmt-berüchtigt sind die kleinen Strandbuchten der **Bukit-Badung-Halbinsel** im tiefsten Süden der Insel – hier sollen sich die höchsten und gefährlichsten Ridable Surfs von ganz Asien auftürmen.
- Apropos Auftürmen: Im Inselinnern thronen die Vulkane **Gunung Batur** und **Gunung Agung**, die Besteigung dieser Götterberge ist ein Höhepunkt im doppelten Sinne. 1717 m misst der relativ leicht und schnell erklommene Batur-Vulkan, 3142 m der balinesische Olymp. Beide belohnen die Mühen mit großartigen Vulkanlandschaften und Cinemascope-Panoramen, die in Südostasien ihresgleichen suchen.
- Auch im Rahmen von **Wanderungen** kann man unvergessliche Eindrücke von Vulkanen, Kraterseen und Wasserfällen, Regen-, Nebel- und sogar Affenwäldern sammeln. Spektakuläre Landschaftserlebnisse und ein authentischer Eindruck von Land und Leuten sind auch all denjenigen sicher, die zu Fahrradtouren aufbrechen (mit Ausnahmen der Region südlichen von Denpasar eignet sich fast die ganze Insel dafür).
- **Golfer** genießen hier das Privileg, auf traumhaft schön gelegenen Golfplätzen abzuschlagen. Berühmt ist der im Hochland von Bedugul gelegene, farbenprächtig bepflanzte **Bali Handara Golf Course**, direkt am Indischen Ozean liegt der 18-Loch-Platz des **Bali Golf & Country Club**.
- Sowohl im Inselinnern als auch an den Küsten bieten **Wellness- und Spa-Resorts** Entspannung für Leib und Seele. Allein in Kuta sind es mehrere Dutzend, doch wird dies noch von Ubud getoppt. Das Angebot umfasst Kräuterdampfbäder, Massagen, Ayurveda, Fastenkurse, Meditationsübungen, Yoga, Reiki und Teezeremonien, aber auch schamanistische Praktiken, Healing, Chi Gong, Channeling, Chiromantie, Numerologie u. v. m.

Der Süden

Kleine Erlebnisse

Vom Winde verweht
Der Pantai Mersari von **Sanur** (➤ 61) ist Treff der Kite-Surfer – auch Zuschauen lohnt sich.

Lichtspektakel am frühen Morgen
Der frühe Vogel fängt den Wurm … und hat den Sonnenaufgang am **Pura Luhur Ulu Watu** (➤ 50) mit etwas Glück ganz für sich allein.

Vogelmarkt
Authentische Atmosphäre verspricht der Vogelmarkt nahe Denpasars **Tanah Lapang Puputan** (➤ 60). Für Tierfreunde ist das aber nichts!

Erste Orientierung

Der Süden Balis ist der mit Abstand am meisten besuchte Teil der Insel. Hier sind sie zu finden, die Copacabanas von Indonesien ebenso wie malerische Buchten und beste Surfbedingungen. Wassersportlern und Nachtschwärmern sind keine Grenzen gesetzt. Und eine perfekte Infrastruktur in gleich mehreren Ferienzentren garantiert einen komfortablen und abwechslungsreichen Aufenthalt.

Mit ihren traditionellen Booten gehen die Fischer auch heute noch vor Südbalis Küste ihrem Handwerk nach

Backpacker aus westlichen Ländern und Wellenreiter aus Australien waren es, die in den frühen 1970er-Jahren Südbali entdeckten, wenige Jahre später schon war der »Geheimtipp« in aller Munde. Mittlerweile sind es gut und gerne 5 Mio. ausländische Besucher jährlich, die den Süden von Bali besuchen und das Tropenparadies damit zur beliebtesten Badeinsel von ganz Indonesien machen. Und ob sie nun trunken sind von Wellen und Stränden, Sundownern und Sonnenuntergängen, einem überschäumenden Nachtleben und kulinarischen Höhepunkten oder von den Balinesen, Tempeln und Tropenwärme – alle sind sich einig darin, dass Südbali ein einzigartiges Fleckchen Erde ist.

Der Unterschied macht's: Während Kuta mit Legian und Seminyak das hippe Surfer- und Party-Mekka der Insel bildet und in puncto Nightlife und Rundumbespaßung klar die Nase vorne hat, präsentiert sich Sanur als (Pauschal-) Ferienzentrum für eine eher ältere Klientel, die einen geruhsamen Dreiklang aus Strand, Kultur und erschwinglichem Komfort sucht. Nusa Dua hingegen ist ein Synonym für gelenkten Luxustourismus, während sich Jimbaran als eine friedliche, aber sehr hochpreisige Strandoase präsentiert, die noch am ehesten dem gängigen Bali-Klischee entspricht. Von all diesen Urlaubsorten ist die Inselmetropole Denpasar nur wenige Kilometer entfernt. Und wer dem Dunstkreis der Ferienzentren entkommen will, macht einen Ausflug zu den Klippen- und Meerestempeln des Südens, die obendrein die stimmungsvollsten Sonnenuntergänge bieten, die man sich nur vorstellen kann.

Surfers Paradise auf Indonesisch – rund um Kuta sind die Bedingungen optimal

TOP 10

Nicht verpassen!

Nach Lust und Laune!

In zwei Tagen

Zwei Tage benötigt man schon, um die Hauptsehenswürdigkeiten von Balis Süden – sprich Tempel, Strände und Urlaubsrummel – kennenzulernen. Um an den beiden Abenden die herrlichen Sonnenuntergänge nicht zu verpassen, ist es nachmittags ratsam, die Uhr etwas im Blick zu behalten. Ein Mietfahrzeug, mit oder ohne Fahrer, verschafft die nötige Mobilität.

Erster Tag

Vormittags

Will man sich über 14 **Sanur** (➤ 61) und/oder 10 **Kuta** (➤ 53) auch nur einen ungefähren Überblick verschaffen, sollte man den Vormittag schon komplett einplanen. Sehenswürdigkeiten im klassischen Sinn dürfen Sie hier keine erwarten. Dafür gibt es in den Boutiquen und Souvenirläden und natürlich an den Stränden genug zum Schauen, weshalb sicher keine Langeweile aufkommt.

Mittags

Erkundungen von Ferienzentren können anstrengend sein – kommt man schließlich am Westende von Kuta in Seminyak an, will man wahrscheinlich nur noch entspannen und dazu etwas trinken und/oder essen. Dafür gibt es keine bessere Adresse als das **Ku De Ta** (➤ 68), wo man sich in cool-lässiger Atmosphäre von den Strapazen des Urlaubs erholen kann.

Nachmittags

Etwa eine halbe Stunde dauert die Fahrt von Seminyak bis zum spektakulär gelegenen Meerestempel 2 **Pura Tanah Lot** (➤ 48; oben). Gegen 15 Uhr sollte man dort schon ankommen. Ab 16 Uhr nämlich, wenn ganze Busladungen voller Touristen Richtung Tempel drängeln, spürt man nicht mehr viel von einer Stimmung, die dem heiligen Ort angemessen wäre.

Abends
Ab 17.30 Uhr beginnt allmählich die »Lightshow« von Tanah Lot, die von der Aussichtsterrasse bewundert werden kann. Das große Sonnenuntergangsfinale setzt um 18 Uhr ein. Nur wenige Momente später heißt es für das Gros der Besucher »nichts wie weg!« Es ist trotzdem sehr empfehlenswert, dem Strom zu trotzen und noch ein knappes halbes Stündchen zu verweilen. Dann nämlich ist sie wieder da, die geradezu schon mystische Atmosphäre des Platzes, der sich nun zudem in herrlichstem Zwielicht präsentiert. Hat man genug gesehen, geht es zurück nach 10 **Kuta** (► 53), das heute die beste Option ist, um zu essen und Stimmung zu tanken.

Zweiter Tag

Vormittags
Früh am Morgen ist der Strand von 11 **Jimbaran** (► 56) oft noch schöner als zum Sonnenuntergang. Also möglichst früh aufbrechen, um dann spätestens gegen 10 Uhr etwa die Fahrt über 15 **Nusa Dua** (► 62) zum persönlichen Lieblingsstrand von 12 **Bukit Badung** (► 58) anzuschließen.

Nachmittags
Einen ganzen Urlaub könnte man an den Surf- und Badestränden von Bukit Badung verbringen, aber für einen ersten Eindruck müssen ein paar Stunden genügen. Von der letzten Badebucht sollte man spätestens gegen 16 Uhr Richtung 6 **Pura Luhur Ulu Watu** (► 50) aufbrechen.

Abends
Gegen 18 Uhr führt die Natur das Schauspiel des Sonnenuntergangs auf, um 19 Uhr starten Tanzvorführungen. Ausklingen lassen sollte man den Tag bei einem Kerzenlicht-Dinner am Strand von 11 **Jimbaran** (► 56; unten); unsere Empfehlung dort ist der **Muaya Beach** (► 56).

2 Pura Tanah Lot

Hochglanzfotos vom Pura Tanah Lot, der sich vor dem orange glühenden Himmel aus seichtem Wasser erhebt, zieren die Titelbilder unzähliger Bali-Prospekte. Tatsächlich gilt das Natur- und Schattenrissschauspiel, das der Meerestempel und der Sonnenuntergang direkt vor der Küste des Indischen Ozeans aufführen, als eines der unvergesslichsten Erlebnisse einer Bali-Reise überhaupt.

Das bezeugen auch die Statistiker, die für den meist nur kurz als »Tanah Lot« bezeichneten Tempel über 2 Mio. Besucher jährlich registrieren, darunter gut und gerne 1 Mio. ausländische Touristen. Das ist Rekord auf Bali und in ganz Indonesien – und da der Kommerz bekanntlich proportional zum Touristenaufkommen wächst, kann man sich vorstellen, wie sehr dieses berühmteste, **meistbesuchte und -fotografierte Heiligtum der Insel** eben auch den Gesetzen der Vermarktung folgt.

Nur bei Ebbe gelangt man trockenen Fußes zum Meerestempel

Ab ca. 16 Uhr beginnt in dem Kulturpark zwischen Parkplatz und Tempel die Rushhour. In einer Prozession mit Tausenden Mitbesuchern muss man sich durch das Labyrinth von Verkaufsständen mühen, die den Weg zu den **Panoramaklippen** und der eigentlichen Anlage säumen. Von dem Gedränge und Geschiebe sollte man sich jedoch nicht abschrecken lassen: Wenn das Happy End naht und die Sonne farbenfroh zum Untergang ansetzt, verstummen selbst die nörgeligsten Kritiker vor ehrfürchtigem Staunen über die Schönheit der Welt. Und dennoch: Wer den Sonnenuntergang ganz »unverbaut« genießen möchte, sollte hier möglichst schon vor 16 Uhr eintreffen und sich einen Panoramaplatz sichern.

Heilig und heilsam

Das ist das eigentliche Highlight, zumindest für Touristen, da der Tempel selbst – wie alle balinesischen Tempel – nur von gläubigen Hindus betreten werden darf. Ohnehin ist dies nur bei Ebbe möglich. Und auch nur dann kann man sich von einem Priester die heilige **Süßwasserquelle** zeigen lassen, die am Fuß des Inselfelsens entspringt. Ihr Wasser soll heilende Kräfte haben; wer es trinken will, muss dem Wächter eine kleine Spende überreichen, 10 000 Rp sollten es schon sein. Gleiches gilt gegenüber am Ufer des Festlands, wo ein Priester eine **kleine Höhle** bewacht, in der schwarz-weiß gebänderte, heilige und hochgiftige Seeschlangen hausen.

KLEINE PAUSE

Zahlreiche Erfrischungsstände sowie auch mehrere Restaurants bieten Stärkungen an. Die Gerichte sind jedoch überall und allesamt überteuert. Den Logenplatz zum Sunsetgucken hat der **Warung Segara** (Tel. 0361 81 08 26, tägl. 8–19 Uhr) bei der Aussichtsterrasse inne.

190 B3 Tanah Lot 0361 88 03 61, www.tanahlot.net tägl. 8–19 Uhr 30 000 Rp, Parkplatz 5000 Rp

BAEDEKER TIPP

- Auf der Website www.tanahlot.net kann man sich einen ständig aktualisierten **Veranstaltungskalender** anzeigen lassen: Da der Tempel heilig ist, wird er zu Festlichkeiten oft von Tausenden Pilgern besucht.
- Nach Sonnenuntergang werden auf dem Gelände des Kulturparks allabendlich ab 19 Uhr **balinesische Tanzdramen** aufgeführt (Eintritt: 90 000 Rp).

6 Pura Luhur Ulu Watu

Wer je das Traumpanorama vom »Tempel über dem Fels« auf das 100 m weiter unten gegen die Küste anbrandende Meer genossen hat, wird die Eindrücke nie wieder los. Selbst dann, wenn man nicht – wie an klaren Tagen möglich – bis zur über 60 km entfernt liegenden Nachbarinsel Java hinüberblicken kann.

Die Lage auf einer imposanten Steilklippe hoch über der **Südwestspitze der Bukit-Badung-Halbinsel** (► 58) ist es, die den Pura Luhur Ulu Watu so einzigartig macht. Er markiert den südlichsten und vor allem spektakulärsten Punkt der – wie viele meinen – gesamten Insel. Insbesondere bei Sonnenuntergang ist die Kulisse schlicht einmalig. Entsprechend eng geht es dann zu, ganz wie am **Pura Tanah Lot** (► 48), was aber niemanden von einem Besuch abhalten sollte.

Der Pura Luhur Ulu Watu ist ein beliebtes Fotomotiv – doch Vorsicht, die hiesigen Affen sind ganz heiß auf Kameras und Handys

Das Gleichgewicht der Welt

Die Geschichte dieses Tempels reicht bis ins 11. Jh. zurück. Als Grund für seine Gründung gilt die Felsklippe

selbst, auf der der Tempel thront: Gemäß einer Legende nämlich verkörpert sie das zu Stein gewordene Schiff, auf dem die Göttin der Seen und Flüsse, **Dewi Danu**, einst über das Meer nach Bali gekommen ist, um die Insel seitdem vor den Mächten der Unterwelt zu beschützen. Schließlich gilt das Meer den Balinesen als Heimstatt von Geistern und Dämonen. Durch Opfergaben muss man diese milde stimmen, um die kosmische Harmonie aufrechtzuerhalten, das Gleichgewicht zwischen Gut und Böse. Entsprechend groß ist die Bedeutung dieses Tempels, der dafür zuständig ist, die im Dunkel des Ozeans lauernden Mächte des Bösen nicht an Land steigen zu lassen. Und weil das eine große Aufgabe für nur einen einzigen Tempel ist, teilt er sich die Arbeit mit dem Pura Tanah Lot (➤ 48), weshalb er zusammen mit diesem und direkt nach dem »Muttertempel« Besakih (➤ 104) auch der heiligste der Insel ist.

Achtung, Affen!

70 Stufen zählt die Treppe, die steil zum mit Dämonenköpfen verzierten **Eingangsportal** des Tempels hinaufführt. Affenköpfe aber wären passender, denn Dutzende, wenn nicht gar Hunderte **Langschwanzmakaken** sind es, die hier ihr Unwesen oder auch Schabernack mit Touristen treiben, ihnen nämlich alles stibitzen, was nicht niet- und nagelfest ist. Ganz wie im Affenwald von Ubud (➤ 76) und auch Sangeh (➤ 92), weshalb man ganz besonders auf Brillen, Kameras und Handys wie auch auf Taschen aufpassen sollte. Wer die äußerst zutraulichen Tiere gar streicheln will, was ahnungslosen Touristen anscheinend immer wieder mal ein Bedürfnis ist, sollte wissen, dass so etwas schnell mit Bissen bestraft werden kann. Und Füttern führt letztendlich dazu, dass man die Affen nicht mehr los wird, was immer man auch tut …

Zum Abheben schön

Tritt man dann ein in den Tempel, findet man sich im **Tempelvorhof** wieder, der ebenso wie der **erste und zweite Tempelhof** von Korallengestein umfriedet ist. Weiter nach vorne darf man nicht, da hier – wie in allen Tempeln auf

Bali – nur Gläubige das Allerheiligste betreten dürfen. Aufgrund der niedrigen Begrenzungsmauer kann man aber auch so alles gut einsehen und vor allem bestens ablichten, genießt man doch von hier aus einen schlicht überwältigenden **Blick über die Klippe** hinunter auf den Indischen Ozean, der von drei Seiten mit mehr als 10 m hohen Dünungswellen heranbrandet.

KLEINE PAUSE

Am Parkplatz unterhalb des Tempels bieten **einfache *warungs*** kalte Getränke und simple Mahlzeiten. Doch hübsch sitzt man dort wirklich nicht. Stilvoller beendet man eine Sonnenuntergangstour zum Tempel mit dem kulinarischen wie auch atmosphärischen Höhepunkt eines Candlelight-Dinners am Strand von **Jimbaran** (► 56).

190 B1 · Bukit Badung · tägl. 7–19 Uhr · 30 000 Rp, Parkplatz 5000 Rp

BAEDEKER TIPP

- Wer dem oft hautnahen Gedränge im Bereich des Tempels entgehen und trotzdem ein großartiges Panorama genießen will, sollte dem **schmalen Fußpfad** folgen, der vom Tempel ein Stück weit nach Süden zu einer weiteren Klippe führt. Dort hat man die Aussicht oft ganz für sich allein und obendrein die Silhouette des Tempels als fotogenen Scherenschnitt im Rücken – zumindest zum Sonnenuntergang.
- Der ist in diesen Breiten stets gegen 18 Uhr. Zur gleichen Zeit startet im Amphitheater beim Tempel eine Tanzveranstaltung (90 000 Rp). Aufgeführt wird allabendlich der äußerst farbenprächtige »Affentanz« **Kecak** (Abb. unten), der im Licht Dutzender Pechfackeln ein äußerst fotogenes Ereignis ist. Die besten Sitzplätze zum Knipsen hat man in den oberen Reihen. Allerdings sollte man bereits eine Stunde vor Vorführungsbeginn sein Ticket kaufen, da diese Ränge äußerst beliebt sind und spätestens ab 17.30 ein Ansturm aufs Tickethäuschen einsetzt.

10 Kuta

Für Nachteulen und Partylöwen gibt es in ganz Indonesien keine Alternative zur bekanntesten Urlaubsregion der Insel, die durch das touristische Dreigestirn Kuta-Legian-Seminyak gebildet wird. Die drei ehemaligen Dörfer hinter dem mit Abstand längsten und wohl auch schönsten Sandstrand der Insel sind zu einem einzigen Ferienzentrum von insgesamt rund 7 km Länge zusammengewachsen. Das steht im Ruf, die vielleicht turbulenteste Urlaubsfabrik von ganz Südostasien zu sein. Wer das touristische Herz von Bali sucht, wird es hier finden.

Und das schon seit den späten 1960er-Jahren, als die ersten Rucksackreisenden, Wellenreiter und selbst ernannten Hippies in Kuta eintrafen. In den 1980er-Jahren avancierte das mittlerweile zur Stadt angewachsene und

Etwas nobler geht es am zu Seminyak gehörenden Strandabschnitt zu

mit dem Nachbardorf Legian verwobene Kuta zum populärsten Backpacker- und Surfer-Spot von ganz Asien. In den 1990er-Jahren dann entwickelte sich das bereits kilometerlange Kuta-Legian zur Goldmine auch des Massentourismus, der mittlerweile in seiner Luxus-Spielart auch das an Legian angrenzende Seminyak erobert hat und in naher Zukunft wohl auch die weiter westlich angrenzenden Strände bzw. Dörfer übernehmen wird. Eine Ende des Booms ist nicht abzusehen, denn der internationale Bali-Tourismus läuft unvermindert auf Hochtouren.

Entsprechend gibt es manche Hässlichkeit zu beklagen, besonders baulicher Art – wer die Gegend noch von früher kennt, wird sich verwundert und geschockt die Augen reiben und vielleicht denken, er hätte sich mit der Insel vertan. Längst sind die Palmenhaine am extrabreiten goldfarbenen Sandstrand den heutigem Strandboulevard gewichen, haben »Wohnsilos« und Edelresorts die lauschige Palmwedelhütten als Unterkünfte abgelöst. Und längst gehören die Stunden der Einsamkeit der Vergangenheit an, wird man den Strand mit Tausenden anderen teilen müssen.

Drei Orte, ein Ziel

Aber Kuta ist nicht gleich Kuta. Und so können hier Urlauber jedweder Couleur genau das finden, was sie für die schönsten Wochen des Jahres suchen mögen. Auf einen Nenner gebracht, ist der **Ortsteil Kuta** tendenziell die Domäne einer jungen und hippen Partymeute aus Australien. Man steigt nach durchtanzter und durchzechter Nacht erst im Morgengrauen ins Bett, steht spät auf, geht dann shoppen, beachen oder surfen, bevor das Ganze wieder von vorne beginnt. Die Preise für Unterkunft und alle anderen Einrichtungen sonst sind eher am unteren Ende der Skala angeordnet.

Das genaue Gegenteil gilt für **Seminyak**, denn der Ferienort spricht die »Jungen und Schönen« und gerne auch ein wenig vermögenden Urlaubsgäste an. Die gehen zwar auch mal an den Strand, bevorzugen aber im Allgemeinen die erlesenen Pool-Landschaften ihrer Nobelherbergen, die wie Oasen der Ruhe zwischen den Reisfeldern abseits der mit schicken Boutiquen bestückten Hauptstraße liegen. Abends dann schlendert man zum Sehen und Gesehenwerden gerne über die Flaniermeile Jl. Laksmana, sucht anschließend kulinarische Höhepunkte in sündhaft teuren Edelrestaurants, bevor in eleganten Clubs die Nacht zelebriert wird.

Legian liegt nicht nur geografisch in der Mitte zwischen diesen Extremen, ist sowohl locker-flockiger Partyplatz als auch gestylte Highend-Dinner-Domäne. Backpacker machen sich eher rar, Luxusurlauber aber ebenso, liegen doch die meisten Unterkünfte in der preislichen Mittelklasse.

Der Strand

Der durchgehende Strand erstreckt sich gen Westen bis zum Horizont, ist breit und feinsandig, schimmert in Gold- und Grautönen (je nach Strömung) und wird im Stile von *Baywatch* bewacht; sanft geht er ins Meer über, das sich am seichten Rand mitunter auch zum Plantschen, zum Schwimmen aber nur begrenzt eignet, da oft meterhohe Wellen heranbranden. Auf diesen reiten im Kuta-Abschnitt Body- und klassische Brettsurfer. Auch sind hier die meisten Badegäste und Sonnenanbeter zu finden, die vom Gros der hiesigen Strandverkäufer flankiert werden. Je weiter man Richtung Seminyak geht, desto größer werden die Abstände zwischen den Badehandtüchern und Liegestühlen.

SEX ON THE BEACH

Was als Longdrink schön und gut ist, sollte man nicht im wortwörtlichen Sinne praktizieren. Das indonesische Gesetz versteht da keinen Spaß und ahndet derartige Respektlosigkeiten mit einer Haftstrafe und späterer Ausweisung. Und so vergeht keine Saison in Kuta, in der nicht ein oder mehr Pärchen beim Liebesakt am Strand erwischt werden und die Quittung dafür zahlen müssen.

Kutas Strand ist fest in der Hand von Surfern, die sich bis in die Abendstunden hinein in die Brandung stürzen

KLEINE PAUSE

Die Zahl der Möglichkeiten geht ins Unendliche, wer aber »in« sein möchte, sollte zumindest tagsüber im **Ku De Ta** (➤ 68) direkt am Strand von Seminyak an einem frisch gepressten Fruchtsaft nippen. Auch zum Sundowner-Schlürfen ist der schicke Beach-Club »der« Hotspot, die asiatisch-italienische Küche des Hauses bietet feinstes Fusion Food und zum Chillen zu später Stunde gibt es nichts besseres – das nötige Kleingeld vorausgesetzt!

---

190 C2

Bali Government Tourist Information Centre
Century Plaza Building Jl. Benesari 7, Kuta 0361 75 40 90 tägl. 9–21 Uhr

Perama Tours & Travel
Jl. Legian 39, Kuta 0361 75 15 51, www.peramatour.com

BAEDEKER TIPP

- So weit die Füße tragen: **Strandläufer** können von Kuta bis zum rund 20 km weit entfernten Pura Tanah Lot gehen, ein Strandende ist erst am Westzipfel der Insel in Sicht.
- **Oben ohne** ist auf Bali verpönt – nur, aber auch wirklich nur am Strand von Kuta wird es geduldet.
- Die **Strömungen** vor dem Strand wie auch die Brandungswellen können für Schwimmer durchaus lebensgefährlich sein. Leider vergeht kein Monat, in dem nicht Todesfälle zu beklagen wären. Daher unbedingt die **Flaggen-Warnungen** beherzigen, also nur bei Gelb ins Wasser steigen, bei Rot aber möglichst und bei Schwarz definitiv nicht!

11 Jimbaran

Das einstige Fischerdorf und heutige Ferienzentrum Jimbaran präsentiert sich als eine friedliche, aber hochpreisige Strandoase, die noch am ehesten dem gängigen Bali-Klischee entspricht.

Die 4 km lange **Bucht von Jimbaran** flankiert sichelförmig die Westseite des schmalen Isthmus, der das »Festland« von Bali mit der Halbinsel Bukit Badung verbindet. Ein Korallenriff schützt vor Wellen und Strömungen, entsprechend liegt das Meer vor dem nur sanft abfallenden Goldstrand oft spiegelglatt da, was zum Baden und Schwimmen animiert. Fischerboote und Sonnenschirme setzen bunte Akzente, blau schimmert das Meer und bei klarer Wetterlage perfektionieren die Silhouetten aller Inselvulkane das tropische Bild. Strandästheten werden begeistert sein, zumal viele Touristen die Pool-Landschaften ihrer Luxusherbergen bevorzugen und nur vereinzelt am Strand liegen.

Sunset-Dinner mit den Füßen im Sand

An Platz fürs Badetuch und Strandspaziergänge herrscht also kein Mangel und erst in der Abenddämmerung weicht die verschlafene Atmosphäre plötzlich reger Betriebsamkeit. Wo gerade noch gähnende Leere herrschte, stehen plötzlich Stühle und festlich eingedeckte Tische für luxuriöse **Sunset-Seafood-Barbecues** bereit. Kokosnussgrillfeuer werden entfacht und ehe man sich versieht, sind alle Plätze von mehreren Dutzend Restaurants besetzt. Das Gourmet-Publikum zeigt sich gut gekleidet und auch ziemlich spendabel. Sehr zur Freude der Musiker, die von Tisch zu Tisch ziehen und für Kurzweil zwischen den Gängen sorgen. Auch traditionelle Tänze werden vereinzelt geboten, zu fortgeschrittener Stunde auch schon mal Feuershows – dem Sonnenuntergang machen sie aber keine Konkurrenz.

Kurz nach Sonnenaufgang präsentiert sich der Jimbaran Beach oft noch als verschlafenes Fischeridyll

KLEINE PAUSE

Für eine Erfrischung, einen Snack oder ein günstiges Mittagessen empfiehlt sich der **Jimbaran Food Court** am Jimbaran Beach am Südende der Strandstraße Pantai Kedonganan.

190 C2

BAEDEKER TIPP

Wer zum Sonnenuntergang am Strand von Jimbaran in Meeresfrüchten schwelgen, aber nicht seine Reisekasse ruinieren will, sollte den südlichen Strandabschnitt beim Intercontinental Hotel ansteuern, der über die von der Hauptstraße Jl. Raya Uluwatu abzweigenden Jl. Bukit Permai zu erreichen ist. Auch dort, am **Muaya Beach**, dreht sich in den Abendstunden alles um Seafood, doch zu wesentlich günstigeren, meist nicht mal halb so hohen Preisen wie weiter nördlich am eigentlichen Jimbaran Beach.

BALI 03

12 Bukit Badung

Im tiefsten Süden Balis ragt das Korallenkalkplateau der tropfenförmigen Halbinsel Bukit Badung in den Indischen Ozean. Besuchern präsentiert sie zwei Gesichter: Im Osten, wo auch Nusa Dua (➤62) liegt, wird man von einem etwas sterilen, »gefriergetrockneten Instant-Bali« erwartet, während der Westen mit dem Pura Luhur Ulu Watu (➤50) eher wildromantische Züge und viele kleine Sandbuchten zu Füßen steiler Klippen bereithält.

Von diesen Buchten paddeln sie auf ihren Brettern hinaus, die besten und wagemutigsten Surfer. Nur ihnen ist es vorbehalten, die – so heißt es – **höchsten und gefährlichsten Wellen von Asien** zu reiten. Regelrechte Mavericks türmen sich dort draußen vor den parallel zur Küste verlaufenden, messerscharfen Korallenriffs auf. Und da hoher Wellengang immer auch mit starken Strömungen verbunden ist, gilt es auch für Schwimmer, die nahe vor den Stränden oft gute Verhältnisse vorfinden, stets größtmögliche Vorsicht walten zu lassen.

Bewacht sind die Strände nicht, wie hier überhaupt **nur wenig Infrastruktur** geboten wird und man sich fast schon an alte Zeiten erinnert fühlen kann, als es noch keine Touristenhochburgen auf Bali gab. Die Unterkünfte sind simpel, Gleiches gilt für die *warungs* – alles ist eben größtenteils auf die (geringen) Bedürfnisse der Surferszene und Backpacker eingestellt, die mit Ausnahme einiger Tagesausflügler die Hauptklientel dieser Strände sind.

Badebuchten

Die nördlichste Strandbucht, die **Pantai Balangan**, ist 6 km von der nach Ulu Watu führenden Hauptstraße

Recht rustikal mit einfachen Holzhütten präsentieren sich die Strände im Westen der Halbinsel (im Bild der Pantai Padang Padang)

entfernt und dort ausgeschildert. Sie endet beim Dorf Balangan hoch über dem Meer, wo auch eine Handvoll Mittelklasseresorts Gäste beherbergen. Pfade führen von dort in etwa 20 Gehminuten an den hellen Sandstrand hinunter, an dem sich hölzerne *warungs* aneinanderreihen. Dort kann man gut und günstig essen und vor allem spottbillig übernachten. Liegestühle und Surfbretter werden vermietet, Surf- und Yogakurse angeboten und man kann gut schwimmen (wenn auch nur bei Flut und dann nur mit Vorsicht und nahe dem Strand!).

Ein Stück weiter südlich und ebenfalls an der Hauptstraße nach Ulu Watu ausgeschildert, liegt der schmale und wegen starker Strömungen nur sehr bedingt badetaugliche **Pantai Bingin** am Fuße einer Steilklippe. Oben lässt es sich für wenig Geld in Mittelklasseunterkünften wohnen, während unten am Strand günstige *warung*-Zimmer vermietet werden. Nördlich schließt sich der ebenfalls vorwiegend von Wellenreitern besuchte **Dreamland Beach** an, im Süden folgen der **Impossible Beach** (dessen Name einen dezenten Hinweis auf den Schwierigkeitsgrad der Surfwellen gibt) und der lang gestreckte **Pantai Padang Padang** mit den obligatorischen Holz-*warungs* fürs günstige Übernachten und Essen.

Bleibt der **Pantai Suluban**, der mehr oder weniger zu Füßen vom Pura Luhur Ulu Watu liegt und sich zwischen bizarr erodierten Felsen versteckt. Ein Stolperpfad führt hinunter zum fast weißen Strand, der mit kristallklar blauem Wasser lockt. Und auch hier kann man günstig wohnen, oben auf der Klippe wie gehabt mit mehr Anspruch.

KLEINE PAUSE

Die kleinen *warungs* gehören zum festen Inventar der Strandbuchten und sind die erste und mit Abstand günstigste Wahl für alle Mahlzeiten. Die Unterschiede sind gering; am Pantai Balangan empfiehlt sich für balinesisches Essen das **Café Limo**, für Traveler Food das **Sunset Café**.

190 C1

BAEDEKER TIPP

Auf dem Weg zu den Strandbuchten wie auch zum Pura Luhur Ulu Watu (► 50) kommt man jenseits von Jimbaran bald an Hinweisschildern zum **Garuda Wisnu Kencana Cultural Park** (Jl. Raya Uluwatu, Ungasan, Tel. 0361 700808, www.gwkbali.com, tägl. 8–22 Uhr, Eintritt 100000 Rp) vorbei. Die 60 ha große Anlage ist eigentlich als Begegnungsstätte für Touristen und Balinesen gedacht, erinnert aber eher ein wenig an Disneyland. Auch ein Villen-Resort sowie ein Panoramarestaurant und ein gut sortierter Souvenirladen sind angeschlossen. Highlight des noch lange nicht komplett fertiggestellten Komplexes ist eine zurzeit 23 m hohe Steinskulptur des Gottes Vishnu; bis 2018 soll sie nach derzeitigen Planungen insgesamt über 120 m hoch sein, womit sie dann höher als die Freiheitsstatue in New York und die höchste Statue der Welt wäre.

Nach Lust und Laune!

13 Denpasar

Manche Städte sind einfach kennenzulernen, andere präsentieren sich Besuchern schwer zugänglich. Denpasar, das seit dem Jahr 2000 seine Bevölkerung auf 800 000 Einwohner verdoppelt hat und stetig weiter wächst, wird man zweifelsohne in die zweite Kategorie einordnen wollen. Eine typisch asiatische Großstadt eben, mit allem, was wohl zwangsläufig dazugehört: slumartige Vorstädte (die sich bald schon bis zu den Ferienzentren des Südens erstrecken), komplett verstopfte Straßen, Lärm, Abgasgestank und Müll, Hektik und Stress. Der Gedanke an Exotik taucht hier definitiv nur als Entbehrung auf. Einige wenige kulturhistorisch bedeutsame Sehenswürdigkeiten gibt es dann dennoch – ob man sich derentwegen ins Chaos stürzt, muss jeder selbst entscheiden. Nur sollte man es erst gar nicht versuchen, mit einem Mietwagen ins Zentrum vorzustoßen. Endlose Staus sind dort die Regel, die Beschilderung ist ein Alptraum, und kennt man sich nicht mit Schleichwegen aus, kann es passieren, dass man stundenlang in glühender Hitze inmitten von Abgaswolken ausharren muss.

Nehmen Sie also ein Taxi und geben Sie als Ziel den **Tanah Lapang Puputan** an. Dieser Platz markiert das eigentliche Zentrum der Stadt; sehenswert ist hier das an seinem Nordrand aufragende Puputan-Monument, das dem rituellen Massenselbstmord des Fürstenhofs von Bandung aus dem Jahre 1906 gewidmet ist (➤27).

Einen Steinwurf entfernt liegt an der Südostseite des Platzes das **Bali-Museum**. Es wurde schon 1932 von den Niederländern als Kunst- und Völkerkundemuseum gegründet und dokumentiert in vier palastartigen Gebäuden die Entwicklung balinesischer Kunst und Tradition von den Anfängen bis in die heutige Zeit. Wer sich für die balinesische Kultur interessiert, sollte es ebenso besuchen wie das 2 km weiter östlich gelegene (und am besten per Taxi erreichbare) **Taman Budaya Art Center**. Das in einem 5 ha großen Park eingerichtete Kulturzentrum beherbergt in seinen »balibarock« verbrämten Pavillons ein Museum zur Geschichte und Kunst der Insel. Als Highlight gilt eine kleine Sonder-

Reich verziert wie ein balinesischer Tempel – das Bali Museum in Denpasar

Sanur, ein Ferienort der kurzen Wege: Direkt an den Strand schließen sich Grünanlagen mit Hotels an

ausstellung, die den Arbeiten des deutschen Malers Walter Spies (➤ 75) gewidmet ist, der in den 1930er-Jahren in Ubud lebte und wie kein anderer vor ihm die balinesische Malkunst beeinflusst hat. Ausgestellt sind Reproduktionen seiner Gemälde und auch Fotos.
191 D3

Denpasar Government Tourism Office
Jl. Majapahit 1 ☎ 0361 8 49 57 07, www. balidenpasartourism.com
Mo–Do 8–15, Fr, Sa bis 11 Uhr

Bali Museum
Jl. Mayor Wisnu/Tanah Lapang Puputan ☎ 0361 22 26 80 Sa–Do 8–15.30, Fr bis 11 Uhr 15 000 Rp

Taman Budaya Art Center
Jl. Nusa Indah ☎ 0361 22 71 76
Mo–Do 8–15, Fr–So 8–11 Uhr
15 000 Rp

14 Sanur

Sanur grenzt westlich an Denpasar, ist aber bald schon mit der Metropole zusammengewachsen. Es präsentiert sich als (Pauschal-) Ferienzentrum für eine eher ältere Klientel, die einen geruhsamen Dreiklang aus Strand, Kultur und erschwinglichem Komfort suchen. Man spricht Englisch, natürlich, aber vielfach auch Deutsch, und obwohl hier schon in den frühen 1960er-Jahren die ersten Hotelbauten entstanden, hat sich der Ort einen gewissen dörflichen Charakter erhalten können. Er erstreckt sich über mehrere Kilometer an der Küste, die von einem hellen und angenehm breiten Sandstrand gesäumt wird. Dieser wird insbesondere von der **Jl. Tamblingan** erschlossen, die auf rund 5 km Länge parallel zum Strand verläuft. Nahtlos reihen sich hier Boutiquen und Souvenirshops, Restaurants, Bars und andere touristische Einrichtungen aneinander. Zwischen dieser Straße und dem Meer liegen Hotels (meist Drei- oder Vier-Sterne-Häuser) in parkähnlichen Anlagen.

Am **Strand** selbst verläuft eine Fußgängerpromenade. Da ein vorgelagertes **Korallenriff** vor Wellen schützt, ist hier das Meer meist spiegelglatt und somit ideal gerade auch für Kinder und ältere Semester. Zumindest bei Flut, denn bei

REIF FÜR DIE INSEL

Will man die vor Lombok gelegene Insel **Gili Trawangan** (➤ 173) und/oder die Ostbali vorgelagerten Inseln **Nusa Lembongan** (➤ 118) und **Nusa Penida** (➤ 117) besuchen, sind Sanur und der etwas südlich vom Ferienzentrum gelegene Hafen von Serangan dafür bester Ausgangspunkt. U.a. **Perama Tours & Travel** (Jl. Hang Tuah, Tel. 08123665317, www.peramatour.com) bietet täglich eine oder mehrere Verbindungen zu diesen Inseln an.

Ebbe läuft das Wasser teils bis zum Riff zurück.

Sehenswert ist das am Nordende der Strandpromenade gelegene **Museum Le Mayeur**, das dem belgischen Maler Jean Le Mayeur gewidmet ist, der hier von 1935 bis zu seinem Tod im Jahre 1958 gelebt und gemalt hat. Ausgestellt sind mehrere Dutzend Gemälde des Impressionisten; außerdem lohnt ein Abstecher in den üppig blühenden Garten, der das Museum und das ehemalige Wohnhaus des Malers umgibt.

191 E2/3

Museum Le Mayeur
Jl. Hang Tuah ☎ 0361 28 62 01
Sa–Do 8–15, Fr 9–12 Uhr 10 000 Rp

15 Nusa Dua

Das am Nordostrand der Halbinsel Bukit Badung gelegene Ferienzentrum Nusa Dua hat mit seinen zahlreichen High-End-Hotels die Kapazität, mehr als 500 000 Gäste pro Jahr aufnehmen zu können. Die ebenso elegante wie sterile Luxusoase ging Ende der 1970er-Jahre aus einem Masterplan hervor, dessen Ziel es war, den Touristenstrom gezielt zu kanalisieren, um Balis Kultur vor Schäden durch unkontrolliertes Wachstum der Tourismusbranche zu bewahren. Letztlich blieb dabei das »echte« Bali auf der Strecke, was nicht jedermanns Sache ist: Mauern und Schranken riegeln den ringsum und innen extrem bewachten Pauschaltourismus gegen die Insel ab, damit die illustren Gäste nicht beim Cricket- oder Golfspiel gestört werden. Ist Kultur gefragt, z. B. in Form von balinesischen Tanzdramen, wird sie direkt ins Hotel gebracht. Und im **Nusa Dua Tourism Complex** wurde gar ein ganzes Dorf zum Schlemmen und Shoppen nachgebaut.

Selbst die Strände sind importiert, nämlich teilweise künstlich aufgeschüttet. Da Korallenbänke bis nah an die Küste heranreichen, muss man zudem auf die Flut warten, um außerhalb der Pools baden zu können. Wassersport gibt es auch, doch das eigentliche Wassersportzentrum befindet sich ein paar Kilometer außerhalb der Enklave an der nach Tanjung Benoa ausgeschilderten **Jl. Pratama**.

In Nusa Dua selbst wurde im Jahr 2006 in einem palastartigen Gebäude das **Museum Pasifica Nusa Dua** eröffnet. Es zeigt mehrere Hundert Kunstwerke von Künstlern aus rund 25 Ländern des asiatisch-pazifischen Raumes sowie auch Gemälde westlicher Künstler, die hier gelebt und gewirkt haben.

191 D1

Museum Pasifica Nusa Dua
Blok P ☎ 0361 77 49 35, www.museum-pasifica.com tägl. 10–18 Uhr
70 000 Rp

Absolutes Nobelrefugium in Nusa Dua ist das Hotel Amanusa (► 64)

Wohin zum ...
Übernachten

Preise
für ein Doppelzimmer pro Nacht:
€ unter 750000 Rp **€€** 750000–1,5 Mio. Rp **€€€** über 1,5 Mio. Rp

BUKIT BADUNG

Balangan Paradise Hostel €
Ein Hostel, das vom Angebot her durchaus ein Zwei-Sterne-Hotel sein könnte und obendrein direkt am bzw. über dem Strand liegt. Näher kann man dem Meer kaum kommen – und günstiger als hier ist das ebenfalls kaum möglich. Die Zimmer sind sauber, klimatisiert, mit Bad/WC und Balkon ausgestattet, rund 25 m² groß – und doch mit nur ca. 17 € ein Schnäppchen. Da die Anlage keine eigene Website hat, muss man auf Buchungsportale wie www.booking.com/de zurückgreifen.
190 C1 Jl. Pantai Balangan, 0361 911 49 91

JIMBARAN

Keraton Jimbaran Beach Resort €€
Resorts, die in Jimbaran am Strand liegen, sind für Normalsterbliche eigentlich unbezahlbar. Eine Ausnahme stellt das Keraton dar. Zusammen mit einer edlen Pool-Landschaft liegt es inmitten eines gepflegten Tropengartens direkt hinter dem hier recht sauberen Strand. Es ist mit mehreren Restaurants ausgestattet und bietet stilvolle Zimmer im traditionell balinesischen Stil, die mit Preisen von unter 70 € geradezu schon lächerlich günstig sind. Jedoch nur, wenn man über Hotelportale reserviert; direkt vor Ort oder online über die Hotel-Website gebucht, geht es ab ca. 200 € los.
190 C2 Jl. Majapati, 0361 70 19 61, www.keratonjimbaranresort.com.

KUTA

Alaya Resort €€
Die sowohl strand- als auch zentrumsnahe und dennoch angenehm ruhige Lage dieses funkelnagelneuen Boutiquehotels ist goldwert. Gleiches gilt für den üppigen Garten, den gut dimensionierten Pool sowie die mit 45 m² Fläche außerordentlich großen Zimmer. Diese sind im geschmackvollen Landhausstil, stylish und doch schlicht eingerichtet und alle mit Balkon sowie einem komfortablen Sitzbereich ausgestattet, von dem aus man auf den Garten blickt.
190 C2 Jl. Kartika Plaza Gang Puspa Ayu 99 0361 75 53 80, www.alayahotels.com.

Poppies Cottages I €€€
Wer rund 100 € für eine Übernachtung (2 Pers., inkl. Frühstück) ausgeben kann, der sollte sich etwas Gutes tun und in diesem Boutiqueresort einen der rund zwei Dutzend Bungalows buchen, die in einem herrlichen Tropengarten mitsamt fantasievoller Pool-Landschaft locker verteilt liegen. Gekonnt interpretiert die Architektur der Anlage balinesische Elemente modern und zeitgemäß. Das Frühstück wird auf der eigenen Terrasse der reich mit balinesischem Kunsthandwerk ausgestatteten Cottages serviert, das zur Anlage gehörende Restaurant ist eines der besten und beliebtesten am Platz. Und auch die Lage

könnte nicht besser sein: zentraler geht's nicht, trotzdem ist es ruhig und zum Strand ist man nur ein paar Gehminuten unterwegs. Eine Oase in Kuta!

190 C2 Poppies Lane 1
0361 75 10 59, www.poppiesbali.com

The Kana Kuta €

Ein besseres Preis-Leistungs-Verhältnis als in diesem Drei-Sterne-Hotel wird man in ganz Kuta nur schwerlich finden. Die dreistöckige Anlage umgibt u-förmig einen recht großen Swimming Pool, sie bietet zwei Restaurants, einen verglasten Fitnessbereich beim Pool sowie 96 modern und mit Bodenfliesen ausgestattete Zimmer, die mit 25 m² angenehm groß sind, grundsolide Mittelklasse bieten und picobello sauber sind; zudem haben sie alle einen Balkon, am schönsten sind die mit Poolblick. Der Preis ist mit ca. 30 € die Nacht für zwei Personen geradezu unverschämt preiswert. Man kann (und sollte) daher noch 5 € drauflegen und das Zimmer inklusive Frühstück buchen, das sein Geld wirklich mehr als wert ist; serviert wird ein riesiges Buffet.

190 C2 Jl. Setiabudi 8, Ortsteil Kuta
0361 849 61 00, www.thekana.com

NUSA DUA

Wenn Sie in Nusa Dua wohnen und nicht völlig überzogene Preise bezahlen wollen, werden Sie nicht umhinkommen, ein pauschales Reisepaket nach Bali zu buchen – Individualtouristen brennt der Ort mit Zimmerpreisen von ein paar Hundert Euro die Nacht Löcher in die Reisekasse. Egal? Dann aber bitte schön gleich richtig!

Amanusa €€€

Luxuriöser als in diesem mehrfach preisgekrönten Nobelrefugium kann man auf Bali, wenn nicht gar in ganz Indonesien, nicht wohnen.

191 D1 0361 77 23 33, www.aman.com/resorts/amanusa

SANUR

Hotel Jati & Home Stay €

Für weniger als 40 € übernachten hier zwei Personen und bekommen gleich noch ein üppiges Frühstück auf der Veranda des eigenen Bungalows serviert – strandnaher und komfortabler kann man sich zu diesem Preis in Sanur nirgendwo einquartieren. Die hübschen Cottages gibt es im traditionell balinesischen Stil (sehr gemütlich) oder aber in einer modernen Variante; alle blicken auf einen kleinen Pool und sind mit Klimaanlage sowie Ventilator und Moskitonetz ausgestattet. Da die Nachfrage groß ist, sollte man frühzeitig buchen, was über ein Buchungsportal wesentlich günstiger kommt als über die Hotel-Website.

191 E2/3 Jl. Danau Tamblingan 168
0361 28 17 30, www.hoteljatiandhomestay.com

Hotel Puri Tempo Doeloe €€

Diese außerordentlich gepflegte Gartenanlage liegt 15 Gehminuten vom Strand entfernt (es gibt aber auch einen kostenloses Shuttle). Hier lässt sich richtig Geld sparen, denn läge das Puri Tempo Doeloe am Strand, müsste man sicher deutlich mehr als die knapp 50 € für die Landhaus-Suiten berappen. Diese sind außerordentlich geschmackvoll und traditionell balinesisch eingerichtet und mit Kunsthandwerk reich dekoriert. Auch ein Wellnessbereich ist angeschlossen, ebenso ein Yogastudio, und im zur Anlage gehörenden Restaurant werden sehr gute Speisen der balinesischen sowie französischen Küche serviert. Eine Adresse für Genießer!

191 E2/3 Jl. Bypass Ngurah Rai 209
0361 28 65 42, www.hotelpuritempodoeloe.com

Wohin zum … Essen und Trinken?

Preise
für ein Hauptgericht ohne Getränke:
€ unter 60 000 Rp **€€** 60 000–120 000 Rp **€€€** über 120 000 Rp

JIMBARAN

Bawang Merah Beachfront Restaurant €–€€€
Etwas abseits vom Seafood-Rummel, aber auf der Pole-Position am Strand von Jimbaran gelegen – und jeden Abend ab 17 Uhr gut gefüllt (Reservierung erforderlich). Man hat hier mehr Ellbogenfreiheit als üblich, auch sind die Tische ansprechend dekoriert. Wer etwas zu feiern hat, kann sich einen »Romantic Table« inklusive Rosenbukett, Champagner-Cocktail und andere Aufmerksamkeiten bestellen. Die Speisekarte listet nicht nur Fisch und Meeresfrüchte auf, sondern auch etliche vegetarische Speisen und Fleischgerichte. Der Renner jeder Saison ist die große Hummerplatte, die es inklusive Beilagen ab 400 000 Rp gibt. Von den Ferienzentren des Südens aus wird ein kostenloser Transfer angeboten (dann Mindestverzehr).
190 C2 Kelan 0361 77 02 10, www.jimbaranbeachrestaurant.com tägl. 12–22

KUTA

Batan Waru Kafe €/€€
Das Angebot an extrem leckeren Gerichten der balinesisch-indonesischen Küche ist enorm und wird auch von vielen indonesischen Touristen geschätzt. Wer sich angesichts der riesigen Auswahl an Gerichten nicht entscheiden kann, macht mit dem Nasi Campur Batan Waru nichts falsch: Die kleine Reistafel gibt es in zwei Variationen zu 75 000 Rp bzw. 95 000 Rp.
190 C2 Lippo Mall, Kuta, Jl. Kartika Plaza 0361 897 80 74 tägl. ab 8 Uhr.

Chez Gado Gado €€€
Ob man unter Bäumen und Lampions und zu Kerzenlicht direkt am Strand sitzt oder aber im »himmelhohen« Palmwedel-Restaurant: Man wird schlicht begeistert sein, und zwar von der Lage, dem erlesenen Ambiente und ganz besonders von der mediterran-französischen Küche, die im Ruf steht, die feinste ihrer Art in Seminyak zu sein. Für den Sunset-Snack empfiehlt sich die Tapa-Platte (2 Pers. 250 000 Rp); wer mag, kann sich auch die dazu passenden Weine gönnen (ab 450 000 Rp pro Flasche).
190 C2 Jl. Camplung Tanduk (Strandstraße) 99, Seminyak 0361 73 69 66, www.gadogadorestaurant.com tägl. 8–15 und 17–22.30 Uhr

Kopi Pot €/€€
Der Anfang der 1990er-Jahre als Café gegründete »Kaffeepott« ist erste Adresse im Ort für Kaffee, Kuchen und Gebäck, aber auch ein populäres Frühstücks- und Dinner-Restaurant. Man sitzt luftig unter Schatten spendenden Bäumen auf Terrassen über der Straße und genießt Gerichte der indonesischen und thailändischen Küche. Seafood gibt es zu vergleichsweise günstigen Preisen.
190 C2 Jl. Legian (50 m südl. des Hotels 101) 0361 75 26 14 tägl. ab 8 Uhr

Poppies Restaurant €€
Das schlicht atemberaubend schöne Gartenrestaurant ist schon seit

1973 eine kulinarische Institution in Kuta und entsprechend populär (reservieren!). Nirgends sitzt man romantischer und stimmungsvoller als hier, wo zudem eine gehobene balinesische und internationale Esskultur gepflegt wird. Man kommt ein Mal und dann immer wieder ... Spezialität und mit Abstand teuerste Gerichte des Hauses sind die Reistafel (259 000 Rp für 2 Pers.) und der Fisherman's Basket (395 000 Rp für 2 Pers.).
190 C2 Jl. Legian, Kuta, Poppies Lane I
0361 75 10 59, www.poppiesbali.com
tägl. 8–23 Uhr

SANUR

Manik Organik Bali €
Macht sich Bio-Kost schon äußerst rar auf Bali, so erst recht, wenn diese vegetarisch oder gar vegan sein oder aus reiner Rohkost bestehen soll. Diese Lücke schließt das mit Liebe betriebene Manik Organic, wo man zudem zünftig im Garten sitzen kann und eine große Chance hat, nette Leute zu treffen. Es werden auch diverse Kurse angeboten (u.a. Yoga und Meditation); ein gut sortierter Shop mit Öko-Erzeugnissen aller Art ist angeschlossen.
191 E2/3 Jl. Tamblingan 85
0361 8 55 33 80, www.manikorganikbali.com
tägl. 8–23 Uhr

Three Monkeys
Mit einem Augenzwinkern ist das Restaurant nach seinen drei Gründern benannt. Wie auch sein Ableger in Ubud genießt es einen Kultstatus. Außerordentlich kreativ verbindet die Crossover-Küche Mediterranes mit Balinesischem. Die Pizzas (auch auf türkische Art) sind göttlich. Und wer »Grünzeug« mag, kann angesichts 17 verschiedener Salat-Kreationen auf der Speisekarte aus dem Vollen schöpfen.
191 E2/3 Jl. Danau Tamblingan
0361 28 60 02, www.threemonkeyscafebali.com tägl. ab 11 Uhr

Wohin zum ... Einkaufen?

In puncto Shopping konzentriert sich in Südbali alles auf Kuta. Auch spottbillige Raubkopien von CDs und DVDs werden unters Volk gebracht. Das Problem ist nur, dass deren Einfuhr in Europa verboten ist. Wer mit Dutzenden von DVDs im Gepäck vom Zoll erwischt wird, muss ordentlich Strafe zahlen. Gleiches gilt für die Fakes von Markenartikeln.

JIMBARAN

Jenggala Keramik
Das Schönste vom Schönen, das Feinste vom Feinen, das Ästhetischste aus Keramik, was man sich nur vorstellen kann.
190 C2 Jl. Uluwatu II 0361 70 33 11, www.jenggala.com tägl. 10–20 Uhr

KUTA

Tausende Geschäfte machen Kuta zu einem einzigen Shoppingzentrum. Sicher ist: Vor lauter Läden weiß man schlicht nicht, wohin man zuerst gehen soll. Ein paar Hinweise mögen den Einstieg erleichtern.

Beachwalk
Es gibt Touristen, die verbringen in Balis neuester und mondänster Shopping Mall einen ganzen Tag mit Staunen, Shoppen und Schlemmen. Man wird den Beachwalk lieben oder hassen.
190 C2 Jl. Pantai Kuta 0361 8 46 48 88, www.beachwalkbali.com tägl. 10–22 Uhr

Discovery Shopping Mall
Der größte Shoppingtempel von Bali ist fest in der Hand internationaler Edelmarken.
190 C2 Jl. Kartika Plaza
0361 75 55 22, www.discoveryshoppingmall.com tägl. 10–22 Uhr.

Geneva Handicraft Center
So etwas gibt es auch nur in Kuta: ein Einkaufszentrum, das ausschließlich Kunsthandwerk führt.
190 C2 Jl. Raya Kerobokan 100
0361 73 35 42, www.genevahandicraft.com
tägl. 9–20 Uhr

Kuta Art Market
Was immer auf Bali an Kunsthandwerk gefertigt wird, hier ist es zu haben. Das Angebot ist so unübersichtlich wie groß.
190 C2 Ecke Jl. Bakung Sari und Jl. Kartika Plaza tägl. 10–22 Uhr

Kuta Square
Das nahe Kaufhaus hat sich auf mehreren Etagen vorwiegend auf Markensportmode spezialisiert.
190 C2 Ecke Jl. Bakung Sari/Jl. Kartika Plaza tägl. 9–22 Uhr

SANUR

Rumah Fair Trade Indonesia
Balis »fairster und umweltfreundlichster Laden« bietet die größte Auswahl an Fair-Trade-Produkten in ganz Indonesien: Kleidung, Kosmetik, Geschenkartikel und Schmuck genauso wie Taschen, Instrumente, Einrichtungsaccessoires, Spielzeug und Bio-Lebensmittel. Liegt etwas außerhalb, eine Taxifahrt kostet aber nur ein paar Rupiah.
191 E2/3 Ruko Griya Sanur, Jl. Bypass Ngurah Rai 0361 28 35 55, www.english.forumfairtradeindonesia.org tägl. 9–18 Uhr

NUSA DUA

Bali Collection
Wie sollte es in Nusa Dua auch anders sein? Auch diese Shopping Mall, die eigentlich ein ganzes Shopping-Dorf ist, ist so teuer wie alles in diesem Nobelferienort: Für die gleichen Waren muss man anderswo oft nicht einmal ein Drittel der hier aufgerufenen Preise bezahlen.
191 D1 Bali Tourism Development Corporation (BTDC) Complex 0361 77 16 62, www.bali-collection.com tägl. 10–22 Uhr

Wohin zum … Ausgehen?

Das Nachtleben von Kuta ist legendär, ja vielleicht das heißeste der gesamten südlichen Hemisphäre. Schon in Jimbaran spürt man davon nichts mehr und auch in Nusa Dua bleibt Nachteulen nichts anderes übrig, als an den Hotelbars abzuhängen. Bleibt Sanur, wo die Abendunterhaltung hauptsächlich von dezenter Livemusik geprägt ist. Tagsüber mühen sich Tausende Veranstalter diverser Unternehmungen, ein kleines Stück vom großen Touristenkuchen abzubekommen. In allen Unterkünften liegen Prospekte aus, zumeist kann man dort auch gleich buchen; im Preis ist meist ein kostenloser Transfer enthalten.

KUTA

Bali Bungy
Für Adrenalinkicks springt man in Kuta vom 45 m hohen Bungeeturm. Das Material ist gepflegt, der Preis heftig (100 US$) und die Nachfrage so groß, dass man oft längere Wartezeiten einplanen muss.
190 C2 J. Hackett Kuta, Double Six Club, Jl. Arjuna 03 6 51 73 04 66, www.ajhacket.com

Bounty Ship
Die Bounty-Replika soll an ein Piratenschiff erinnern und ist mit gleich mehreren Bars, Dancefloors und Snackshops absoluter Partytreff in Kuta. Die Atmosphäre ist locker, die Musik Mainstream, auch viel live; mäßig hohe Getränkepreise.
190 C2 Jl. Legian 0361 75 66 66, www.bountydiscotheque.com tägl. ab 11 Uhr

Engine Room
Welcome to the machine! Im mit reichlich viel Metall ausstaffierten Maschinenraum tobt allabendlich zu trommelfellzerreißendem House,

Hip-Hop und R&B die Meute; viele Partys, kein Dresscode.
190 C2 Jl. Legian 81 0361 75 51 88, www.engineroombali.com tägl. 22–4 Uhr

Ku De Ta
Ein Spätnachmittag in Seminyak. Jetzt noch den Tag verlängern, am Meer bleiben, sich auf Lounge-Sesseln und Liegen fläzen, kühle Cocktails schlürfen und den Blick auf das Who's who in Seminyak genießen. Die Lounge-Bar Ku De Ta ist »der« Platz weit und breit zum Sehen und Gesehenwerden. Den völlig abgehobenen Preisen zum Trotz (Bier ab 50 000 Rp, Cocktails ab 150 000 Rp) ist es hier von frühmorgens bis spätnachts proppenvoll.
190 C2 Jl. Kayu Aya 9 0361 73 69 69, www.kudeta.net tägl. 10–2 Uhr

Pro Surf
Pro Surf steht stellvertretend für Dutzende von Surfzentren in Kuta. Es werden Kurse gegeben (1 Tag ab 45 €, 10 Tage ab 395 €, 2 Std. Privatunterricht 100 €), Bretter verliehen, Surfcamps abgehalten und Unterkünfte speziell für Surfer vermietet.
190 C2 Jl. Pantai Kuta 21 0361 75 12 00, www.prosurfschool.com

Sky Garden Lounge
Modisch-stilvoller Lounge-Disco-Bar-Komplex mit grandioser Aussicht auf Kuta. Gleich auf vier Ebenen wird nach House und Hip-Hop abgetanzt; auch Livemusik und ein farbenfrohes Unterhaltungsprogramm mit Feuerspuckern und Akrobaten.
190 C2 Jl. Legian 61 0361 75 54 23, www.skygardenbali.com tägl. 17– 3 Uhr

Waterbom Park
Mit rund einem Dutzend Rutschen ist der Wasserpark von Kuta definitiv einer der größten der südlichen Hemisphäre – und glaubt man dem Bewertungsportal Tripadvisor, gehört er zu den drei schönsten weltweit.
190 C2 Jl. Kartika Plaza, Kuta 0361 75 56 76, www.waterbom-bali.com tägl. 9–18 Uhr, 520 000 Rp

SANUR

Adora Super Club
Wer in Sanur Kutas Nachtleben vermisst, geht in diesen Club, der für über 1000 Partygäste ausgelegt ist und allabendlich Livemusik und DJs bietet; auch Karaoke-Fans kommen auf ihre Kosten.
191 E2/3 Jl. Bypass Ngurah Rai 888 0361 784 03 88, www.adorabali.blogspot.com tägl. 22–4 Uhr

Casablanca
Seit seiner Gründung als »Pub & Dancefloor Restaurant« 2012 ist das Casablanca Hotspot des Nachtlebens in Sanur. Jeden Abend gibt's hier Livemusik von Blues über Reggae bis hin zu Rock und Pop, außerdem mehrmals wöchentlich »Entertainment Nights«. Anständige Getränkepreise.
191 E2/3 Jl. Danau Tamblingan 120 0361 28 72 63, www.casablancasanur.com tägl. 10–3/4 Uhr

Jazz Bar and Grille
Pub-Restaurant mit Live-Jazz von Dixieland bis Free Jazz; die Jam-Sessions (Di & Sa ab 22 Uhr) haben sich einen herausragenden Namen gemacht.
191 E2/3 Jl. By Pass Ngurah Rai 15–16 0361 28 72 55 tägl. 11–2 Uhr

NUSA DUA

Wira Water Sports Bali
Wassersportler finden im nördlich an Nusa Dua angrenzenden Benoa ihr Mekka vor. Hier kann man parasailen, Wasser- und Jetski fahren, Flyboarding (ca. 37 €) und Wake Boarding betreiben und andere Abenteuer auf dem Wasser unternehmen. Es können auch Pakete inklusive Transfer gebucht werden.
191 D1 Tanjung Benoa 0812 36 15 82 43, www.water-sport-bali.com

Die Mitte

Kleine Erlebnisse

Wie im Hitchcock-Film
In **Petulu** (➤ 77) muss man sich abends vor den Geschwadern von Guano abfeuernden Reihern in Sicherheit bringen.

Es flattert so bunt
Im **Bali Butterfly Park** (➤ 90) am Weg zum Pura Luhur Batukau begegnet man einem der größten Schmetterlinge der Erde.

Ubud spirituell
Wenn Sie in **Ubud** (➤ 74) Leib und Seele verwöhnen wollen, schauen Sie im Bali Spirit vorbei (Jl. Raya Sukma, www.balispirit.com).

Erste Orientierung

Stellen Sie sich eine Landschaft vor, die schön ist, wo immer Sie hinblicken. In der sich üppig grüne Reisterrassen an sanften Hügeln und steilen Bergflanken hinaufstaffeln. In der weiß und rosa blühender Lotos glitzernde Teiche und Tümpel schmückt, in der wogende Palmenhaine auf farbenprächtige Gärten treffen und in der von irgendwo her stets der Kegel des Gunung Agung ins Bild schaut.

Das Bali der Hochglanzprospekte ist wahrlich eine Augenweide – im Zentrum der Insel kann man es formvollendet genießen, während die Kulturmetropole Ubud einen urbanen Gegenpol zur grandiosen Natur setzt. Hier, wo schon in den 1930er-Jahren Künstler aus Europa und Amerika das Paradies fanden, das sie suchten, schlägt noch immer das künstlerisch-kulturelle Herz der Insel, auch wenn der Tourismus dazu geführt hat, dass sich Kunst und Kultur meist voll und ganz dem Kommerz verschrieben haben. Eine derart hohe Konzentration an Ateliers, Werkstätten von Kunsthandwerkern, Museen und Galerien findet sich nirgendwo sonst auf Bali. Allabendlich kann man sich hier an farbenprächtigen Tanzveranstaltungen erfreuen, die auf zahlreichen Bühnen dargeboten werden. Von irgendwo erklingt stets der Gamelan, auch an Festen und religiösen Zeremonien herrscht kein Mangel, schon gar nicht an Tempeln, Schreinen und traditionellen Dörfern. Und da das ganze Zentralland obendrein für Dutzende Spaziergänge, Wanderungen und Fahrradtouren beste Bedingungen bietet, kommt auch der aktive Reisende voll auf seine Kosten.

Traumhafte Ausblicke sind der Lohn für die Anstrengungen, die das anspruchsvolle Terrain Zentralbalis Radfahrern abverlangt

TOP 10

- 1 Ubud ➤ 74
- 8 Bangli ➤ 80

Nicht verpassen!

- 16 Batubulan-Ubud Road ➤ 83
- 17 Pura Taman Ayun ➤ 86
- 18 Pura Tirta Empul ➤ 88
- 19 Pura Luhur Batukau ➤ 89

Nach Lust und Laune!

- 20 Pura Durga Kutri ➤ 91
- 21 Yeh Pulu ➤ 91
- 22 Goa Gajah ➤ 91
- 23 Pejeng ➤ 92
- 24 Sangeh ➤ 92

Beliebtes Fotomotiv: Ein überdimensionaler Dämon wacht über den Eingang der Goa Gajah (➤ 91)

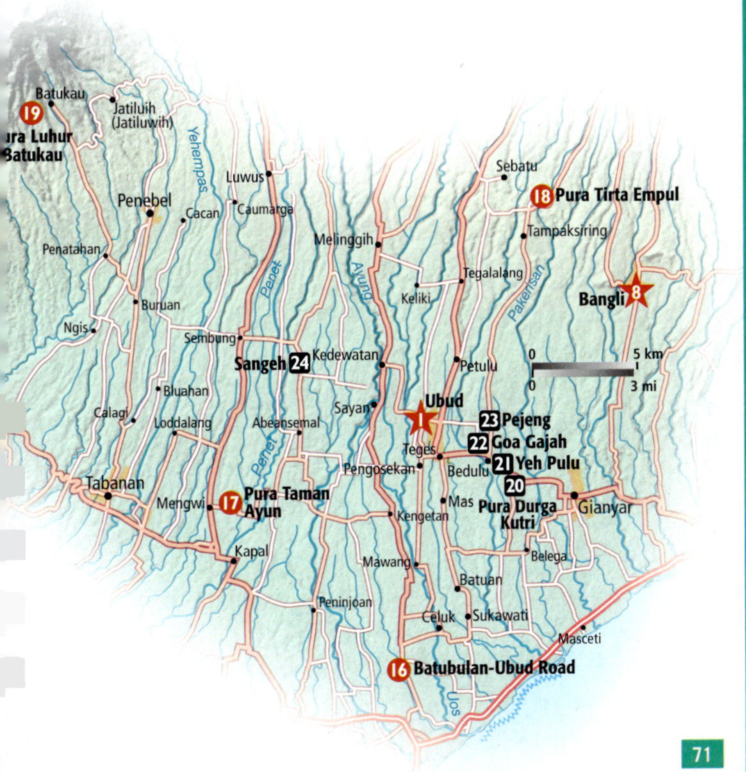

In vier Tagen

Das Leitmotiv von Zentralbali ist zwangsläufig die überreiche Kultur, doch immer wieder lockern atemberaubende Naturziele Ihre Tagesprogramme auf. Ein Mietfahrzeug ist unverzichtbar. Ideales Standquartier, zumindest für die ersten drei Tage, ist Ubud.

Erster Tag

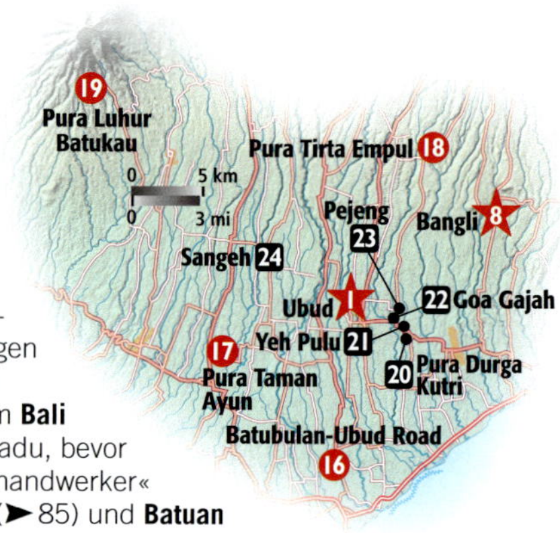

Vormittags
Die 16 **Batubulan-Ubud Road** (➤ 83) steht auf dem Programm; gegen 7 Uhr sollten Sie schon aufbrechen, denn der Verkehr ist heftig und um 9 Uhr beginnt in **Batubulan** (➤ 83) das sehenswerte Barong-Tanzdrama. Gegen 10.30 Uhr geht es weiter zum **Bali Bird Park** (➤ 84) und zum **Bali Reptile Park** (➤ 84) in Singapadu, bevor Sie auf der »Straße der Kunsthandwerker« über **Celuk** (➤ 84), **Sukawati** (➤ 85) und **Batuan** (➤ 85) 1 **Ubud** (➤ 74) erreichen.

Nachmittags
Nach so viel Sightseeing und vielleicht auch Shopping bietet es sich an, erst einmal ein wenig kürzer zu treten und vielleicht lediglich noch den **Monkey Forest** (➤ 76) zu besuchen.

Abends
Allabendlich ab 19.30 Uhr werden im **Puri Saren** (➤ 97) ausgezeichnete Tanzvorführungen geboten – man sollte sie sich nicht entgehen lassen.

Zweiter Tag

Vormittags/Nachmittags
Der gesamte Vor- und frühe Nachmittag sollte der **Jl. Raya Ubud** (➤ 75) gewidmet sein. Am besten unternehmen Sie den Ausflug zu Fuß oder per Fahrrad.

Nachmittags
Spätestens gegen 16 Uhr sollte die eigentliche Besichtigungstour abgeschlossen sein. Dann ist noch genug Zeit, um am besten mit einem Taxi ins nahe **Tegallalang** (➤ 77) zu fahren und sich die dortigen Reisfelder anzuschauen; etwa eine Stunde später geht's weiter nach **Petulu** (➤ 77).

Abends
Das **Agung Rai Museum of Art** (➤ 76; rechts) ist die beste Adresse in Ubud, um zu einem erlesenen Dinner einer Legong-Aufführung beizuwohnen.

Dritter Tag

Vormittags

Will man den Touristenmassen in den Heiligtümern 18 **Pura Tirta Empul** und **Gunung Kawi** (➤ 88) entgehen, ist erneut recht frühes Aufstehen angezeigt. Das erste Ziel, Gunung Kawi, sollte schon gegen 8 bis 9 Uhr erreicht sein; weiter geht es dann zum Pura Tirta Empul und mit einem Abstecher über 23 **Pejeng** (➤ 92) nach 8 **Bangli** (➤ 80).

Nachmittags

Nun haben Sie reichlich Zeit für die Besichtigung des **Pura Kehen** (➤ 80) sowie des **Desa Tradisional Pengelipuran** (➤ 82), von wo es vorbei am 20 **Pura Durga Kutri** (➤ 91), an den Felsreliefs von 21 **Yeh Pulu** (➤ 91) und der 22 **Goa Gajah** (➤ 91) nach Ubud zurückgeht.

Abends

Balikultur schön und gut, aber vielleicht nicht jeden Abend. Für Abwechslung könnte ein romantisches Dinner in **Murni's Warung** (➤ 95) sorgen, gefolgt von Jazz zu tropischen Cocktails im **Laughing Buddha** (➤ 97).

Vierter Tag

Vormittags

Auf dem Weg nach Mengwi bietet sich ein hin und zurück etwa 12 km langer Abstecher in den Affenwald von 24 **Sangeh** (➤ 92) an. Zu lange verweilen sollten Sie aber nicht, denn den 17 **Pura Taman Ayun** (➤ 86) sollte man am besten vor 10 Uhr erreichen, damit man dem späteren Ansturm entfliehen und sich auf den landschaftlich schönen Weg zum Gunung Batukau machen kann.

Nachmittags

Eine Stunde wird man wohl wenigstens mit der Besichtigung des 19 **Pura Luhur Batukau** (➤ 89) zubringen wollen, während man in **Jati Luwih** (➤ 89) problemlos den ganzen Resttag mit Reisfeldergucken verbringen könnte. Keine schlechte Idee, zumal mal in den **Soka Jati Luwil Villas** (➤ 93) ganz unvergleichlich schön wohnen kann.

1 Ubud

Künstler aus Europa und Amerika waren es, die auf ihrer Suche nach dem Shangri-la in den späten 1920er-Jahren Bali entdeckten. Ubud, das seinerzeit zwar schon das künstlerisch-kulturelle Herz der Insel war, präsentierte sich noch ganz ursprünglich und laut Reiseberichten seiner frühen Besucher kam es unseren heutigen Vorstellungen vom Garten Eden sehr nahe. Auch den Blumenkindern der 1960er- und 1970er-Jahre war Ubud das ersehnte Land. Bald folgten die Touristen, erst einzeln, dann in Massen. Und heute? Heute präsentiert sich das paradiesische Dorf von damals als das zweitgrößte touristische Zentrum der Insel nach Kuta.

Dass die ehemalige »Stadt der Heilkunst« (Ubud bedeutet »Medizin«) nur etwa 30000 Einwohner haben soll, glaubt man kaum angesichts der Blechlawinen, die sich Tag für Tag über die lückenlos von unzähligen Geschäften und Boutiquen, Cafés, Restaurants und Pubs, Galerien und Shops gesäumte Hauptstraße wälzen. Zur Rushhour, die hier täglich zwischen etwa 10 und 17 Uhr herrscht, gibt's Staus ohne Ende. Und endlos ist auch die Liste der Unterkünfte, die von Jahr zu Jahr immer hochpreisiger, cooler und exklusiver werden.

Den bislang letzten Wachstumsschub bekam Ubud ab 2010 durch den Hollywood-Streifen *Eat Pray Love*. In der Verfilmung des gleichnamigen autobiografischen Romans von Elizabeth Gilbert kommt Julia Roberts alias Liz schließlich nach Ubud, wo sie die Liebe und sich selbst findet. Seitdem sind ganze Bataillone weiblicher Touristen auf der Suche nach dem Seelenfrieden nach Ubud gereist, entsprechend ist die Zahl der Yoga-, Meditations- und Heilzentren, aber auch der Spas und Wellness-Hotels in ungeahnte Höhen geschnellt.

Opfertisch im Palast Puri Saren

In der Hauptstraße von Ubud buhlen unzählige Shops um Kundschaft

Das ist die eine Seite der Medaille. Auf der anderen steht, dass es in puncto Kunst, Kultur und Spiritualität auf Bali, ja vielleicht in Indonesien oder gar ganz Südostasien kein Pendant zu Ubud gibt. Noch immer ist das Städtchen in herrliche Natur- und Kulturlandschaften gebettet, ist die Zahl der hochkarätigen Sehenswürdigkeiten und auch möglichen Wanderungen schier grenzenlos. Grund genug, dass viele Bali-Besucher, die nicht vorrangig am (Sonnen-) Baden interessiert sind, Ubud als Standquartier für die Zeit ihres Urlaubs wählen.

Jl. Raya Ubud

Entlang der Hauptstraße Jl. Raya Ubud, die sich durch ganz Ubud hindurchzieht, finden sich die meisten Sehenswürdigkeiten der Stadt. Zu diesen gehört zweifelsohne der direkt gegenüber der unübersehbaren Markthalle gelegene Fürstenpalast **Puri Saren**, der ganz der traditionellen Architektur verpflichtet ist. Einen Besuch lohnt er tagsüber nicht zuletzt samstagnachmittags, wenn Mädchen auf dem Gelände den Legong-Tanz einüben, und tagtäglich ganz besonders abends, da die Residenz dann stimmungsvolle Bühne für **balinesische Tanzdramen** (➤ 28) ist.

Vom Fürstenpalast sind es nur ein paar Schritte westwärts zum **Puri Lukisan**, dem »Palast der Gemälde«. Dieses Museum, bereits 1956 als erstes Privatmuseum vom damaligen Ubud-Fürsten und dem niederländischen Maler Rudolf Bonnet gegründet, beherbergt die bedeutendste Sammlung balinesischer Kunst. Man sollte sich also etwas Zeit nehmen für einen ausgedehnten Rundgang durch die drei Hauptgebäude mit Malerei bis Mitte des 20. Jhs., zeitgenössischen Werken und Gemälden von Bonnet und anderen ausländischen Künstlern.

Schon 500 m weiter lädt das **Don Antonio Blanco Renaissance Museum** ein, das sich den mitunter dalíesken Gemälden des gleichnamigen US-Amerikaners philippinischer Herkunft widmet. Zeit seines Lebens stellte dieser sich am liebsten selbst dar.

Von hier aus steigt die Straße als Jl. Raya Campuan zum Vorort Campuan an, wo 1927 der deutsche Maler Walter Spies wohnte. Zusammen mit dem Fürsten von Ubud und seinem Malerfreund Bonnet gründete er 1936 die Künstlervereinigung **Pita Maha**, die es sich zur Aufgabe machte,

Die Reisterrassen von Tegallalang präsentieren sich als ein Meer aus zig Grüntönen

die traditionelle balinesische Malerei durch europäische Traditionen zu befruchten. Sie gilt heute als die Keimzelle der Künstlerkolonie Ubud. Und was seit ihren Gründungstagen auf Bali auf Leinwand gebannt wurde, zeigt das ganz und gar vorbildlich aufgebaute **Neka Art Museum**, das 1982 in mehreren palastartigen Gebäuden eröffnet wurde. Es ist nach thematischen Schwerpunkten gegliedert und gefällt vielen Kunstkennern besser als das (größere) Puri Lukisan (➤ 75).

Weitere Highlights

Wenn Ihnen nach all dem Kunstgenuss im Zentrum von Ubud der Sinn mal wieder nach eher »Bodenständigem« steht, biegen Sie gegenüber von der Jl. Raya Ubud in die Jl. Wanara Wana ein, besser bekannt als Monkey Forest Road. Folgen Sie dieser, bis die Shop-Zone nach etwa zehn Gehminuten vor einem geradezu märchenhaft anmutenden Wald bemooster Banyan-Riesenbäume und überwucherter Opferschreine endet. Diese gehören zum **Monkey Forest**, dem »Affenwald«, Heimat von rund 300 Langschwanzmakaken. Sie sind den Balinesen heilig (ebenso wie der gesamte Wald), aber dennoch oder eben drum rotzfrech. Den Waldbesuchern klauen sie, was immer sie ergattern können – bevorzugte Beutestücke sind Kameras, Schlüssel, Handys, Brillen, aber auch ganze Taschen und Rucksäcke. Die Hinweise am Tickethäuschen, die vor dem Anfassen und Füttern der Allesfresser warnen, sollte man also unbedingt beherzigen.

Zum Abschluss darf's dann auch nochmals etwas Kultur sein? Dann empfiehlt sich das **Agung Rai Museum of Art** (ARMA) im südlichen Vorort Pengosekan. Das Privatmuseum des bedeutendsten balinesischen Kunstsammlers wurde 1996 als Kunstmuseum und Begegnungsstätte für Künstler eröffnet und zeigt eine großartige Bali-Kollektion aller in- und ausländischen Malikonen. So finden sich u. a. auch Bilder von Walter Spies, Rudolf Bonnet und anderen europäischen Berühmtheiten, die man im Rahmen von sehr sachkundigen Führungen allesamt zu sehen bekommt. Obendrein ist das ARMA die beste Adresse für Kultur-Workshops auf Bali. Ob Sie nun malen oder schnitzen, bildhauern, tanzen oder kochen lernen wollen – hier ist es möglich. Auch eine Open-Air-Bühne ist dem Komplex angeschlossen, auf der jeden Abend Tanzdramen, meist der Gattung Legong, dargeboten werden. Wahlweise gibt es dazu ein traditionelles balinesisches Buffet.

Reiher und Reisfelder

Jeden Abend pünktlich vor Sonnenuntergang verdunkelt sich der Himmel über dem kleinen Örtchen **Petulu**, das nur etwa 4 km nördlich von Ubud an der nach Penelokan ausgeschilderten Jl. Raya Petulu gelegen ist. Grund für dieses Schauspiel sind Wolken weißer Reiher, die gegen 18 Uhr von der Futtersuche zu ihren Nistplätzen in den Bäumen und Feldern zurückkehren. Es brodelt die Luft, Guano fällt massenhaft vom Himmel – und wer nicht besprenkelt und übel riechend die Rückreise antreten will, ist gut beraten, sich rechtzeitig einen überdachten Platz zu suchen, der zum Glück reichlich vorhanden ist.

Dass Balis Reisterrassen in ihrer Gesamtheit von der UNESCO auf die Liste des Weltkulturerbes gesetzt wurden, ist auch dem Dorf **Tegallalang** zu verdanken, das sich nördlich von Petulu an die Straße nach Penelokan schmiegt. Am besten besucht man dieses spätnachmittags (oder frühmorgens), wenn die »Himmelstreppen der Götter« (► 76), wie die Terrassen von den Balinesen genannt werden, von der tief stehenden Sonne auf das Prächtigste illuminiert werden. Aussichtsrestaurants mit Panoramabalkonen finden sich reichlich – wer dort sitzt, hat auch Ruhe vor den mitunter extrem nervigen Souvenirverkäufern, die die Straße unsicher machen.

So possierlich die Langschwanzmakaken auch ausschauen mögen, mit ihnen ist nicht zu spaßen

KLEINE PAUSE

An Adressen für Erfrischungspausen auf dem Ubud-Sightseeingtrip herrscht nun wirklich kein Mangel – Hunderte von Bistros, Cafés und Restaurants laden überall am Weg ein. Ist aber das Besondere gefragt, empfiehlt sich das nahe dem Puri Lukisan gelegene **Clear** (► 95) für Erfrischungen und Mittagessen, Kaffee und Kuchen wie auch zum Dinner.

191 E4

Mit etwas Glück bekommt man in Ubud eine der farbenprächtigen hinduistischen Zeremonien zu sehen

Touristenbüro Yayasan Bina Wisata
Jl. Raya Ubud 0361 97 32 85 tägl. 8–20 Uhr

Perama Tour & Travel
Jl. Hanuman 0361 97 33 16, www.peramatour.com

Puri Lukisan
Jl. Raya Ubud 0361 97 11 59, www.museumpurilukisan.com
tägl. 9–18 Uhr 50 000 Rp

Don Antonio Blanco Renaissance Museum
Jl. Raya Campuan 0361 97 55 02, www.blancomuseum.com
tägl. 9–17 Uhr 80 000 Rp

Neka Art Museum
Raya Campuan 0361 2 97 50 74, www.museumneka.com Mo–Sa 9–17 Uhr, So ab 12 Uhr 50 000 Rp, Kinder frei

Monkey Forest
Monkey Forest Road, www.monkeyforestubud.com tägl. 8.30–18 Uhr
40 000 Rp

Botanic Garden
Jl. Tirta Tawar 0361 97 09 51 tägl. 9–17 Uhr 50 000 Rp

Agung Rai Museum of Art
Jl. Raya Pengosekan Ubud 0361 97 66 59, www.armabali.com
tägl. 9–18 Uhr 50 000 Rp

BAEDEKER TIPP

- Nützliche Infos rund um den Ferienort Ubud bekommt man in dem **Online-Magazin** www.ubudcommunity.com.
- Die Stadt kann man am besten mit dem **Fahrrad** besichtigen; Verleihstationen mit Fahrrädern und auch Mopeds findet man in Ubud an nahezu jeder Ecke.
- Im Touristenbüro wie auch in vielen Shops wird die Wanderkarte **Bali Pathfinder** verkauft, die viele empfehlenswerte Fuß- und teils auch Fahrradtouren im Umland von Ubud vorstellt. **Stadtpläne** gibt es in allen Unterkünften und im Touristenbüro kostenlos.
- Wenn Sie in Ubud etwas für Leib und Seele tun wollen, empfiehlt sich z. B. das ganzheitliche Angebot von **Bali Spirit** (Jl. Raya Sukma, Tel. 0361 90 80 122, www.balispirit.com).
- Im **Elephant Safari Park** bei Tegallalang kann man den Dickhäutern im Rahmen einer Show und Trekking-Tour nahe kommen; angeboten wird diese vom Anbieter **Bali Adventure Tours** (Tel. 0361 72 14 80, www.baliadventuretours.com).
- Wo es viele Touristen gibt, sind oft auch Diebe nicht weit. Wer bestohlen wurde, wendet sich am besten an die **Polizei im Stadtzentrum** (Jl. Raya Ubud, Tel. 0361 97 53 16).
- Mopedunfälle von Touristen ereignen sich in Ubud mitunter täglich. Rund um die Uhr geöffnet ist der Notfall-Service der **Ubud Clinic** (Jl. Raya Campuan 36, Tel. 0361 97 49 11, www.ubudclinic.baliklik.com).

8 Bangli

Das auf etwa 500 m Höhe gelegene einstige Königsstädtchen begeistert mit einem angenehm kühlen Klima, einem alle drei Tage stattfindenden Markt sowie zwei Sehenswürdigkeiten, die kein kulturinteressierter Reisender auslassen sollte.

Pura Kehen

Der wahrscheinlich schon im 13. Jh. errichtete Reichstempel ist nicht nur einer der am schönsten gelegenen, sondern auch einer der drei heiligsten der Insel. Die Anlage liegt rund 2 km nördlich des Zentrums von Bangli etwas abseits der nach Penelokan/Kintamani ausgeschilderten Hauptstraße und zieht sich terrassenartig einen sanft ansteigenden und von üppigem Grün bewucherten Hang hinauf.

Schon am Parkplatz geht es atmosphärisch zu – Kinder mit Blumen im Haar weisen die Besucher ein, während sich stets Scharen von festlich gekleideten Gläubigen mit bunten Opfertürmen auf den Tempelbesuch vorbereiten. Folgt man dann von dort aus dem **steilen Treppenaufgang** zum Tempel hinauf, steht man bald den gewaltigen **Wäch-**

Zahlreiche Wächterfiguren flankieren das Gelände des Pura Kehen

terfiguren gegenüber, die mit grimmigen Steingesichtern das reich mit Reliefs und Arabesken verzierte gespaltene Tor flankieren. Durch dieses gelangt man auf die erste von insgesamt **sieben Terrassen**, deren oberste von einem elfstufigen, dem Gott Shiva geweihten **Meru** (Pagode) dominiert wird.

Der heilige Banyan

Wo man auch hinschaut, sind Balinesen damit beschäftigt, den Göttern Blumen und Früchte darzubringen. Schwer duftende Schwaden von Räucherwerk ziehen durch die Tempelhöfe, die allesamt von bemoosten Mauern umgeben und reich mit Schreinen verziert sind. Doch alles Menschenwerk wird nichtig, erblickt man den **äußeren Hof**, der ganz und gar im Schatten des größten und erhabensten Baumes von vielleicht ganz Bali liegt. Dieser Baum aus der Gattung der Feigen ist ein Banyan, wie man unschwer an dem engen Netz wohl Tausender Luftwurzeln erkennen kann, die den geschätzt etwa 15 m durchmessenden »Stamm« bilden. Im Angesicht dieses hölzernen Kolosses versteht man auf Anhieb, warum den Balinesen die Banyan-Bäume, die inselweit fast jeden Dorfplatz überschatten, heilig sind.

Pengelipuran

So auch im Dorf Pengelipuran. Dieses ist rund 4 km nördlich des Pura Kehen auf der linken Seite der zum Batur-See führenden Straße als *desa tradisional* (»traditionelles Dorf«) ausgeschildert. Entlang einer imaginären Meer-Berg-Achse verläuft der **Weg durchs Dorf** (➤ 16); er präsentiert sich als gepflasterte »Flaniermeile«, gesäumt von gepflegten Blumenrabatten, hinter denen bemooste Mauern die einzelnen Familiengehöfte abtrennen. Damit will man sich jedoch nicht von neugierigen Nachbarn abschotten, sondern die *butas* abwehren, die Quälgeister, die stets darauf aus sind, einem das Leben zu vermiesen; auch die **kleinen Opfergaben** vor dem Eingang zum Gehöft sind als Geisterbanner zu verstehen.

Jenseits des Tores dann betritt man einen Innenhof, um den herum sich die einzelnen Gebäude gruppieren. Auch deren Anordnung ist nicht zufällig gewählt, sondern auf das **kosmische System** ausgerichtet, weshalb jedem Bau ein ganz bestimmter Platz zukommt. Selbst die architektonischen Abmessungen der Anlage richten sich nach strengen Regeln, denen die Körpermaße des Familienoberhaupts zugrunde liegen.

KLEINE PAUSE

Das **Midori Warung** (Jl. Merdeka 108B) am südlichen Ortsrand von Bangli erreicht man, indem man vom Pura Kehen der Straße durch den Ort folg. Hübsche Holzpavillons stehen auf Stelzen über kleinen Froschteichen, man sitzt wie auf Bali üblich auf Sitzkissen am Boden (obwohl es auch Tische gibt) und genießt unprätentiöse, aber richtig leckere balinesische Gerichte. Spezialität ist u. a. der Mujair-Fisch, der gebraten (*goreng*) oder gedünstet (*nyat nyat*) wird und stets mit Reis, Sambal sowie Gurken- und Schalottenhäppchen auf den Tisch kommt

---

191 F5

Bangli Government Tourism Office
Jl. Brigjen Ngurah Rai 03 61 9 15 37

Desa Tradisional Pengelipuran
tägl. 8–18 Uhr 15 000 Rp

Pura Kehen
Jl. Sriwijaya tägl. 9–17 Uhr 15 000 Rp

Die Anlage des Dorfwegs und der Häuser folgt in Pengelipuran noch traditionellen balinesischen Gesetzen

BAEDEKER TIPP

Wer – wie die meisten Bali-Besucher – im Süden der Insel ein festes Standquartier hat, kann die Highlights von Zentralbali im Rahmen von mehreren **Tagesausflügen** besuchen: entweder mit einem gemieteten Fahrzeug mit oder ohne Fahrer (► 33) oder mit einer organisierten Tour. Anbieter gibt es zuhauf, schon seit Jahrzehnten im Geschäft ist **Perama Tours** (Tel. 0361 750808, www.peramatour.com) mit Niederlassungen in allen Touristenzentren der Insel. Eine Tour dieses Veranstalters führt beispielsweise vom Inselsüden entlang der »Straße der Kunsthandwerker« nach Ubud, eine andere hat die Sehenswürdigkeiten rings um Ubud zum Ziel und auch Bangli und Mengwi werden angefahren. Die Preise liegen bei etwa 400 000 Rp pro Person und Tour, wobei dieser Preis auch alle Eintrittsgelder beinhaltet, ferner ein Mittagessen und – besonders wertvoll – einen versierten und englischsprachigen Führer. Die Touren werden schon ab zwei Teilnehmern durchgeführt, sodass sie fast immer auch Privattouren sind – und zwar ganz ohne das für organisierte Bustouren übliche Shopping-Brimborium.

16 Batubulan–Ubud Road

Wer sich von den Ferienzentren des Südens aus auf den Weg in die Inselmitte begibt, muss sich bis hinter Denpasar zunächst einmal durch das schlimmste Verkehrschaos der Insel kämpfen, die hier am dichtesten bevölkert ist. Erst jenseits des Speckgürtels der Hauptstadt kann man wieder aufatmen – und sich sogleich ins Getümmel der »Route der Kunsthandwerker« stürzen, die im Dorf Batubulan beginnt und in Ubud endet.

Auf rund 30 km Länge verläuft die Route durch zahlreiche Dörfer, in denen in Hunderten, wenn nicht gar Tausenden Werkstätten ganze Heerscharen von Silberschmieden und Holzschnitzern, Steinmetzen, Schirm- und Puppenmachern wie am Fließband werkeln. Hier dreht sich fast alles ums Shoppen, aber auch nur gucken ist o. k.

Batubulan

Im ersten Dorf am landschaftlich eher ausdruckslosen Weg werden Götter und Dämonen, Buddhas, Tempelwächter und Fabeltiere ebenso wie moderne Motive in weichen Tuffstein gemeißelt. Der fast schon mit Denpasar zusammengewachsene Ort ist das **wichtigste Zentrum für Steinmetzarbeiten** auf Bali – Skulpturen ohne Ende säumen die leider stark von Fahrzeugen frequentierte Straße. Bestes Beispiel für die hohe Kunstfertigkeit der Steinmetze ist der am nördlichen Ortsrand gelegene Dorftempel **Pura Puseh**. Von diesem heißt es, sein Tor sei das am überschwänglichsten mit Reliefs, Arabesken und anderem steinernen Zierrat geschmückte auf ganz Bali.

Ein Panoptikum religiöser und fantastischer Figuren schaffen die Steinmetze von Batubulan

Auch die exotischen Nashornvögel gehören zu den Bewohnern des Bali Bird Park

Singapadu

Folgt man der Hauptstraße durch Batubulan hindurch, ist es nur ein kurzes Stück bis zur Abzweigung zum nahen Dorf Singapadu, in dessen Umgebung gleich drei Parks unter tierischen Vorzeichen stehen: Im 2 ha großen **Bali Bird Park** zwitschern und flattern über 1000 gefiederte Exemplare aus rund 250 verschiedenen Arten teils frei umher, teils in einer riesigen Voliere. Er gehört zweifelsohne zu den schönsten Vogelparks des gesamten indonesischen Archipels.

Der Eintrittspreis ist happig (knapp 30 €), immerhin aber auch für den benachbarten **Bali Reptile Park** gültig, in dem rund 180 Reptilien 20 verschiedener Spezies in – leider viel zu engen – Gehegen gehalten werden. Zu sehen bekommt man u. a. die berühmten Komodowarane, Krokodile, Riesenschildkröten, Riesenschlangen und alles, was sonst noch so kreucht und fleucht in Indonesien.

Auf dem Weg weiter Richtung Celuk (► unten) folgt schließlich noch der **Bali Zoo**, in dem Tiere aus aller Welt ein wie so oft eher trauriges Dasein fristen. Wem das zu trist ist, der kann sich ein wenig Spannung im angeschlossenen **Hochseilpark** abholen, in dem man sich wie Tarzan von Baumwipfel zu Baumwipfel hangeln kann.

Celuk

Die **Hochburg balinesischer Schmuckherstellung** präsentiert sich von Jahr zu Jahr mondäner, die Edelshops, die ganze Busladungen von Besuchern auf einmal schlucken, werden ein ums andere Mal größer und verlangen immer absurdere Dollarbeträge. Wer dort kauft, ist selber schuld, laden doch abseits der Hauptstraße zahlreiche kleine Gold- und Silberschmiede dazu ein, ihnen bei der Arbeit über die Schulter zu schauen und ihre Waren zu deutlich günstigeren Preisen zu kaufen. Dort ist es dann auch möglich, Schmuck nach eigenen Vorlagen anfertigen zu lassen.

Sukawati

Die nächste Station ist fest in den Händen von **Korbflechtern und Tempelschirmbauern** – und die haben unglaublich geschickte Finger. Darüber hinaus ist Sukawati noch wegen der hier hergestellten Schattenspielfiguren inselweit berühmt. Auch die Palette sonstiger Kunsthandwerksprodukte ist hier breit. Und alles unter einem Dach wird auf dem hiesigen Kunstmarkt **Pasar Seni** (tägl. 7–19 Uhr) unters Volk gebracht. Da hier aber täglich Tausende von Touristen durchgeschleust werden, sind die Preise hoch und können auch nur selten frei ausgehandelt werden.

Batuan

Zusammen mit der Ortschaft **Mas**, die etwas weiter gen Ubud am Weg liegt, gilt das Dorf Batuan als Balis **Zentrum für Holzschnitzkunst**. Insbesondere Möbelstücke werden hier opulent mit Schnitzwerk verziert. Auch Masken und Statuen in jeder gewünschten Größe werden gefertigt. Und obendrein ist die Künstlersiedlung für ihre Malereien bekannt, die in zahlreichen Galerien ausgestellt werden.

KLEINE PAUSE

Je heißer es ist, desto besser schmeckt es scharf. Aber scharf ist nicht gleich scharf, wie man im **Special Sambal** an der Hauptstraße von Sukawati (Jl. Raya Batu Bulan) unschwer feststellen kann. In diesem völlig untouristischen Restaurant kann man sich zu den üblichen balinesischen Gerichten an rund 20 verschiedenen Chilipasten versuchen; immer einen Versuch wert ist es auch, mit den Fingern (der rechten Hand!) zu essen, was für die Balinesen das Natürlichste der Welt ist. Lecker sind auch die frischen Fruchtsäfte. Die Preise sind ein Witz, Getränke kosten ca. 6000 Rp, Speisen um die 30000 Rp.

---

191 D/E3/4

Bali Bird Park & Bali Reptile Park
191 D3 Jl. Serma Cok Ngurah Gambir, Singapadu 0361 29 93 52, www.bali-bird-park.com tägl. 9–17.30 Uhr 430 000 Rp (bei frühzeitiger Online-Buchung 20 % Rabatt)

Bali Zoo
191 D3 Jl. Raya Singapadu, Singapadu 0361 29 43 57, www.bali-zoo.com tägl. 9–18, Mi und Sa auch 18–21.30 Uhr 378 000 Rp (im Angebot sind auch Pauschalpakete inkl. Transport, Tiershows und Safaris)

BAEDEKER TIPP

Eine weitere künstlerische Seite von Batubulan steht im Zeichen der **Tanzdramen** (➤ 28), die hier in der Nähe des Dorftempels auf mehreren Bühnen ebenso farbenprächtig wie fotogen in Szene gesetzt werden. Der Barong wird morgens ab 9 Uhr inszeniert, abends ab 18 Uhr lockt u. a. der Legong zahlreiche Besucher an.

17 Pura Taman Ayun

Tempel gehören zu Bali wie Götter und Dämonen. Niemand, der an der lebendigen Kultur dieser Insel interessiert ist, darf den »Tempel des schwimmenden Gartens« versäumen. Er ist Highlight von Mengwi, zweitgrößter Tempel der Insel nach dem Pura Besakih – und vor allem wunderschön.

Kaum zu glauben, dass das zwar recht lebhafte, aber doch eher unscheinbare Großdorf **Mengwi** einst Sitz eines der mächtigsten Königreiche der Insel war. Etwas mehr als 120 Jahre ist das erst her. Und wichtigstes Bauzeugnis der für mehrere Jahrhunderte herrschenden Königsdynastie von Mengwi ist der Pura Taman Ayun.

Errichtet im Jahr 1634 und 1937 umfassend restauriert, ist er dank seiner zahlreichen himmelstürmenden *merus* schon von Weitem zu sehen. Doch erst, wenn man ihm ganz nahe kommt, wird offenbar, warum sein Name übersetzt »Tempel des schwimmenden Gartens« oder

Der Pura Taman Ayun – tropisches Tempelidyll

BAEDEKER TIPP

Ein Steg führt in das Heiligtum des Pura Taman Ayun hinein, doch wie in allen Tempeln auf Bali üblich, dürfen ausländische Besucher nur die beiden ersten Tempelhöfe betreten, nicht jedoch den dritten und letzten, der das Allerheiligste birgt. Hineinschauen kann und darf man aber – und mit Abstand die **beste Aussicht über die gesamte Anlage** genießt man vom Kulkul-Trommelturm aus, der sich links in der Ecke des zweiten Tempelhofs befindet und bestiegen werden kann.

auch »Gartentempel im Wasser« bedeutet: Hinter einer hüfthohen Mauer umgeben mit Lotos und Lilien bewachsene Wassergräben eine künstlich angelegte **Insel**, auf der sich die eigentliche Tempelanlage erhebt. Von außen betrachtet hat es den Anschein, als würde der Tempel auf dem Wasser schweben bzw. schwimmen. Angelegt wurden die Gräben aber vor allem, um den Komplex gegen alles Irdische abzugrenzen. Und weil es – so erzählen es die Mythen – den Göttern gefällt, anlässlich von Tempelfesten im Wasser zu baden.

Umkränzt ist das Heiligtum von einem bezaubernden **tropischen Garten**, der mit zahlreichen blühenden Gehölzen, Obst- und Frangipani-Bäumen sowie farbenprächtigen Blumen eine wunderbare Szenerie fürs Tempelfoto abgibt. Wege schlängeln sich durch das Areal und führen zu zahlreichen Picknickplätzen.

KLEINE PAUSE

Die Gartenanlage außerhalb des Tempels ist mit kleinen Picknickpavillons wie geschaffen für eine kurze Pause. Alles, was Sie dafür an Früchten und Snacks benötigen, gibt es für wenig Geld an den Marktständen gegenüber vom Tempel. Wer es etwas »gediegener« mag, aber nicht auf die Aussicht verzichten will, kann das gegenüber vom Tempel gelegene **Water Garden Restaurant** (tägl. ab 9 Uhr) ansteuern.

---

191 D4 **tägl. 8–18 Uhr**
20 000 Rp

18 Pura Tirta Empul

Nördlich von Ubud, wo die Insel sanft zum zentralen Berggürtel hin ansteigt, locken Landschaften aus grün wogenden Reisterrassen mit kleinen, ursprünglichen Dörfern sowie mit heiligen Kultstätten und Tempelkomplexen. Einer davon ist der Pura Tirta Empul.

Folgt man der Straße vorbei an Petulu (► 77) und Tegallalang (► 77), erscheint bald das Holzschnitzerdorf Pujung am Weg, von wo es nur noch ein kurzes Stück bis zum Dorf Tampaksiring mit dem nahe gelegenen **Quellheiligtum** von Tirta Empul ist. Angeblich vom Gott Indra selbst geschaffen, ist es schon seit über 1000 Jahren eines der meistbesuchten Wallfahrtsziele auf Bali.

Auch heute noch versprechen sich die Gläubigen magische Heilwirkung von einem Bad im kühlen Wasser, das durch Wasserspeier in **steinerne Becken** sprudelt. Bei dem klotzigen Bauwerk oberhalb des Tempels handelt es sich übrigens um den Sommerpalast des einstigen Präsidenten Sukarno.

Erfrischend ist ein Bad im heiligen Wasser auf jeden Fall

KLEINE PAUSE

Vor den Tempelkomplexen von Tirta Empul sowie Gunung Kawi (► Kasten) finden sich zahlreiche **Essensstände** sowie auch kleine Restaurants, die einfache, aber ganz und gar authentische balinesische Speisen zubereiten.

---

188 A2

Pura Tirta Empul
tägl. 8–18 Uhr 20 000 Rp

BAEDEKER TIPP

Rund 1000 Jahre alt sind die megalithischen Felsmonumente der Königsgräber am **Gunung Kawi**, dem »Berg der Poesie« (tägl. 8–18 Uhr, www.penaka.com, Eintritt 20 000 Rp), die inmitten gestaffelter Reisterrassen am Hang einer malerischen Schlucht ins schwarze Vulkangestein gehauen wurden. Ob es sich dabei aber wirklich um Gräber handelt, ist fraglich, interpretieren doch nicht wenige Archäologen die Stätte stattdessen als ein Ehrenmal für vergöttlichte Herrscher. Doch wie auch immer, der Ort hat eine geradezu »magische Vibration« – insbesondere dann, wenn man ihn im weichen Licht der frühen Morgenstunden betrachtet.

19 Pura Luhur Batukau

Von allen Heiligtümern der Insel ist das von regengrünem Urwald umgebene und oft in Nebelschwaden eingehüllte Bergrefugium Pura Luhur Batukau wahrscheinlich dasjenige mit der magischsten Ausstrahlung. Derweil zählen die nahen Reisterrassen Jati Luwih zu den schönsten in ganz Asien und sind Bestandteil des UNESCO-Weltkulturerbes.

Der ursprünglich aus dem 11. Jh. stammende Tempel Luhur Batukau liegt auf 817 m Höhe an der Südostflanke des 2276 m hohen Vulkans Gunung Batukau (auch: Batukaru). Zwar gehört er nicht zu den größten und prachtvollsten auf der Insel, wohl aber als einer der sechs balinesischen Nationalheiligtümern zu den wichtigsten. Gewidmet ist er **Mahadewa**, dem »Gott des Berges« Batukau, dessen Schrein, ein siebenstufiger *meru*, inmitten eines kleinen, von einer Quelle gespeisten Teichs aufragt. Dieser ist heilig, ebenso die Quelle selbst: Kurz nach Nyepi (➤ 18), dem balinesischen Neujahrsfest, pilgern Tausende gläubige Balinesen hierher, um mehrere Tage dauernde, rituelle Reinigungszeremonien durchzuführen. Dann ist auch der größte Teil der Anlage für Touristen gesperrt.

Jati Luwih

»Einfach wunderschön« – der Name Jati Luwih ist Programm. Denn einfach wunderschön sind die »Himmelstreppen für Götter« bzw. die »Treppen in den Himmel«, wie die Balinesen ihre Reisterrassenlandschaften mit feinem Sprachgefühl nennen. Diejenigen, die sich rings um das kleine Örtchen Jati Luwih in die Höhe schachteln, werden zu den schönsten der gesamten Insel gezählt und

Die Lage inmitten einer romantischen Dschungellandschaft macht den eigentlichen Reiz des Pura Luhur Batukau aus

seit 2012 als UNESCO-Weltkulturerbe geführt. Das spricht für sich und in jedem Fall auch für einen Besuch des nur wenige, aber sehr kurvenreiche Kilometer vom Batukau-Tempel entfernten Dorfes.

Mit einem ausgeklügelten System werden die Reisterrassen von Jati Luwih bewässert

KLEINE PAUSE

Ganz Jati Luwih partizipiert am Reisterrassen-Tourismus. Entlang der Terrassen-Panoramastraße laden zahlreiche Restaurants zum Verweilen ein. Dasjenige mit der vielleicht besten Aussicht, auf alle Fälle aber mit himmlisch guten *pisang goreng*, also gebratenen Bananen, ist der **Warung Dhea** (Tel. 0813 53 30 23 72, www.dheajatiluwih.com, tägl. ab 7 Uhr).

187 D2 tägl. 8–18 Uhr 15 000 Rp

BAEDEKER TIPP

- Sollten Sie noch Milchzähne haben, dem Wahnsinn verfallen, schwanger oder Mutter von Kleinkindern sein, die noch auf ihre Milchzähne warten, dann dürfen Sie den Tempel nicht betreten – so steht es auf einer **Infotafel** geschrieben.
- Der **Bali Butterfly Park** (187 D1, www.balibutterflypark.com, tägl. 8–16.30 Uhr, Eintritt 85 000 Rp) am Weg zum Pura Luhur Batukau ist der größte Schmetterlingspark Südostasiens. Ein Netz überspannt das rund 3500 m² große Areal, in dem die zarten Insektengeschöpfe frei umherflattern können. U.a. beheimatet der Park mit dem Atlasspinner einen der größten Schmetterlinge der Erde; seine Flügelspannweite beträgt bis zu 30 cm.
- Auf dem Weg vom Batukau-Tempel nach Jati Luwih wird **Straßenzoll** in Höhe von 15 000 Rp je Person und 6000 Rp je Fahrzeug verlangt. Wer sich keine Quittung geben lässt und diese auch aufbewahrt, muss bei der Rück- oder Weiterreise damit rechnen, noch einmal zur Kasse gebeten zu werden (die »Mautstationen« finden sich auf beiden Seiten der Strecke).

Nach Lust und Laune!

20 Pura Durga Kutri

Wer das Dorf Kutri besucht, kommt wegen der Tempelanlage Pura Durga Kutri (auch: Pura Bukit Dharma). Bei diesem »geheiligten Hügeltempel« handelt es sich um das **bedeutendste Heiligtum der Todesgöttin Durga** auf Bali. Sie gilt als die grausamste und furchteinflößendste Gottheit im balinesischen Pantheon und wird meist dargestellt als zehnarmiges, krallenbewehrtes und menschenfressendes Monsterwesen. Was den Tempel besuchenswert macht, ist aber nicht die auf ein Alter von etwa 1000 Jahren geschätzte Steinskulptur der Göttin, sondern die geradezu körperlich spürbare mystische Atmosphäre, die den Tempel umgibt. Und das Panorama aus Reisfeldern, Hügeln und Bergen. Beides genießt man am besten am oberen Ende des 99 Stufen zählenden Treppenwegs, der an der rechten Tempelseite durch eine erst düster umwaldete Felsenwelt und dann unter der gigantischen Krone eines Banyan-Baums in die Höhe führt.

191 E4 tägl. 9–18 Uhr 20 000 Rp

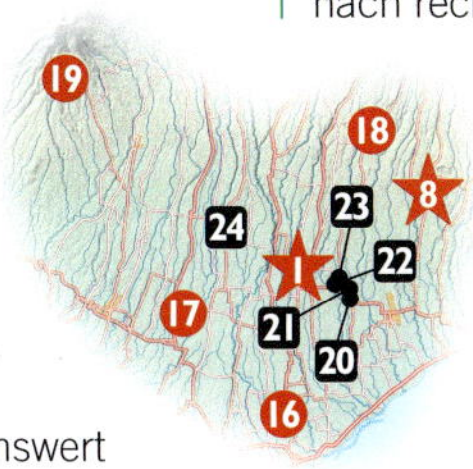

21 Yeh Pulu

Beim Dorf Bedulu lohnen die Felsenreliefs von Yeh Pulu einen Besuch. Sie wurden 1925 wiederentdeckt, die Bedeutung des insgesamt 27 m langen und 2 m hohen **Reliefbands** ist bis heute fraglich. Die meisten Szenen behandeln das Alltagsleben, wohl wird von links nach rechts eine Bildergeschichte erzählt. Vielleicht, so eine Theorie, stellt sie Begebenheiten aus dem Leben des Hindugottes Krishna dar.

191 E4 tägl. 8–18 Uhr 20 000 Rp

22 Goa Gajah

Kurz vor Ubud, am Ufer des Petanu-Flusses, lädt die Elefantengrotte (Abb. ➤ 71) zur Besichtigung ein, die erst 1923 wiederentdeckt wurde und eines der **wichtigsten Kulturdenkmäler der vorhinduistischen Epoche** auf Bali ist. Gemäß der Überlieferung soll sie im frühen 11. Jh. von Menschenhand in den Hang gegraben worden sein; der riesige dämonische Wächter, der über dem Tor hockt, gilt als eines der am häufigsten fotografierten Motive auf Bali. Das T-förmige Innere, rund 13 m breit, ist weniger sehenswert

Ein in Stein gemeißelter Comicstrip – die Felsenreliefs von Yeh Pulu

Die Langschwanzmakaken gelten als Nachfahren des Affenkönigs Hanuman des indischen Epos »Ramayana« – der Ruhm ist ihnen scheinbar zu Kopf gestiegen, so frech sind sie

und enthält neben einem Phallussymbol lediglich eine Skulptur des Elefantengottes Ganesha.
191 E4 tägl. 8–18 Uhr 20 000 Rp

23 Pejeng
Das heute bedeutungslose Dorf Pejeng war zwischen dem 10. und 14. Jh. Sitz eines eigenen Königreichs. Aus dieser Zeit stammt auch der Tempel **Pura Penataran Sasih**, in dem der »Mond von Bali« ausgestellt ist: Mit einem Durchmesser von rund 1,60 m ist er der größte erhaltene prähistorische Bronzegong der Welt. Er soll im 4. Jh. v. Chr. in einem Guss hergestellt worden sein und ist prachtvoll mit stilisierten Menschenköpfen verziert (leider sind diese kaum zu erkennen, da der Gong unglücklich platziert ist).
191 E4 tägl. 9–17 Uhr 20 000 Rp

24 Sangeh
Nur einen Affenwald gibt es auf Bali, der noch berühmter ist als derjenige von Ubud (► 76): der **Monkey Forest** von Sangeh, der wenige Kilometer westlich von Ubud am Nordrand des gleichnamigen Dorfes gelegen ist. Hier wie dort sind die Langschwanzmakaken heilig – und rotzfrech! Auch die Bäume selbst, allesamt Muskatbäume, haben diesen Status inne, weshalb sie einen regelrechten sakralen Urwald bilden. Seine Krone reicht bis zu 40 m hinauf und formt dort ein dichtes, grünes Dach, durch das nur mattes Zwielicht dringt. Auch ohne Affen wäre dieser Wald ein Highlight, zumal man ihn dann wesentlich entspannter genießen könnte, als es die teils regelrecht durchgedrehten Horden erlauben. Stets muss man höllisch aufpassen, dass einem die dreisten Tiere nicht die Kamera u. v. a. m. stibitzen. Gerade am Meditationstempel **Pura Bukit Sari**, der sich mitten im »Märchenwald« mit moosüberwucherten und flechtenbehangenen Mauern erhebt, sind sie besonders nervig.
191 D5 tägl. 8–18 Uhr 20 000 Rp

Wohin zum ...
Übernachten?

Preise
für ein Doppelzimmer pro Nacht:
€ unter 750000 Rp — €€ 750000 1,5 Mio. Rp — €€€ über 1,5 Mio. Rp

Touristisches Zentrum von Zentralbali ist Ubud, wo es trotz riesigen Angebots im Juli und August sowie über den Jahreswechsel regelmäßig zu Engpässen kommt, auch weil andernorts in der Inselmitte Unterkünfte rar sind. Eine Ausnahme stellt Jati Luwih dar – hier inmitten der vielleicht herrlichsten Reislandschaften der Welt zu übernachten und diese in all ihren Farbschattierungen zu sehen, gehört sicher zu den schönsten Erlebnissen einer Bali-Reise. Und ruhiger als in Ubud geht es ganz sicher zu.

JATI LUWIH

Batukaru Hotel €–€€€
Sowohl in den Zimmern und Bungalows als auch im Restaurant des Batukaru Hotel geht es modern und komfortabel zu. Einen recht großen Pool und organisierte Touren gibt es auch. Die beste Aussicht auf die Reisterrassen genießt man von den Villen (offiziell ca. 80 US$, über ein Buchungsportal ca. 30 €).
187 D2 Penebel 03 61 8 73 04 72, www.batukaruhotel.com

Soka Jati Luwil Villas €–€€€
Einen schöneren Ausblick auf die Reisterrassen von Jati Luwih kann man von einer Unterkunft aus nicht haben. Wer es einrichten kann, sollte in den Komfort-Bungalows dieses Resorts, die im traditionellen Stil eines Reisspeichers errichtet sind, wenigstens eine Nacht verbracht haben. Ein kleiner Naturpool sowie ein Restaurant sind angeschlossen, man kann Touren buchen (u.a. eine Fahrt im offenen VW-Kübelwagen) und Fahrräder ausleihen. Der offizielle Übernachtungspreis ist mit 108 US$ für zwei Personen ziemlich happig, wer aber über Buchungsportale reserviert, bekommt satte Rabatte von bis zu 60 %.
187 D2 Durchgangsstraße Jati Luwih, Reservierung über Bali Nature Land Tour, Jl. Raya Bypass Tanah Lot 0361 7 47 74 34, www.balinatureland.com

UBUD

Bliss Ubud Bungalows €€
Die mit viel Liebe zum Detail ausgestattete Anlage liegt inmitten eines von Reisfeldern umgebenen tropischen Gartens vor den Toren von Ubud (kostenloser Transfer). Die Zimmer sind romantisch eingerichtet (u. a. mit Himmelbetten), ohne auf moderne Annehmlichkeiten zu verzichten, und bieten herrliche Ausblicke. Großer Außenpool und eine Spa-Abteilung, die Entspannung für Körper und Seele bietet. Und all dies bekommt man schon für unter 50 € die Nacht. Wer einen Langzeitaufenthalt plant, kann hier komplett möblierte Häuser für rund 400 € pro Monat mieten.
191 E4 Jl. Raya Sanggingan, Lungsiakan 0361 97 92 72, www.blissubudbungalow.com

Hotel Tjampuhan €€€
Die Lage dieses Spitzenhauses am Rand einer tief eingeschnittenen Urwaldschlucht ist faszinierend. Vom Allerfeinsten ist die Aussicht, die man vom Restaurant und Pool,

vom Spa (mit Jacuzzi in einer künstlichen Grotte) sowie den außerordentlich großen, mit Holz verkleideten und klassisch balinesisch eingerichteten Zimmern aus genießen kann. Wer knapp 100 € pro Nacht für ein Zimmer inklusive Frühstück ausgeben kann, sollte es hier tun.

191 E4 Jl. Tjampuhan 0361 97 53 68, www.tjampuhan-bali.com

Manyi Village €€/€€€

Im Bett oder in der Badewanne liegen, dabei auf nichts als Reisfelder blicken und absolute Ruhe genießen, nur unterbrochen vom Quaken der Frösche und Schnattern der Enten – in den zweistöckigen Steinbungalows dieses Resorts lässt sich dieses Urlaubsidyll in vollen Zügen genießen. Alles hier hat gehobenen Standard: der Service, der Spa-/Wellness-Bereich, der Pool. Verständlich, dass da die meisten Gäste Wiederholungstäter sind. Die Anlage liegt rund zehn Autominuten außerhalb von Ubud, zwischen 8 und 22 Uhr verkehrt stündlich ein kostenloser Shuttle. Offiziell kosten die Bungalows 150 US$ inklusive Frühstück für zwei Personen; wer über Buchungsportale reserviert, zahlt rund die Hälfte.

191 E4 Banjar Laplapan 0361 8 98 78 98, www.manyivillageubud.com

Nick's Pension Hotel €/€€

Außerordentlich idyllisch und ruhig, doch gleichzeitig nur wenige Gehminuten vom Zentrum entfernt. Die Anlage mit Blick auf die Reisterrassen hat schlichte Pensionszimmer (ab 15 €, mit Ventilator), sehr geschmackvolle und balinesisch mit viel Holz eingerichtete Komfort-Zimmer (30–50 €, mit Klimaanlage) sowie mehrere frei stehende Cottages. Auch gibt es einen Swimmingpool, eine kleine Spa-Abteilung, Mietautos und organisierte Touren.

191 E4 Jl. Bisma 0361 97 56 36, www.nickshotels-ubud.com

Pondok Taman Asri Homestay €

Kaum zu glauben, dass man für derart gut gepflegte Zimmer für zwei Personen lediglich 10 € pro Nacht zahlt (moderne Ausstattung, mit Bad/WC, Balkon/Terrasse, aber keine Klimaanlage, inkl. Frühstück)! Das Zentrum ist rund 1,5 km entfernt, es werden Fahrräder ausgeliehen; recht ruhige Lage.

191 E4 Jl. Sri Wedari 63X 0818 05 48 74 81, keine Website (Reservierung z.B. über www.booking.com/de)

Wohin zum ... Essen und Trinken?

Preise
für ein Hauptgericht ohne Getränke:
€ unter 60 000 Rp **€€** 60 000–120 000 Rp **€€€** über 120 000 Rp

Restaurants, die auf die Belange und Geschmäcker von Touristen eingestellt sind, trifft man außerhalb von Ubud selten an. Dort allerdings sorgen gleich mehrere Hundert Restaurants und auch die allermeisten Unterkünfte fürs leibliche Wohl.

Casa Luna €€/€€€

Seit über 20 Jahren schon ist das Casa Luna »der« Treff für in und um Ubud lebende Expats. Das verpflichtet, vor allem zu guter indonesischer und mediterraner Küche. Samstags und sonntags

wird morgens zum Brunch geladen, mehrmals wöchentlich finden abends Musikevents statt.
191 E4 Jl. Raya Ubud 0361 97 32 82, www.casalunabali.com tägl. 9–23 Uhr

Clear €

Ob Vegetarier oder Veganer, Makrobiot, Rohköstler oder »Allesesser« – die globale Küche des Clear bietet für jeden Geschmack das passende Gericht. Nach einem Schlemmerabend will man garantiert wiederkommen. Zumal auch die Einrichtung der drei Restaurantebenen, auf denen man an Tischen oder am Boden sitzen kann, geschmackvoll balinesisch ist. Die Bedienung könnte zuvorkommender nicht sein, die Preise sind mit rund 50 000 Rp pro Hauptgericht außerordentlich günstig.
191 E4 Jl. Hanoman 8
0361 8 89 44 37, www.clear-cafe-ubud.com
tägl. 8–22 Uhr

Indus €€/€€€

Die Gerichte der Crossover-Küche sind ebenso lecker wie der Service zuvorkommend und die Aussicht fantastisch: Von der Speiseterrasse blickt man über den von dichtem Tropengrün gesäumten Tjampuhan River und auf die lieblich-schönen Reisterrassen. Nicht nur in Vollmondnächten passt dazu das drei Gänge umfassende Full Moon Lover's Menu (für 2 Pers. 550 000 Rp). Freitags dreht sich alles um Fisch; und jeden Tag von 17 bis 19 Uhr gibt's unter dem Motto »Indus Twilight Cocktails« kostenlos Tapas zu den Cocktails dazu.
191 E4 Jl. Raya, Sanggingan
0361 97 76 84, www.casalunabali.com
tägl. ab 17 Uhr

Laka Leke €/€€

Wunderschöne Gartenanlage mit einem höchst romantischen Ambiente, außerordentlich leckeren balinesischen Spezialitäten und sehr hochwertigen Dinner-Tanzveranstaltungen (20–20.45 Uhr; herausragend ist das Montagsprogramm mit Kecak- und Feuer-Tanz). Nachmittags werden Kochkurse gegeben. Die Gerichte kosten rund 50 000 Rp, die Speisekarte führt auch viele vegetarische Gerichte.
191 E4 Nyuh Kuning 0361 97 75 65, www.lakaleke.com tägl. ab 9 Uhr

Murni's Warung €€

Bereits 1974 gegründet, aber immer noch der absolute Klassiker von Ubud. Das liegt an den leckeren Gerichten der indonesischen und europäischen Küche und den fairen Preisen, ganz besonders aber an der tollen Aussicht, die man von den vier Speiseterrassen in die angrenzende Dschungelschlucht hat. Empfehlenswert sind die Tagesgerichte, die jeweils aus einem Salat (ca. 50 000 Rp) und einem Hauptgang (ca. 90 000 Rp) bestehen.
191 E4 Jl. Raya Campuan
0361 97 52 33, www.murnis.com
tägl. 9–23 Uhr

Wohin zum ... Einkaufen?

In Ubud gibt es die ganze Palette des balinesischen Kunsthandwerks. Und sofern man keine Hemmungen hat, erbarmungslos zu feilschen, bekommt man es zu Preisen, die in den Dörfern der Kunsthandwerker nicht zu erzielen sind. Für einen ersten Überblick empfiehlt sich ein Rundgang durch die Monkey Forest Road, die Jl. Hanoman und die Jl. Raya Ubud. Dieser führt auch am Ubud Art Market vorbei – mehr Bali-Souvenirs gibt es nirgendwo!

Ikat Batik

Hochwertige Batiken und Ikat-Stoffe kauft man in Ubud in dieser Galerie, die Weber und Textilkünstler aus Bali unterstützt und fördert.

191 E4 Jl. Monkey Forest
0361 97 56 22, www.ikatbatik.com
tägl. 10–20 Uhr

Jean-François Fichot
Schmuck und reich verzierte Wohnaccessoires in vollendeter Extravaganz. Das gilt auch für die Preise.
191 E4 Jl. Raya Pengosekan 7
0361 97 46 52, www.jf-f.com
tägl. 10–17 Uhr

Namaste
Geht es um Spirituelles – also etwa um Kristalle und Meditationskissen, Traumfänger und Räucherstäbchen, Magnetarmbänder, Ätherische Öle, Tarot-Karten oder Selbstfindungsbücher –, ist der kleine, aber außerordentlich gut bestückte Shop erste Wahl. Die Website informiert u. a. umfassend über Retreats, Healing und Coaching.
191 E4 Jl. Hanoman 0361 97 05 28, www.spirituality-bali.com tägl. 9–19 Uhr

Rio Helmi Gallery & Café
Die Bilder des indonesischen Fotografen Rio Helmi waren bereits auf zahlreichen Einzelausstellungen in Amerika und Europa zu sehen und zeigen (nicht nur) Bali teils aus sehr speziellen Blickwinkeln. Zahlreiche Fotos, handsigniert, stehen auch zum Verkauf.
191 E4 Suweta 6b 0361 97 23 04, www.riohelmi.com tägl. 10–18 Uhr

Shalimar
Masken, Textilien oder primitive Kunst, Schattenspielfiguren oder Skulpturen, Juwelen oder Ritualmesser – für Antiquitäten aus Bali und ganz Indonesien ist Ubuds ältester und vertrauenswürdigster Antiquitätenladen die beste Adresse.
191 E4 Jl. Hanoman 0361 97 71 15, www.shalimarbali.com tägl. 10–22 Uhr

Threads of Life
Der Fair-Trade-Shop führt die vielleicht feinsten handgewebten Textilien von ganz Indonesien. Die Preise sind nicht ohne, aber durchaus angemessen, stecken doch in so manchem Einzelstück Monate, wenn nicht gar Jahre Handarbeit. Zum Färben der Stoffe wurden ausschließlich Biofarben verwendet. Erhältlich sind Webarbeiten u. a. aus Bali, Sumatra, Sumba, Flores und Timor.
191 E4 Jl. Kajeng 24 0361 97 21 87, www.threadsoflife.com tägl. von 10–19 Uhr

Wohin zum … Ausgehen?

FÜR LEIB & SEELE

Wellness- und Spa-Angebote stehen zwar auf ganz Bali hoch im Kurs, Ubud toppt diesbezüglich aber alles. Auch der spirituellen Ebene des Wohlbefindens widmet man sich hier in immer zahlreicher werdenden Yoga-, Meditations- und Healing-Zentren. Wichtigster Event zu diesem Thema ist das jährlich Ende März/Anfang April stattfindende Balispiritfestival (www.balispirit festival.com). Folgende Empfehlungen sind alle in Ubud ansässig.

Bali Botanica Day Spa
Etwas außerhalb gelegenes Spa- und Wellness-Zentrum (günstige Transfers, bei mindestens 2 Anwendungen kostenlos). Dutzende verschiedener Massagen und Therapien stehen zur Auswahl; diverse ganztägige Verwöhnprogramme gibt's ab 1,2 Mio. Rp.
191 E4 Jl. Raya Sanggingan
0361 97 67 39, www.balibotanica.com

Bali Healers
Die balinesische Heilkunst wurzelt in jahrtausendealten Überlieferungen und behandelt sowohl psychische als auch physische Leiden. Mehrere Tausend traditionelle Heiler, *balian* genannt, soll

es auf Bali heute noch geben. Sie selbst zu finden, ist nicht einfach, am ehesten gelingt dies über die Unterkunft; die meisten sprechen zudem kein Englisch und achten auf eine bestimmte Etikette. Bali Healers (http://balihealers.com) nun hat sich darauf spezialisiert, Heiler zu vermitteln und bei den Sitzungen zu dolmetschen. Dieser Service kostet 35 US$ pro Stunde, die Gebühren für den Heiler sind darin nicht enthalten. Kontakt per E-Mail an danu@earthlink.net.

Taksu Healing Haven

»Das« Zentrum für Healing und alles, was damit zusammenhängt.

191 E4 Jl. Goutama 0361 97 14 90, www.taksuhealinghaven.com

Ubud Bodyworks Centre

Massagen und Ganzkörpertherapien; Retreat-Zentrum und Ashram liegen außerhalb des Ortes.

191 E4 Jl. Hanoman 25 0361 97 57 20, www.ubudbodyworkscentre.com

Yoga & Dance

Größtes Zentrum für Yoga, Meditation und Thai Chi auf Bali.

191 E4 Jl. Raya Pengosekan 0361 97 09 92, www.theyogabarn.com/

ABENDUNTERHALTUNG

Nach dumpfen Discobeats und ausgelassenem Nightlife sucht man in Ubud vergebens. Die Abendunterhaltung ist eher geprägt von chilliger Livemusik, bevor gegen 23 Uhr Zapfenstreich ist.

Bar La Luna

Das Boheme-Kulturcafé ist Treff der Expat-Gemeinde von Ubud, die hier den ganz ausgezeichneten Kaffee oder Cocktails trinken, Tapas naschen, schwatzen, Musik hören (mehrmals wöchentlich ab 19.30 Uhr Livemusik) und Dichterlesungen lauschen. Sehr kommunikativ!

191 E4 Jl. Raya Ubud 0361 97 16 05, www.casalunabali.com tägl. 15–23 Uhr

Laughing Buddha

Mix aus Restaurant, Tapas-Bar, Cocktail Lounge und Musik-Pub, in dem immer noch Stimmung herrscht, wenn alles andere schon schläft. Jeden Abend gibt's Livemusik (oft Jazz und Blues, aber auch Rock und Latin). Die Preise aber sind gesalzen, selbst ein Bier kostet bereits 60 000 Rp.

191 E4 Monkey Forest Road, 0361 97 09 28, www.laughingbuddhabali.com tägl. 9 bis spät nachts

XL Shisha Lounge

Auf Lounge-Sesseln und -Sofas chillen, kühle Cocktails schlürfen und Shisha rauchen, dazu plaudern und (Live-)Musik hören – all das geht hier.

191 E4 Monkey Forest Road 129 0361 97 57 51 tägl. 11–3 Uhr

TANZDRAMEN

In Ubud hat das traditionelle balinesische Tanzdrama (► 75) sein Zentrum, allabendlich findet hier oder irgendwo in der Umgebung eine Aufführung statt. Los geht's meistens zwischen 19 und 20 Uhr, die ein- bis zweistündigen Veranstaltungen kosten 80 000 bis 100 000 Rp. Ubuds Touristenbüro (► 78) hält einen Veranstaltungskalender bereit; hier kann man auch gleich die Tickets kaufen und in die Minibusse zu außerhalb gelegenen Veranstaltungsorten steigen.

Puri Saren

Die Vorführungen auf der von Fackeln beleuchteten Tempelbühne im Fürstenpalast von Ubud gelten als sehr hochwertig. Sie starten um 19.30 Uhr, für einen Sitzplatz in der vorderen Reihe sollte man aber möglichst schon gegen 18.30 Uhr hier sein; die Tickets für die täglich wechselnden Tänze (Mo: Legong, Di: Ramayana, Mi: Barong) werden am Eingang verkauft.

191 E4 Jl. Raya Ubud tägl. 19.30–21 Uhr 80 000 Rp

WORKSHOPS

Agung Rai Museum of Art

Ob Tanz oder Gamelan, Malen oder Yoga, Steineklopfen, Korbflechten, Batiken, Holzschnitzen oder was auch immer – mit fast zwei Dutzend Workshops ist das ARMA (➤ 98) erste Adresse für Kultur-Workshops auf ganz Bali. Zwei- bis dreistündige Kurse kosten ca. 35–50 US$.

191 E4 ✉ Jl. Raya Pengosekan Ubud
☎ 0361 97 66 59, www.armabali.com
🕘 tägl. 9–18 Uhr

Casa Luna Cooking School

Besitzerin Janet DeNeefe ist eine Meisterin der balinesisch-indonesischen Küche. Ihre Kochkurse widmen sich unterschiedlichen Gerichten, dauern drei bis sechs Stunden und kosten zwischen 350 000 und 550 000 Rp.

191 E4 ✉ Jl. Raya Ubud ☎ 0361 97 32 82, www.casalunabali.com 🕘 tägl. ab 8 Uhr

Nirvana

Die Batikkurse des Nirvana Guesthouse genießen einen guten Ruf, unterrichtet wird montags bis samstags von 9 bis 14 oder 15 Uhr. Pro Tag zahlt man 450 000 Rp.

191 E4 ✉ Jl. Goutama 10
☎ 0361 97 54 15, www.nirvanaku.com

Puri Lukisan

Das Puri Lukisan ist nicht nur das Museum mit der bedeutendsten Sammlung balinesischer Kunst, sondern auch ein Zentrum für Workshops. Es gibt ein gutes Dutzend Kurse (1–5 Std. für 150 000 bis 500 000 Rp).

191 E4 ✉ Jl. Raya Ubud ☎ 0361 97 11 59, www.museumpurilukisan.com 🕘 tägl. 9–18 Uhr

GEFÜHRTE TOUREN & AKTIVITÄTEN

Bali Bird Walk

In der Umgebung von Ubud leben mehr als 100 verschiedene Vogelarten, darunter auch mehrere endemische Arten, also solche, die weltweit nur auf Bali vorkommen. Auf den geführten, dreieinhalbstündigen Wanderungen (Di, Fr, Sa und So, Treffpunkt um 9 Uhr vor Murni's Warung, ➤ 95) hat man gute Chancen, sie beobachten zu können. Kostenpunkt inklusive Mittagessen: 37 US$.

191 E4 ✉ Jl. Raya Campuan
☎ 0361 97 50 09, www.balibirdwalk.com

Bali Nature Herbal Walk

Täglich um 8.30 Uhr begibt sich vom Museum Puri Lukisan aus eine geführte Gruppe ins ländliche Umland von Bali. Gesucht werden Wildkräuter, -heilpflanzen und -gemüse. Man lernt, die Pflanzen zu unterscheiden und zu verwenden. Kostenpunkt: 17 US$.

191 E4 ☎ 0812 3 81 60 24 und 0812 3 81 60 20, www.baliherbalwalk.com

Banyan Tree Tours

Ob Sie durch Reisfelder wandern (4 Std., 450 000 Rp), relaxt auf dem Fahrrad durchs Umland von Ubud cruisen (5 Std., 550 000 Rp) oder beim Mountainbiken (4 Std., 750 000 Rp) oder Raften (4 Std., 650 000 Rp) einen Adrenalinkick suchen: Banyan Tree, ein Anbieter unter vielen, hat zahlreiche Unternehmungen im Programm.

191 E4 ✉ Jl. Jambangan ☎ 0361 97 10 88, www.banyantreebiketours.com

Ubud Sightseeing

Jedes Reisebüro in der Stadt hat eine Sightseeingtour durch Ubud im Programm. Standardmäßig werden in rund acht Stunden die kulturellen Highlights abgeklappert. Die Qualität dieser Touren schwankt extrem. Ein gutes Preis-Leistungs-Verhältnis bietet die Tour »Ubud Magic Temptation« von **Perama** (350 000 Rp); überhaupt empfiehlt sich der Veranstalter, will man Zentralbali im Rahmen organisierter Ausflüge entdecken.

191 E4 ✉ Jl. Raya Pengosekan
☎ 0361 97 33 16 und 0361 9 27 93 63, www.peramatour.com

Der Osten

Kleine Erlebnisse

Raue See

Die Südküste der **Nusa Penida** (➤ 117) ist nicht zum Baden geeignet, die bis zu 200 m hohen Steilklippen sind dafür umso imposanter.

Künstlerisches Dorf (1)

Das Dorf Kamasan, 2 km nördlich von **Klungkung** (➤ 117), erlaubt Einblicke in die nur noch selten praktizierte Wayang-Malerei.

Künstlerisches Dorf (2)

Wer in **Tenganan** (➤ 113) den altmodischen Gamelan und den ebenso alten Tanz Rejang erleben darf, taucht in frühere Zeiten ein.

Erste Orientierung

Die Sonne blinzelt über dem Vulkan, Schwaden von Frangipaniduft wehen aus blühenden Gärten herbei und überflutete Reisterrassen schmiegen sich kunstvoll an grün bewaldete Bergflanken, die sich glitzernd im Wasser spiegeln. Ostbali ist einzigartig, »Balsam für die Seele« – friedvolle Ruhe erleben und neue Energie tanken, das kann man auf Bali vielleicht nirgendwo sonst so gut wie hier.

Lang gestreckte vulkanische Strände und versteckte Buchten gibt es überall entlang der Küste, wo geruhsame Ferienorte und grandiose Tauchspots einladen. Inseleinwärts schachteln sich Reisterrassen in immer frischer werdende Höhen. Malerische Dörfer lehnen sich an steile Bergflanken an und aus dem großen und dichten Grün tropischer Wälder genießt man ein ums andere Mal überraschende Blicke zur Küste hinunter, wo sich weiß schäumende Wogen über Korallenriffen brechen und am Horizont der gigantische Kegel des Gunung Rinjani über dem Tiefblau der Lombokstraße zu schweben scheint. Mit 3726 m ist dieser der zweithöchste Vulkan des indonesischen Archipels, er dominiert Lombok wie der 3142 m messende Gunung Agung den gesamten Osten von Bali. Von beinahe jedem Winkel ist die imposante Rundpyramide dieses heiligen Schichtvulkans zu erblicken. An seiner Südwestflanke thront der Pura Besakih, Tempel aller Tempel und Zentrum des religiösen Lebens auf Bali.

Allgegenwärtig – der Gunung Agung, der »hohe Berg« ist im Osten Balis fast immer zu sehen

TOP 10

Nicht verpassen!

Nach Lust und Laune!

In fünf Tagen

Traumhafte Strände, atemberaubende Surf-, Schnorchel- und Tauchspots, kulturelle Hochkaräter, kontrastreiche Ferienzentren und atemberaubend schöne Landschaften – so unterschiedlich die Eindrücke im Osten von Bali sind, so facettenreich fällt dieses fünftägige Programm aus. Ein Mietfahrzeug mit oder ohne Fahrer verschafft ab Padang Bai die nötige Mobilität. Wer wenig Zeit hat, kann die hier vorgestellten Inselexkursionen entweder komplett oder zumindest nach Nusa Penida auslassen und gleich über Klungkung nach Padang Bai fahren.

Erster Tag

Vormittags

Nehmen Sie eine der frühen Schnellboot-Verbindungen von Sanur (➤ 61; Transfer von allen Touristenzentren des Südens aus möglich) zur Insel **30 Nusa Lembongan** (➤ 118), wo Sie nach etwa 40 Minuten im Fährdorf Jungutbatu an Land gehen. Der Ort ist Ausgangspunkt für eine Bootsfahrt in die nördlich angrenzenden Mangrovenwälder; rechtzeitig zum Lunch am Dorfstrand geht es wieder nach Jungubatu zurück.

Nachmittags

Ein Mietmoped oder -fahrrad ist schnell gefunden. Auf lauschigen Wegen geht es bergauf, bergab über die Insel hinüber zur Hängebrücke nach **Nusa Ceningan** (➤ 119; oben), die man auf nahezu fahrzeugfreien Straßen umrunden kann. Wieder auf Nusa Lembongan geht es über Dream und Mushroom Beach nach Jungutbatu zurück, wo man problemlos eine Bleibe findet. Am und hinter dem Dorfstrand warten zahlreiche empfehlenswerte Restaurants, in denen man vorzugsweise Seafood und den Sonnenuntergang genießen kann.

Zweiter Tag

Wenn Zeit kein Problem ist, empfiehlt es sich, noch nach **29 Nusa Penida** (➤ 117) überzusetzen. Das erste Boot von Jungutbatu zur Nachbarinsel startet zwischen 7 und 8 Uhr, rund 30 Minuten dauert die Überfahrt nach Toyapakeh. Hier sollte man ein Moped mieten und die Insel umrunden.

Dritter Tag

Vormittags

Zumindest während der Saison verkehren mindestens ein- bis zweimal täglich von den beiden Inseln (Schnell-)Boote nach **25 Padang Bai** (➤ 111).

Ein paar Stunden wird man hier schon mit Strandleben und Schnorcheln verbringen. Zum Mittagessen geht es an die Strandpromenade.

Nachmittags

Weiter geht die Fahrt ins Ferienzentrum 31 **Candi Dasa** (➤ 119) und vor allem ins kulturell extrem spannende Dorf der Ureinwohner von Bali: 26 **Tenganan** (➤ 113). Zwei Stunden sollte man wenigstens fürs Sightseeing einplanen. Auf dem Rückweg zur Hauptstraße bietet sich ein Stopp in der **German Bakery** (➤ 114) an. Beenden sollten Sie den Tag in ★5 **Tirtagangga** (➤ 109) – nirgendwo sonst auf Bali residiert man schöner.

Vierter Tag

Vormittags

Der neue Tag beginnt mit einem Bad im herrlich kühlen Nass des Quellbeckens im Wasserpalast. Anschließend geht es über 32 **Amlapura** (➤ 119) nach 27 **Amed** (➤ 115), wo sich zahlreiche Restaurants fürs Mittagessen anbieten.

Nachmittags

Wer gerne schnorchelt oder taucht, sollte den Nachmittag unbedingt in bzw. vor 33 **Tulamben** (➤ 120) verbringen, den Abend und die Nacht dann nach Lust und Laune in Tirtagangga oder Amed.

Fünfter Tag

Vormittags

Der frühe Vogel fängt den Wurm … und sieht den atemberaubend schönen Sonnenaufgang über den Reisterrassen am Weg nach ★4 **Pura Besakih** (➤ 104). Auch hat man morgens die größte Chance, den Tempel und den Vulkan Gunung Agung ohne Wolken- und Nebelkleid sehen zu können. Am besten starten Sie schon gegen 8 Uhr mit der Besichtigung, die sich wahrscheinlich bis in die Mittagsstunden erstrecken wird.

Nachmittags

Nach einem Mittagessen im Mahagiri Panoramic Restaurant im nahen Rendang geht es wieder zurück nach Amed, von wo aus es sich anbietet, am kommenden Tag die Weiterreise gen Nordbali anzutreten. Wer hingegen eine Gipfeltour zum **Gunung Agung** (➤ 166) plant, sollte im nahen Selat übernachten.

4 Pura Besakih

An der Südwestflanke des Gunung Agung erstreckt sich auf fast 1000 m Höhe der oft in Wolken gehüllte Pura Besakih, der aus rund 30 Einzelkomplexen besteht. Er ist das Zentrum des religiösen Lebens auf Bali.

Der Ursprung dieses aus dunklem Lavagestein errichteten Terrassenheiligtums verliert sich im Dunkel der prähinduistischen Epoche. Wie heute angenommen wird, befand sich hier bereits in grauer Vorzeit eine Kultstätte zur Huldigung der Gottheit des Vulkans. Auf dessen Fundamenten soll dann gemäß einer Legende im 8. Jh. der erste hinduistische Schrein errichtet worden sein, der im 13. Jh. ausgebaut wurde und seit Ende des 15. Jhs. der Gelgel-Dynastie von Klungkung (➤ 117) als **Nationalheiligtum und Bestattungstempel** für die gottgleichen Könige diente. Seitdem unterhält hier jedes der alten Fürstengeschlechter einen eigenen Bezirk sowie jede Dorfgemeinschaft und jeder Klan einen Schrein, wenn nicht gar einen eigenen Tempel. Entsprechend viele Feierlichkeiten finden hier im nur 210 Tage zählenden »Balijahr« statt, angeblich sollen es mehr als 70 sein. Wer als Tourist das Glück hat, den »Muttertempel« während eines solchen Festes zu besuchen, kann sich unvergesslicher Eindrücke sicher sein.

Oft umhüllen Wolken und Nebel die insgesamt rund 200 Gebäude des Tempelkomplexes

Wundersame Tempelrettung

Das größte und wichtigste Tempelfest freilich werden wahrscheinlich nur die wenigsten Leser dieses Buches erleben können: **Eka Dasa Rudra**, bei dem das gesamte Universum im Laufe von zwei Festmonaten rituell gereinigt wird, wird nur alle 100 Jahre begangen – das nächste Mal im Jahr 2063. Und dann hoffentlich ohne vulkanische Zwischenfälle! Am zehnten Tag der letzten Jahrhundertfeier nämlich kam es im März 1963 zu einem gewaltigen Ausbruch des Gunung Agung, der bis dahin als erloschen gegolten hatte. Diese Katastrophe forderte auf ganz Bali mehr als 2500 Todesopfer, zerstörte Dutzende Dörfer und machte mehr als 300 000 Menschen obdachlos. Der Pura Besakih aber und mit ihm unzählige Gläubige, wurde verschont, da sich der todbringende Lavastrom kurz vor Erreichen der oberen Tempelmauer teilte.

Unvergessliche Bilder

Die Spuren dieses Lavastroms, der dann seitlich an der Tempelstadt vorbeifloss,

NEPPER, SCHLEPPER, BAUERNFÄNGER

Wo viel Licht ist, ist viel Schatten. Im Fall des Besakih-Tempels werden diese von ganzen Hundertschaften selbst ernannter Führer geworfen, die sich schon am Parkplatz auf jeden stürzen, der ohne Guide ankommt, und für unverschämt viel Geld ihre Dienste anbieten. Es gibt hier wie auch in der Shoppingallee zum Tempel kein Entrinnen – todsicher! Wer dann – mittlerweile wohl schon mächtig genervt – am Kassenhäuschen ankommt, wird von zertifizierten Angestellten empfangen, die Besuchern nun handfeste Lügen auftischen, z. B. dreist behaupten, dass man den Tempelbezirk nur mit Führer betreten darf (was definitiv stimmt!). Dabei rufen sie Preise von 500 000 oder gar 1 Mio. Rp auf, Summen, die von gutgläubigen Touristen auch schon bezahlt worden sind. Ebenso ist es gang und gäbe, Touristen durch Fälschung der Zahlen im Spendenbuch dazu zu verleiten, 100 000 Rp Spenden und mehr zu geben. Alles Lüge, nur der Eintritt in Höhe von 35 000 Rp ist zu zahlen.

kann man noch heute deutlich sehen. Überhaupt sollte man sich als Besucher nicht damit begnügen, »nur« einen Blick auf das Heiligtum zu werfen. Einmal rings herum sollte man im Sinne des Erlebens und Entdeckens schon gehen, wofür alles in allem etwa zwei bis drei Stunden einzuplanen sind. Los geht es am Parkplatz, von wo eine knapp 1 km lange und nahtlos von Souvenirshops gesäumte Allee in gerader Linie auf den Tempel zuläuft. Sie führt direkt zum **Pura Penataran Agung**, dem spirituellen Zent-

»Mutter aller Tempel«

Der als heilig verehrte Vulkan Gunung Agung gilt den Balinesen als Sitz der Götter und Mittelpunkt des Universums. So überrascht es kaum, dass hier die »Mutter aller Tempel«, der Pura Besakih, errichtet wurde. Exemplarisch für die mehr als 30 Einzelkomplexe ist hier das spirituelle Zentrum der Anlage dargestellt, der Pura Penataran Agung, in dem Sangyang Widi Wasa als Inkarnation Shivas verehrt wird.

1 Gespaltenes Tor: Über eine breit ausladende Freitreppe und durch ein »gespaltenes Tor« (Candi Bentar) gelangt man in den ersten von fünf Tempelbezirken, die durch unterschiedlich hohe Mauern aus Lavagestein voneinander getrennt sind. Links und rechts des Tors steht je ein Glockenturm (Kulkul); von hier aus kann man einen Blick in den Innenhof werfen, der von Nicht-Hindus nicht betreten werden darf.

2 Haupthof: Durch ein »gedecktes Tor« betritt man den zweiten Tempelbezirk mit dem Ehrensitz und einigen Bale (Pavillons), wo sich die Dorfältesten versammeln, bei Festen Gamelan-Orchester spielen oder Opfergaben vorbereitet werden. Hoch empor ragen ein elf- und ein neunstöckiger Meru.

3 Ehrensitz: Das bedeutendste Heiligtum des gesamten Tempelkomplexes von Besakih ist ein dreisitziger Lotosthron (Sanggar Agung). Dieser dient während des Bhatara Turun Kabeh, des farbenprächtigen Jahresfestes, Sangyang Widi Wasa in seiner Manifestation als hinduistische Trinität Brahma–Vishnu–Shiva als Ehrensitz.

4 Innere Höfe: Auf den höher gelegenen Terrassen stehen verschiedene Bale, die priesterlichen Ritualen vorbehalten sind, und einige drei- bis elfstufige Meru, Schreine für Götter, Ahnen und Geister.

5 Tempelschatz: Im sogenannten Kehen werden die Tempelschätze, u. a. alte Holzinschriften, aufbewahrt.

Pura Besakih

Vom gespaltenen Tor bietet sich ein herrlicher, weiter Blick auf die Umgebung

Mitunter geschmückte Steinfiguren flankieren das gesamte Areal

rum des gesamten Komplexes. Der Weg hinein ist durch ein gewaltiges **gespaltenes Tor** markiert – und auch wenn Sie als Tourist das Innere dieses Hauptheiligtums nicht betreten dürfen: Die Treppe hinauf zum Tor müssen sie einfach erklommen haben, bieten sich von dort aus doch herrliche Blicke ins Tempelinnere hinein sowie über das Kernland von Bali hinweg bis hinunter zum Meer. Das ist ein erster Höhepunkt, an den sich im Rahmen einer Tempelumrundung noch viele weitere anschließen. Insbesondere von der oberen Stirnseite der Anlage aus hat man den gesamten Tempelkomplex und halb Bali im Blick.

KLEINE PAUSE

Rund um den Parkplatz herrscht kein Mangel an Restaurants, aber dort ist es laut und die Preise sind hoffnungslos überzogen. Dann doch lieber ein wenig länger darben und warten, bis man auf der Rückfahrt vom Tempel ins rund 10 km südlich gelegene Rendang kommt. Dort nämlich lädt das inselweit bekannte **Mahagiri Panoramic Restaurant** (Tel. 0812 3814775, www.mahagiri.com, tägl. ab 8 Uhr) zu Speisen mit Blick auf den Agung zur einen und Reisterrassen zur anderen Seite ein. Das ist ein Highlight und die 110 000 Rp unbedingt wert, die das gut bestückte Mittagsbuffet der indonesischen Küche kostet (wohnen kann man hier auch, aber die Zimmer sind in die Jahre gekommen und nicht immer sauber).

---

188 C2 tägl. 8–18 Uhr 35 000 Rp (plus freiwillige Spende)

BAEDEKER TIPP

- Morgens hat man rund ums Jahr die größte Chance, Tempel und Vulkan **ohne Wolken und Nebel** sehen zu können – entsprechend sollten Sie möglichst schon gegen 8 Uhr mit der Besichtigung loslegen.
- Alljährlich im März/April wird am Besakih-Tempel das ungemein farbenprächtige Jahresfest **Batara Kurun Kabeh** begangen. Bei diesem steigen alle Götter, denen auf Bali gehuldigt wird, vom Gunung Agung herab, um hier die Opfergaben entgegenzunehmen, die ihnen von Zigtausenden Gläubigen innerhalb des Festmonats dargeboten werden.

5 Tirtagangga

Dass die Wirklichkeit mitunter schöner sein kann als ihr Abbild auf Postkarten, davon kann man sich rund 6 km nordwestlich der Stadt Amlapura überzeugen. Dort gelangt man zum Wasserpalast Tirtagangga, einem Juwel der Gartenbaukunst mit einem einzigartigen Ausblick über Reisterrassen aufs 400 m tiefer, aber nur wenige Kilometer entfernt gelegene Meer und bis zur Nachbarlnsel Lombok.

Dieser Ausblick hat es auch dem letzten Raja von Amlapura angetan. Als Ausdruck fürstlicher Grandezza ließ dieser den Wasserpalast Tirtagangga – der Name bedeutet übersetzt »Wasser des Ganges« – errichten. Aber auch

Zig Figuren und Fabelwesen zieren die Becken von Tirtagangga

der ferne heilige Fluss konnte nicht verhindern, dass der Palast beim letzten Ausbruch des Gunung Agung 1963 in Schutt und Asche gelegt wurde. Dank aufwendiger Restaurierungsarbeiten, bei denen man großen Wert auf Originaltreue legte, erstrahlt das Refugium inzwischen wieder in alter Pracht. Die einzigen Schatten, die auf diesen herrlichen Ort fallen, werden von den Touristenscharen geworfen, die hier im Rahmen von Inselrundfahrten tagtäglich zwischen ca. 11 und 14 Uhr einfallen.

Doch selbst dann ist es ein unvergleichlich majestätisches Gefühl, in den **Badebecken** des ehemaligen Lustschlosses seine Bahnen durchs erfrischend kühle und obendrein verjüngende und heilkräftige Nass zu ziehen, vorbei an steinernen Wasserspeiern, Figuren und Fabelwesen, während ein gewaltiger Banyan-Baum angenehmen Schatten spendet. Gegen das »Erlebnis Wasserpalast«, bei dem

Jung und Alt besonders am Wochenende für ungemein ausgelassene Stimmung sorgen, verblassen selbst die erlesensten Pool-Landschaften der balinesischen Fünf-Sterne-Häuser.

Das vielleicht ungewöhnlichste Freibad der Welt: aus fantastischen Wasserspeiern sprudelt das erfrischende Nass

So weit die Füße tragen
Wer der mittäglichen Rushhour dennoch entgehen möchte, kann das Bad auf den Vor- oder Nachmittag verlegen und die restliche Zeit des Tages für Ausflüge in die sowohl landschaftlich wie auch kulturell ungemein reizvolle Umgebung nutzen. Besonders Wanderungen bieten sich an – viele kleine Pfade, Wege und wenig frequentierte Straßen gibt es, die sich im Zickzack zwischen Reisfeldern dahinschlängeln, zu geradezu magisch schönen Aussichtspunkten aufsteigen, zu vergessenen Tempeln und malerischen Dörfern führen.

Selbst für längere Touren empfiehlt sich die Gegend, nicht zuletzt nach Tenganan (► 113), wohin man hin und zurück einen fantastisch abwechslungsreichen Tag lang unterwegs ist. Auch der Aufstieg auf den Gunung Agung (► 166) ist von hier aus möglich. Doch nicht allein, ist doch der Weg, wie die meisten anderen Wege auch, ohne ortskundigen Führer kaum zu finden.

KLEINE PAUSE
Suchen Sie etwas Schickeres als einfache *warungs*, von denen es am Parkplatz vor dem Taman Tirtagangga gleich mehrere gibt, möchten wir zwei Empfehlungen aussprechen. Zum einen das **Tirta Ayu** (► 124) direkt über dem Wasserpalast, zum anderen das romantisch zwischen Reisfeldern gelegene **Puri Sawah** (► 124), das sich für außerordentlich leckere balinesische Gerichte wie auch seine Fusionsküche empfiehlt.

---

189 E2 www.tirtagangga.nl tägl. 7–18 Uhr 20 000 Rp, Badeerlaubnis 10 000 Rp

BAEDEKER TIPP

Schönere Ausblicke genießt man vielleicht nirgends auf Bali – und auch nirgendwo sonst wohnt man vielleicht panoramareicher als hier, wo das brodelnde Treiben Südbalis wie auch das Kulturspektakel Zentralbalis Lichtjahre entfernt scheinen. Tirtagangga gilt vielen als das **schönste Refugium** der Insel. Wer also ein möglichst ursprüngliches und unverfälschtes Bali sucht, ohne auf eine touristische Infrastruktur komplett verzichten zu müssen, ist hier genau richtig.

25 Padang Bai

Gänzlich unberührte Strände wird man auch in und um Padang Bai keine mehr finden, doch einen Touch der »guten alten Zeit«, als ganz Bali noch fest in Händen von Rucksackreisenden war, ist hier konserviert worden.

Folgerichtig besitzt dieses angenehm kleine Fischer- und Strandstädtchen, das zugleich Fährverbindungshafen nach Nusa Penida und Nusa Lembongan, nach Lombok und zu den Gili-Inseln ist, den Ruf, das letzte Backpacker-Paradies der Insel zu sein. Wenngleich das stark übertrieben ist, ist es unverkennbar, dass sich die Klientel dieses recht charmanten Großdorfs viel mehr dem Müßiggang widmet, als man es von anderen Ferienzentren auf Bali gewohnt ist. In kleinen *warungs* und Cafés sucht man bei einem Glas Mangosaft oder einem kühlen Bier Kontakt zu den Einheimischen, übernachtet in kleinen und vergleichsweise supergünstigen Unterkünften, liest einen Schmöker nach dem anderen, stöbert in Läden nach Souvenirs und Strandaccessoires und gibt sich ansonsten dem ausgiebigen Sonnenbad hin.

Strände der Umgebung

Dies aber nicht direkt im Ort, dessen zu Dreiviertel geschlossene halbmondförmige Bucht zwar sauberes Wasser und auch einen Sandstrand, aber keine Ruhe bietet. Denn ein Großteil der Bewohner lebt auch heute noch vorwiegend vom Fischfang und Hunderte bunt bemalter Ausle-

Balinesisches Strandidyll findet man etwas außerhalb von Padang Bai

gerboote dümpeln entsprechend im flachen Wasser oder liegen am Strand, wo tagaus, tagein Fischladungen gelöscht und Netze geflickt werden. Auch die Muschelbänke im stark von den Gezeiten abhängigen Wasser sind nicht ohne – und so zieht es die Besucher zu den Stränden der näheren Umgebung, die allesamt zu Fuß erreicht werden können.

Der Fischerort selbst empfiehlt sich für einen abendlichen Spaziergang

Der idyllischste und mit Abstand populärste ist der **Blue Lagoon Beach**, der ein paar Hundert Meter nordöstlich der Dorfbucht am offenen Meer liegt und in wenigen Gehminuten erreicht wird (Hinweisschildern folgen). Der Name der Bucht ist Programm, in Blautönen schimmert das Meer, während der helle Sand das Sonnenlicht reflektiert. Sofern der Wellengang es zulässt, kann man gut bodysurfen, bei weniger Brandung herrlich baden und über einem vorgelagerten Korallenriff auch schnorcheln.

Die Strömungen gilt es jedoch immer zu beachten, hier wie gerade auch am rund 1,5 km südlich von Padang Bai gelegenen **White Sand Beach**, der den Balinesen eher als Pantai Bias Tugal bekannt ist. Zum Baden und vor allem Bodysurfen eignet sich der Strand gut, Schnorcheln hingegen lässt die vorwiegend hohe Brandung nicht zu.

KLEINE PAUSE

Entlang der **Strandpromenade Jl. Silayukti** buhlen zahlreiche Cafés und Restaurants um Kundschaft. Wer Appetit auf frischen Fisch verspürt, steuert am besten das **Depot Segara** (➤ 124) an.

---

192 B4

BAEDEKER TIPP

Padang Bai ist (neben Sanur) der Haupthafen für die Überfahrt nach **Gili Trawangan** (➤ 173), zahlreiche Anbieter von Ausflügen finden sich im Ort. Am verlässlichsten und schon seit vielen Jahren im Rennen ist **Perama Tours & Travel** (Dona Restaurant, Padang Bay, Tel. 0363 41419); die Passage muss mindestens einen Tag vorher gebucht werden, was entweder online oder telefonisch unter der Nummer 0361 750808 möglich ist.

26 Tenganan

Tenganan ist ein ganz besonderer Ort, leben hier doch die Nachfahren der balinesischen Ureinwohner. Diese Bali Aga (Altbalinesen) betrachten sich selbst als direkte Nachfahren des Gottkönigs Indra und sind bekannt dafür, äußerst konservativ zu sein.

Entsprechend traditionell präsentiert sich das rund 300 Einwohner zählende Dorf, das für motorisierte Fahrzeuge gesperrt ist und das man noch in den 1960er-Jahren nur mit einer Sondergenehmigung betreten durfte. Auch nachdem man sich inzwischen dem Tourismus und diversen modernen Annehmlichkeiten geöffnet hat, steht noch immer ein **kompliziertes Ritualsystem** im Mittelpunkt dieser eigenständigen Gesellschaft, die nach wie vor nach Regeln lebt, die nur hier Gültigkeit haben. So sind Eheschließungen nur innerhalb des Dorfes erlaubt, wird der erwirtschaftete Profit unter allen Mitgliedern aufgeteilt und gibt es keinen privaten Landbesitz.

Einmalige Traditionen

Auch werden die Reisfelder des Dorfes nicht selbst bewirtschaftet, sondern gegen Pacht von »normalen« Balinesen aus den Nachbardörfern, damit sich die »Lieblinge der Götter« ganz der Bewahrung alter Traditionen und handwerklicher Künste widmen können. Berühmt, weil weltweit nur hier zu finden, sind die **Geringsing-Webarbeiten**, die im Doppel-Ikat-Verfahren hergestellt werden; in herausragenden Einzelstücken kann bis zu zehn Jahre Arbeit stecken. Trotz ihrer extrem hohen Preise sind diese Webarbeiten heute ein begehrtes Souvenir und entsprechend viele Shops im Ort bieten diese obendrein gegen schwarze Magie schützenden Stoffe an, wobei man sich als Laie natürlich nie ganz sicher sein kann, ob die angebotene Ware nicht »Made in Irgendwo« ist.

Insbesondere die in den Shops am Parkplatz vor dem Dorf ausliegenden Stücke sollen zumindest zweite Wahl sein. Das wissen die Touristenführer zu erzählen, die sich an jeden hängen, der sich dem Dorf nähert. Das kann nervig sein, doch auch hilfreich, will man mehr über die religiösen und kulturellen Traditionen von Tenganan erfahren. So ist es keine schlechte Idee, sich auf einen **geführten Dorfrundgang** einzulassen, der übrigens

Im Juni/Juli begehen die Bali Aga das Fest Mekare Kare; zu diesem gehört das Fruchtbarkeitsritual, bei dem junge Männer mit Pandanusblättern aufeinander einschlagen

nicht – wie immer wieder zu lesen ist und wie auch manche Guides behaupten – obligatorisch für ausländische Besucher ist.

KLEINE PAUSE

Am Parkplatz vor dem Eingang ins Dorf finden sich zahlreiche einfache Warungs für Speis und Trank, doch wesentlich schöner, ruhiger und ganz untouristisch pausiert es sich in der **German Bakery** (Desa Nyuh Tebel, Tel. 0363 41883, tägl. ab 8 Uhr), wo sich heimwehkranke Touristen bei deutschem Frühstück und deutscher Hausmannskost wohl fühlen.

192 C5

In kleinen Werkstätten im Dorf werden die kostbaren Geringsing-Webarbeiten hergestellt

BAEDEKER TIPP

- Bei Betreten des Dorfes wird am Kassenhäuschen um eine **Spende** gebeten und das Spendenbuch gezeigt, damit man sieht, was andere gegeben haben. 100 000 Rp oder auch schon mal 200 000 Rp sind darin notiert, was durch großzügiges Hinzufügen von Nullen an die eigentliche Spende entsteht. 15 000 Rp sind definitiv o. k.
- Tenganan kann von Tirtagangga (➤ 109) aus auch im Rahmen einer **Wanderung** erreicht werden, auch von Candi Dasa (➤ 119) führt ein Pfad innerhalb von etwa drei Stunden nach Tenganan. Beide Wege sind ohne ortskundigen Führer, die vor Ort u. a. von Unterkünften und Restaurants vermittelt werden, kaum zu finden.
- Der größte und dank tatsächlich praktizierter Nachhaltigkeit empfehlenswerteste Anbieter von geführten Tagestouren in Tenganan ist **JED Village Ecotourism Network** (www.jed.or.id, Tel. 0361 3669951 und 0813 38427197). Alle Touren werden von Führern aus Tenganan geleitet, auf Wunsch kann man sie mit einer mehrstündigen Wanderung in den Ort verbinden. Auf jeden Fall lernt man das Dorf und seine Traditionen intensiv »von innen« kennen. Nicht ganz ohne sind die Preise, die bei rund 75 US$ pro Person liegen (inkl. Transport ab Ubud oder Südbali).

27 Amed

Nur 14 km liegen zwischen Tirtagangga (➤ 109) und Amed – doch so kurz die Distanz, so machtvoll ist der Wechsel aus der Landschaft der üppig grünen Reisterrassen dort zu dem semiariden und von Kakteen geprägten Küstenstreifen hier. Dessen Schätze liegen unter Wasser. Die voller Leben steckenden Korallen und ein sprichwörtlicher Fischreichtum schaffen beste Voraussetzungen, um schnorchelnd oder tauchend das ganze Kaleidoskop der tropischen Meeresexotik einzufangen.

Amed, Sammelbegriff für die **kleinen Fischerdörfer** zwischen dem eigentlichen Amed-Dorf im Norden und dem Selang-Dorf im Süden, liegt im Regenschatten des Gunung Agung, weshalb die Gegend unfruchtbare Böden hat, von jeher sehr arm war und vor allem vom Fischfang lebte. Der Tourismus ist entsprechend eine willkommene Einnahmequelle und langsam, aber sicher mausert sich die bislang lediglich Insidern und Tauchern bekannte Region zu einem neuen Ferienzentrum.

Die hiesigen Strände allerdings, auf denen bunt bemalte Fischerboote für Farbtupfen sorgen, sind grau bis schwarzsandig, mal auch kieselig, dabei nicht kilometerlang gestreckt, sondern in Buchten geschmiegt. Dort laden längst Dutzende Unterkünfte und Restaurants aller Couleur ein, doch steckt die Infrastruktur ansonsten noch in den Kinderschuhen. Wer Geschäfte und ein brodelndes Nachtleben sucht, ist hier fehl am Platz.

Filigrane Unterwasserwelten

Für Schnorchler und Taucher hingegen ist Amed »das gelobte Land«: Wunderschöne **Korallengärten** mit Weich- und Hartkorallen und Heerscharen schillernder Meeresgeschöpfe liegen teils zum Greifen nah direkt vor den Stränden. Insbesondere im geschützten **Jemeluk Sea Garden**, nur einen Katzensprung vom Amed-Dorf entfernt, wird Schnorcheln zu einer ästhetischen Erfahrung, während Taucher eher vor **Lipa** und **Selang** finden, was sie suchen. Und natürlich vor **Tulamben** (➤ 120), das etwa 20 Fahrminuten entfernt ist und als zweitpopulärster Tauchspot der Insel nicht nur zum Wracktauchen einlädt.

KLEINE PAUSE

Möglichkeiten zur Einkehr gibt es unzählige, aber versuchen Sie doch mal die außerordentlich leckeren vegetarischen Ayurveda-Gerichte mit Zutaten aus ökologischem Anbau im **Aiona – Garden of Health** (mittags 12–15 Uhr; ➤ 123), zu dem auch ein mit viel Liebe gemachtes kleines **Muschelmuseum** (tägl. 14–16 Uhr und nach Absprache, Eintritt 20 000 Rp) gehört.

Nächste Seite: Bunt schillert die Unterwasserwelt vor Amed

---

189 E2

BAEDEKER TIPP

- Eine **Bank** gibt es nicht in Amed und den anderen Strandorten; und die Geldwechsler, die sich reichlich finden, nehmen hohe Provisionen. Es gibt aber in Amed mehrere **Geldautomaten**.
- Von Amed aus verkehrt täglich das Schnellboot von **Gili Sea Express** (www.gili-sea-express.com) nach **Gili Trawangan** (➤ 173); die einfache Fahrt kostet 49 US$, hin und zurück 89 US$; man kann online buchen und auch bezahlen.
- **Schnorchelausrüstungen** kann man in allen Unterkünften und vielen Restaurants für etwa 45 000 Rp pro Tag ausleihen; überall werden **geführte Schnorchel- oder Tauchtrips** angeboten.

Nach Lust und Laune!

28 Klungkung (Semarapura)

In **Gelgel**, unmittelbar südlich von Klungkung, gründete die vor dem vordringenden Islam geflohene hinduistische Elite der Nachbarinsel Java im frühen 16. Jh. das älteste balinesische Fürstenhaus, deren Herrscher sich bis ins 18. Jh. hinein als »Dewa Agung«, »erhabener Gott«, bezeichneten. In der Folge zerfiel das Reich, es kam zur Invasion der Niederländer. Als diese 1908 die Stadt angriffen, wusste sich der Raja keinen anderen Rat mehr, als sich mitsamt seinem gesamten Hofstaat in den *puputan*, den rituellen Selbstmord, zu stürzen. Wer dennoch überlebte, wurde von den Niederländern getötet, die auch den Fürstenpalast wie überhaupt alle repräsentativen Gebäude zerstörten.

Heute ist Klungkung, das 1995 offiziell in Semarapura umbenannt wurde, die Hauptstadt der Region Ostbali. Einzige Relikte aus dem goldenen Zeitalter sind der im Zentrum gelegene **Taman Gili**, der »Garten der Insel«, mit dem prächtigen »schwimmenden Pavillon« **Bale Kembang** sowie der aus dem 18. Jh. stammende Gerichtshof **Kerta Gosa**. Beide Gebäude weisen im Dachstuhl wunderbare Malereien auf; in der Kerta Gosa zeigen diese die Freuden des Paradieses und – sehr drastisch vor Augen geführt – die Schrecken der Hölle.

Rund 12 km östlich von Klungkung liegt die von Zigtausenden Fledermäusen bewohnte Grotte **Goa Lawah** (tägl. 8–18 Uhr).

192 A4

Klungkung Government Tourism Office
Jl. Untung Surapati 3
0366 2 14 48

Man mag es sich nicht vorstellen – Höllenqualen in der Kerta Gosa

Taman Gili
Jl. Puputan **tägl. 9–17 Uhr** **15 000 Rp**

29 Nusa Penida

So kurz die Distanz von der Südostküste Balis zu dieser rund 8 km weit vorgelagerten Insel, so machtvoll ist der Wechsel von den üppigen Tropen dort zu der unfruchtbaren Karstlandschaft hier. Bei dem etwa 20 km langen und 12 km breiten Eiland handelt es sich um ein Korallenkalkplateau, das besonders zur Südseite hin bis zu 300 m hohe, spektakuläre Klippen bildet. Schneeweiße Strände und famose Tauchspots sind ein weiteres Highlight der nur etwa 48 000 Einwohner zählenden Insel, die touristisch noch in den Kinderschuhen steckt, da sie von den meisten Urlaubern lediglich im Rahmen eines Tagesausflugs ab Sanur (➤ 61) oder Nusa Lembongan (➤ 118) besucht wird.

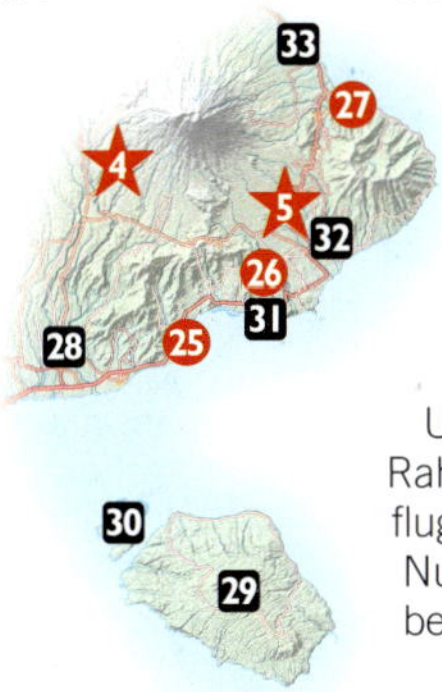

Grüner Kontrast zu Stränden und Tauchspots – die Mangroven von Lembongan

Hauptfährhafen der Insel ist das recht malerisch an einem schönen Sandstrand gelegene Fischerdorf **Toyapakeh**, das mehrere einfache Unterkünfte und ein Tauchzentrum aufweist. Auch Motorräder kann man ausleihen; eine Inselumrundung nimmt etwa einen halben Tag in Anspruch. Die mitunter ziemlich desolate, aber landschaftlich recht eindrucksvolle Straße folgt im Norden und Osten der Küste, streift mehrere Sandstrände und verläuft dann in einem weiten Bogen durch das hügelige und bis über 500 m hoch ansteigende Inselinnere wieder zum Ausgangspunkt zurück. Am Weg liegen zahlreiche kleine Dörfer, Tempel und Aussichtspunkte. 6 km südlich des Hauptdorfes Sampalan gelangt man zum Heiligtum **Goa Karangsari** (auch: Goa Giri Putri), einer etwa 400 m langen und bis zu 15 m hohen Höhle, die in einem Ausgang in einer steilen Felswand mit weitem Blick übers grüne Tal mündet; vor dem Eingang rechts der Straße warten meistens ein paar Einheimische mit Taschenlampen, die sich als Führer anbieten (um 30 000 Rp).

Rund 10 km südlich von Toyapakeh erreicht man das Dorf Sakti, von wo es über eine teils sehr schlechte Stichstraße zum blendend weißen und von Palmen gesäumten **Crystal Bay Beach** geht. Ein paar *warungs* sorgen fürs leibliche Wohl und verleihen auch Ausrüstungen zum Schnorcheln. Direkt dem Strand vorgelagert ist ein Korallenriff von bezaubernder Schönheit!

✚ 192 B/C1/2

30 Nusa Lembongan

Nusa Lembongan, nur etwa 1 km nordwestlich von Nusa Penida gelegen, ist gerade einmal 8 km² groß; rund 5000 Einwohner verteilen sich auf drei Dörfer. Markenzeichen des Inselchens sind seine extrem raue Brandung, die Surfer aus aller Welt anlocken, seine atemberaubenden Tauch- und Schnorchelspots sowie seine attraktiven Buchten (die aber mit wenigen Ausnahmen nicht zum Baden geeignet sind).

»Entdeckt« wurde Nusa Lembongan schon in den 1980er-Jahren, doch bis vor Kurzem blieben die Unterkünfte recht spartanisch. Inzwischen sind Dutzende Resorts aller Kategorien entstanden und dank steigender Touristenzahlen wird noch immer fleißig gebaut. Der Großteil der Besucher kommt gleichwohl im Rahmen eines Tagesausflugs ab Sanur (► 61) auf die Insel. Dabei wird meistens an den schönsten Schnorchelspots und Stränden angelegt, die sich im Süden und Südwesten der Insel erstrecken. Besonders beeindruckend sind der halbmondförmige **Mushroom Beach** (mit einem vorgelagerten Garten aus Pilzkorallen), der durchaus traumhafte **Dream Beach** sowie der kilometerlange und bei Surfern beliebte Strand vor dem Fähr- und touristischen Hauptdorf **Jungutbatu**. Hier sitzen einige Tauchzentren und starten organisierte Bootstouren in die nördlich angrenzenden **Mangrovenwälder** (50 000–100 000 Rp pro Pers.).

Wer die nahezu autofreie Insel erkunden und dies nicht zu Fuß tun will, sollte ein Fahrrad oder Motorrad leihen (Wegskizzen halten die meisten touristischen Einrichtungen in Jungutbatu bereit). Eine schmale Hängebrücke führt hinüber zum Schwesterinselchen **Nusa Ceningan** (Abb. ➤ 102) zwischen Lembongan und Penida. Auch hier laden ein paar Unterkünfte und Restaurants, versteckte Buchten und die von wilden Klippen eingerahmte Blue Lagoon am Südzipfel zum Verweilen ein.

192 A2/3

31 Candi Dasa

»Es war einmal ein weltentrückter Traumstrand mit Sand so weiß wie Schnee. Er lag im Palmensaum vor einem üppig blühenden Korallengarten mit Wasser so klar, dass man vom Ufer aus noch die Taschenkrebse in der Tiefe ausmachen konnte …« So oder so ähnlich könnte ein Märchen anfangen – und für die ersten Touristen, die in den 1970er-Jahren den Weg hierher fanden, wurde es wahr. Doch plötzlich war der Ort mit dem kleinen Fischerdorf in aller Munde, ein zweites Kuta war entdeckt und so ging es ans Bauen. Als Baumaterialien verwendete man auch die Korallen des vorgelagerten Riffs. In der Folge begann das Meer den Strand zu fressen und als man dem Korallenbau-Wahnsinn 1991 endlich Einhalt gebot, war der Strand beinahe komplett verschwunden. Und weil die Investoren Angst hatten, dass auch ihr angrenzendes Land ein Opfer der Fluten würde, wurden Tetrapoden aus Beton ins Meer gesetzt, was der Optik nicht gerade zuträglich war.

So bleibt ein Handicap, das der lebhafte und noch recht unverdorbene Urlaubsort mit sich herumschleppt. Dank einer recht ordentlichen Infrastruktur und vergleichsweise zwanglosen und ruhigen Urlaubsatmosphäre kann Candi Dasa aber durchaus ein Etappenziel auf einer Reise durch Ostbali sein oder auch als Ausgangspunkt für Erkundungen in diesem Teil der Insel dienen.

192 C4

32 Amlapura

Unter dem Namen Karangasem war das Städtchen dank seiner Kollaboration mit den Niederländern Zentrum des reichsten und mächtigsten Fürstentums der Insel. Entsprechend prächtig soll es ausgesehen haben, bis es dem Ausbruch des Gunung Agung 1963 komplett zum Opfer fiel. Wiederaufgebaut wurde es in Amlapura umbenannt, da nach balinesischem Glauben ein Neubeginn

Rund um Candi Dasa gibt es üppige Lotosblumenfelder

auch durch einen neuen Namen symbolisiert werden muss.

Was auf dem Reißbrett entstand, ist nicht unbedingt sehenswert. Nur der alte, renovierte Fürstenpalast **Puri Agung Karangasem** macht da eine Ausnahme, denn in ihm vereinen sich europäische, balinesische und chinesische Stilelemente zu einem baliweit einzigartigen Ensemble. Auch mehrere Innenräume und eine interessante Sammlung alter Fotos können besichtigt werden.

Von Amlapura aus lohnt ein Abstecher zum 4 km entfernten Wasserpalast **Puri Taman Ujung** (tägl. 8–19 Uhr), der unlängst komplett restauriert wurde.

189 E1

Karangasem Government Cultural & Tourism Office
Jl. Diponegoro 0363 2 11 96, www.tourism.karangasemkab.go.id

Puri Agung Karangasem
Jl. Sultan Agung, www.purikarangasem.com
tägl. 8–18 Uhr 20 000 Rp

33 Tulamben

Die prächtigen Schnorchel- und Tauchbedingungen sind es, die einen Abstecher in diesen kleinen Küstenort rechtfertigen. Dieser liegt inmitten einer steppenartigen und vorwiegend mit sukkulenten Pflanzen bewachsenen Halbwüstenlandschaft an einem grau-schwarzen Kies- und Steinstrand. Spuren der Agung-Eruption von 1963 prägen die gesamte Umgebung, weshalb sich die einzige echte Attraktion unter Wasser befindet.

Wer also auf Tauchstation geht, wird mit dem Anblick farbenprächtiger Korallengärten, faszinierender Drop-offs, gewaltiger Fischschwärme und vor allem des Wracks des amerikanischen Handelsschiffes »Liberty« belohnt, das seit dem Zweiten Weltkrieg auf 10–30 m tiefem Grund liegt. Und das nur etwa 100 m vor der Küste, weshalb dieses Highlight auch von Schnorchlern bewundert werden kann; das korallenbewachsene und in Stücke zerborstene Wrack von Innen zu begutachten, bleibt freilich den Tauchern vorenthalten. Da aber genau das die allermeisten Besucher wollen, ist die Infrastruktur des Ortes voll und ganz auf Taucher ausgerichtet, von denen sich mitunter über hundert gleichzeitig am Wrack tummeln.

189 E3

Auch die gefährdete Suppenschildkröte (Chelonia mydas) lässt sich vor Tulamben blicken

Wohin zum ...
Übernachten?

Preise
für ein Doppelzimmer pro Nacht:
€ unter 750 000 Rp €€ 750 000–1,5 Mio. Rp €€€ über 1,5 Mio. Rp

AMED

Aiona – Garden of Health €/€€
Die vom Nachhaltigkeitsgedanken getragene Öko-Lodge unter Schweizer Leitung liegt inmitten eines wunderschönen Gartengrundstücks mit lauschigen Sitzplätzen direkt hinter dem Strand. Man fühlt sich vom ersten Moment an willkommen und will schon bald gar nicht mehr weg. Das ist auch der Besitzerin Rahel zu verdanken, die sich rührend um ihre Gäste kümmert. Und natürlich den Bungalows bzw. Häusern, die vermietet werden: Ein jedes ist individuell mit viel Liebe rustikal-gemütlich eingerichtet. Gleiches gilt für das angeschlossene Restaurant. Das gesamte Terrain wurde zur rauchfreien Zone erklärt.
189 F2 Bunutan 0813 38 16 17 30, in der Schweiz +41 76 4 02 88 71, www.aionabali.com

Blue Moon Villas €€/€€€
Von den schick-eleganten Villen und Penthouse-Zimmern dieses kleinen Boutique-Resorts genießt man ebenso wie vom Restaurant und den drei Pools aus einen Traumblick aufs Meer.
189 F2 Selang 0363 2 14 28, www.bluemoonvillas.com

CANDI DASA

Dutzende Anlagen aller Komfortklassen stehen zur Auswahl, vor allem im mittleren und oberen Segment. Da aber das Touristenaufkommen moderat ist, kann man hier mit ein wenig Handeln auch oft noch kurzfristig ein Schnäppchen ergattern.

Anom Beach Inn €
Auf einem 3000 m² großen Gartengrundstück kann man zwischen acht Zimmern in sechs Komfortstufen und 16 auffallend großen und komfortabel-modernen Bungalows wählen (am romantischsten sind die zweistöckigen Reisspeicher). Die intime kleine Anlage grenzt unmittelbar an den Strand, hat einen Pool und ein sehr günstiges Restaurant mit Seeblick. Es werden Touren mit und ohne Fahrer angeboten (mit Fahrer 30 €/Tag). Der Besitzer hat übrigens in Deutschland studiert und spricht fließend Deutsch.
192 C4 0363 4 19 02, www.anom-beach.de

Bali Santi €/€€
Nahe dem Abzweig der Stichstraße nach Tenganan liegt direkt am Strand dieser Oldtimer mit unlängst komplett renovierten wie auch mehreren neuen Steinbungalows in drei Kategorien. Geschmackvoll und modern-balinesisch eingerichtet, große Glasfronten, teils direkt mit Meerblick, den man auch vom Restaurant sowie vom Pool genießen kann. Wesentlich günstiger, wenn man über ein Onlineportal bucht.
Goutama 0363 4 16 11, www.balisanti.com

NUSA LEMBONGAN

Harta Lembongan Villas €
Die nahe der Mushroom Bay gelegene und erst im Sommer

2015 eröffnete Anlage vermietet wunderschöne Bungalows, die aus natürlichen Baustoffen im Reisspeicherstil errichtet wurden und einen Swimmingpool u-förmig einrahmen. Zum Strand sind es nur ein paar Gehminuten.
192 A2/3 821 46 27 76 40, www.hartalembonganvillas.com

Naturale Villas & Huts €€
Die kleine, privat geführte Öko-Bungalowanlage präsentiert sich als gepflegte Gartenoase. Die Holzbungalows haben große Terrassen mit gemütlichem Sitzbereich und blicken ins Grüne oder aufs Meer.
192 A2/3 0821 45 86 11 36, www.naturalevillas.com

Tamarind Beach €/€€
14 Steinbungalows in drei verschiedenen Kategorien, wobei die der mittleren (Deluxe) mit 60 m² Fläche das beste Preis-Leistungs-Verhältnis bieten. Direkt über dem (zum Baden nicht gut geeigneten) Strand liegt der Pool der Anlage.
192 A2/3 0361 8 57 25 72, www.balitamarind.com

PADANG BAI

Da hier die meisten Touristen nur durchreisen und der Ort eher auf Backpacker eingestellt ist, gibt es lediglich zwei Resorts, aber sehr viele schlichte Bungalowanlagen in der Preisklasse zwischen 10 und 20 €.

Blue Lagoon Villa €€€
Hoch über dem Blue Lagoon Beach gelegene Öko-Boutique-Lodge, deren 25 Villen eine Aussicht vom Allerfeinsten genießen. Auch vom Pool und Restaurant aus kann man sich am Panorama nicht sattsehen. Zwar ist der Preis für balinesische Verhältnisse – eine Villa für bis zu 4 Personen kostet rund 100 € pro Nacht – nicht gerade günstig, doch absolut gerechtfertigt. So möchte man nicht nur Urlaub machen, so möchte man wohnen!
192 B4 Jl. Silayukti 0363 4 12 11, www.bluelagoon.com

TIRTAGANGGA

Cabe Bali €€
Ca. 15 Gehminuten vom Wasserpalast entfernte Anlage mit großen und tipptopp gepflegten Steinbungalows unter deutsch-indonesischem Management. Die Breitwandblicke von den Bungalows, dem Pool und dem Restaurant-Pavillon auf die umgebenden Reisfelder sind atemberaubend. Da bleiben die meisten Gäste länger als geplant. Für Wanderungen werden Führer vermittelt.
189 E2 0363 2 20 45, www.cabe-bali.de

Tirta Ayu Hotel & Restaurant €€€
In dem Resort, das auf den Fundamenten des ehemaligen Raja-Palasts errichtet wurde, logiert man wahrhaftig fürstlich. Es grenzt direkt oberhalb an das eigentliche Wasserschloss an. Vom Restaurant aus genießt man ein absolutes Traumpanorama über die Wasserbecken und Gärten. Die fünf Villen sind luxuriös und gemütlich im balinesischen Stil eingerichtet und mit Antiquitäten ausgestattet – sie bieten alles, was man sich als verwöhnter Reisender nur wünschen kann. Es werden auch Massagen und Kochkurse angeboten und natürlich steht auch ein Pool zur Verfügung.
189 E2 0363 2 25 03, www.hoteltirtagangga.com

Villa Mega View €€
Nomen est omen: Der Ausblick von den vier inmitten von Reisfeldern gelegenen Wohneinheiten könnte schöner nicht sein. Man kommt und ist begeistert. Von der Aussicht, den schick-modern eingerichteten Apartments, dem Pool … ach, einfach von allem.
189 E2 81 23 91 53 32, keine eigene Website, Reservierung über alle gängigen Buchungsportale

TULAMBEN

Tauch Terminal Tulamben €€/€€€

Von allen Tauchzentren in Tulamben ist das von einem Deutschen geführte Tauch Terminal das älteste und zugleich auch dasjenige, das von Kunden die meisten positiven Bewertungen erhält. Die Anlage erstreckt sich direkt hinter dem Strand in einer gepflegten Gartenanlage, zu der auch zwei große Swimmingpools gehören, und bietet sowohl Bungalows als auch Zimmer (alle mit Garten- und Meerblick). Der Standard entspricht gehobener Mittelklasse, auch ein Restaurant sowie eine Bar sind angeschlossen. Wer hier wohnen und auch tauchen will, kann aus mehreren preisgünstigen Paketen wählen.

189 E3 ☎ 0361 77 45 04, www.tauch-terminal.com

Wohin zum ... Essen und Trinken?

Preise
für ein Hauptgericht ohne Getränke:
€ unter 60 000 Rp €€ 60 000–120 000 Rp €€€ über 120 000 Rp

AMED

Aiona – Garden of Health €

Hier wird mit Leib und Seele nach ayurvedischer, balinesisch-indonesischer wie auch schweizerisch-italienischer Cuisine vegetarisch und vegan gekocht: Pastas, Gewürzmischungen, Sambals und Chutneys werden täglich frisch hergestellt, die Kräuter und Gemüse kommen aus dem Biogarten. Und das schmeckt man – einfach fantastisch! Es gibt keine alkoholischen Getränke und es herrscht Rauchverbot.

189 F2 ✉ Bunutan, ☎ 0813 38 16 17 30, www.aionabali.com; 🕐 tägl. ab 8 Uhr, wer Abendessen möchte, muss bis 15 Uhr reservieren

Gusto Resto €/€€

Schön am Hang über dem Meer gelegenes Restaurant mit herrlicher Aussicht, perfektem Service und einer spannenden ungarisch inspirierten balinesisch-europäischen Fusionsküche. Die Gerichte – natürlich gibt es auch Gulasch – sind recht opulent. Da isst auch das Auge mit. Als Dessert müssen Sie einfach mal den Schoko-Vulkan gekostet haben, einen warmen Schokokuchen mit flüssigem Kern – zum Hineinlegen gut!

189 F2 ✉ Bunutan ☎ 813 38 98 13 94, 🕐 tägl. 15–22 Uhr

Warung Celagi €

Man sitzt unter freiem Himmel oder unterm Palmwedeldach direkt am Strand, lauscht dem Meeresrauschen und genießt leckere balinesische Gerichte, vor allem Fisch und Meeresfrüchte. Und geht es dann ans Zahlen, liegt man für ein Hauptgericht und ein Getränk bei knapp 30 000 Rp.

189 F2 ✉ Jemeluk ☎ 0859 35 02 66 19, 🕐 tägl. ab 8 Uhr

CANDI DASA

Vincent's Restaurant €€

Von außen nichts Besonderes – doch dann tritt man ein und findet sich in einem hübschen, von Windlichtern beleuchteten Garten-

restaurant wieder. Romantisches Ambiente, softiger Jazz und ganz und gar fantastische Gerichte der französisch inspirierten balinesischen Küche.
192 C4 Jl. Raya Candi Dasa, 0363 4 13 68 tägl. 11.30–23.30 Uhr

Warung Boni €
Hübsches kleines Familienrestaurant mit einer Handvoll Tischen und soliden Gerichten der indonesischen Küche, von denen die meisten gerade mal 30000 Rp kosten.
192 C4 Jl. Puri Bagus 818 56 52 50, tägl. ab 8 Uhr

NUSA LEMBONGAN

Bali Eco Deli €
Bessere Smoothies als in diesem Öko-Café muss man erstmal bekommen auf Bali! Vor allem der »Tropical Booster Smoothie« (30000 Rp) begeistert. Aber auch die Kuchen sind sündhaft lecker (oh, dieser Apfelkuchen mit Zimt!), die Müslis, Shakes und Säfte, gerade auch die Salate. Schade nur, dass das Restaurant abends geschlossen ist! Definitiv ein »place to be«, zumal es dem Bali Eco Deli zu verdanken ist, dass auf Lembongan jeden Monat Hunderte von Plastiksäcken mit Müll gesammelt und abtransportiert werden.
192 A2/3 Jungutbatu, Jl. Raya 0812 37 04 92 34, www.baliecodeli.net tägl. 7–18 Uhr

Hai Bar & Grill €€
Schon irre, was man alles aus Bambus bauen kann. Die Konstruktion dieses direkt an der Mushroom Bay gelegenen Restaurants ist so abgefahren, dass sie häufiger als Fotomotiv herhalten muss als der tolle Strand, auf den man eine prächtige Aussicht genießt. Aber auch das Essen passt: Die Pizzas aus dem Holzofen sind knusprig und lecker, das Seafood superfrisch. Für so eine Qualität gibt man gerne etwas mehr aus als auf Lembongan üblich. Ach ja: Wer nicht an der Mushroom Bay wohnt, kann den kostenlosen Shuttle nutzen. Ohne Tischreservierung geht gar nichts!
192 A2/3 Mushroom Bay 0828 97 10 31 37 tägl. 7–22 Uhr

PADANG BAI

Depot Segara €
Man sitzt leicht erhöht über Strand und Promenade, blickt auf den Hafen und genießt vor allem Fisch und Meeresfrüchte, die hier stets frisch sind und auf verschiedene Arten zubereitet werden.
192 B4 Jl. Silayukti 10 0363 4 14 43, tägl. 8–22 Uhr

Ozon Café €
Überwiegend von Backpackern frequentiertes Restaurant, abends Treffpunkt mit Musik.
192 B4 Jl. Silayukti 0817 4 70 85 97, tägl. 11–1 Uhr

TIRTAGANGGA

Puri Sawah €
Gleich beim Wasserpalast inmitten von Reisfeldern gelegenes Restaurant mit schöner Aussicht und teils außerordentlich kreativen Gerichten einer französisch verfeinerten balinesischen Küche; die Avocado-Baguettes beispielsweise sind sündhaft gut, ebenso wie der u. a. mit Apfelstückchen, Rosinen und Mangos verfeinerte Reissalat. Der kurze Fußweg dorthin beginnt direkt oberhalb vom Parkplatz des Wasserpalasts in der Rechtskurve der Hauptstraße (Hinweisschild).
189 E2 0363 2 18 47 tägl. ab 8 Uhr

Tirta Ayu Restaurant €€
Majestätisches Restaurant eines majestätischen Hotels (► 122). Gerade am frühen Abend, wenn die tief stehende Sonne die Gärten und Pools des Wasserpalasts herrlich illuminiert.
189 E2 0363 2 25 03, www.hoteltirtagangga.com tägl. ab 7 Uhr

Wohin zum ... Ausgehen?

Ab ca. 22 Uhr herrscht in Ostbali tiefe Nacht. Davor isst man gemütlich in einem Restaurant, lauscht dann der Musik, schaut einen Film und schlürft einen Cocktail, um schließlich den Tag auf der Veranda ausklingen zu lassen. Kurzum: Von einem Nachtleben kann keine Rede sein. Dafür kann man sich tagsüber auspowern, auch wenn sich in der Hauptsache alles ums Tauchen dreht.

AMED

Aiona – Garden of Health

Meditation und Yoga in Privat- und Gruppenunterricht. Aiona-Yoga ist ein für alle Leistungsniveaus geeignetes, sanftes, fließendes und doch kraftvolles Körpertraining. Die Dauer einer Lektion in dieser Lodge (➤ 121) beträgt 80 Minuten.

Amed Dive Center

Stark auf Nachhaltigkeit bedachtes Tauchzentrum, das u. a. ein kleines künstliches Riff geschaffen hat. Täglich geführte Tauchgänge in Amed, Tulamben, Padang Bai und Pulau Menjangan (1/2 Tauchgänge 440 000/690 000 Rp). Auch rund dreistündige Schnorcheltouren werden täglich geführt (225 000 Rp). Tauchkurse mit PADI-Zertifikat kosten 1,12 Mio. Rp.

189 E2 ✉ Jl. Ketut Natih, Pantai Timur, ☎ 0363 2 34 62, www.ameddivecenter.com

Apneista

Apnoetauchen ist gar nicht so einfach, wie man vielleicht glauben mag. In Amed hat man beste Gelegenheit, es richtig zu lernen: Apneista ist nicht nur die älteste Freediving-Schule der Insel, sondern auch eines der größten Apnoetauchzentren Südostasiens. Im Angebot stehen Kurse für alle Leistungsniveaus, Tauchgänge vom Land und vom Boot aus sowie Yoga- und Meditationsunterricht.

189 F2 ✉ Jl. Ketut Natih, Jemeluk ☎ 0812 38 26 73 56, www.apneista.com

East Bali Bike

Veranstalter von Mountainbiketouren rund um Amed; für jeden Fitness-zustand ist etwas im Angebot.

189 E2 ☎ 81 24 66 77 52, www.eastbalibike.com

CANDI DASA

Das Riff von Candi Dasa ist zwar nicht mehr der Rede wert, aber zahlreiche Küstenabschnitte bieten sich als Schnorchel- und Tauchreviere an. Schnorchelausrüstungen vermieten die meisten Unterkünfte. An der Lagune bieten sich Fischer an, die einen mit ihren Booten zu sehenswerten Schnorchelspots fahren; außerdem konkurrieren mehrere Tauchzentren miteinander.

Bali Conservancy

Diese gemeinnützige Organisation hat sich dem Naturschutz auf Bali verschrieben. Das Hauptbüro sitzt in Denpasar, aber von Candi Dasa aus werden diverse Ausflüge angeboten: Schnorcheltouren, Wanderungen und eine Gipfeltour auf den Gunung Agung.

192 C4 ✉ Lobby Candi Beach Cottage & Spa ☎ 0822 37 39 84 15, www.bali-conservancy.com

Gedong Ghandi Ashram

Der auf den Prinzipien von Gandhi aufgebaute Ashram an der Lagune von Candi Dasa hat es sich zur Aufgabe gemacht, ostbalinesischen Kindern aus armen Verhältnissen eine gute Schulbildung zu garantieren. Gäste zahlen daher 30 US$ für Unterkunft und Vollpension (vegetarisches Essen). Man bezieht einen einfachen Bungalow und nimmt an den täglichen Yoga- und Meditationssitzungen teil. Wer mag, kann sich auch als Volontär

einbringen. In jedem Fall ist ein Aufenthalt ein sehr erholsames und (ent)spannendes Erlebnis.
192 C4 Jl. Raya Candi Dasa 0363 4 11 08, ashramgandhi@gmail.com, www.ashramgandhi.com

Sub Ocean Bali
Auch auf Deutsch wird in diesem PADI-Zentrum geführt, und zwar stets nur mit maximal vier Tauchern (2 Tauchgänge vom Boot aus 85 US$, Tauchkurse 335 US$).
192 C4 Jl. Raya Candi Dasa 0363 4 21 96, www.divecenter-bali.com

Trekking Candi Dasa
Der Englisch sprechende Guide Somat bietet auf seiner Webseite eine einfach Wanderung durch Reisfelder nach Tenganan an (ca. 1,5–2 Std., 225000 Rp), aber auch anspruchsvolle Bergtouren, bei denen man mehrere Stunden im gebirgigen Hinterland von Candi Dasa unterwegs ist (350000 Rp).
192 C4 878 61 45 20 01, www.trekkingcandidasa.com

NUSA LEMBONGAN

Nusa Lembongan wird vor allem von Tagesausflügern aus Südbali besucht; anstatt nur die Überfahrt zu buchen, kann man auch Ausflüge unternehmen, bei denen man Lembongan umrundet, an den schönsten Stränden anlegt, etwas schnorchelt oder auch die Mangroven besichtigt (50–120 US$/Pers.). Schnorchelausrüstungen kann man für 30000 Rp in Shops am Strand von Jungutbatu ausleihen; außerdem sitzen dort mehrere Tauchzentren (Schnorchel-/Tauchgänge 250000/500000 Rp, PADI-Tauchkurse 3,8 Mio. Rp).

Big Fish Diving
Größtes Tauchzentrum der Insel. Im gleichen Resort ist auch das Yogazentrum Yoga Shack (www.yogashacklembongan.com) zu Hause, das täglich von 8 bis 9.30 und 16 bis 17.30 Uhr Yogaklassen abhält (100000 Rp)
192 A2/3 Jungutbatu, Secret Garden Bungalows 0813 53 13 68 61, www.bigfishdiving.com

PADANG BAI

Wer in Padang Bai aktiv sein will, schnorchelt oder taucht. Schnorchelausrüstungen verleihen u. a. die Unterkünfte für ca. 30000 Rp. Am Strand bieten Fischer Schnorchelausflüge an (ca. 100000 Rp für 2 Pers. und 2–3 Std.).

Geko Dive
Ältestes Tauchzentrum am Ort, zwei Tauchgänge kommen auf 1,125 Mio. Rp.
192 B4 Jl. Silayukti 0363 4 15 16, www.gekodive.com

TIRTAGANGGA

Alle Unterkünfte und Restaurants vermitteln Guides für Wanderungen ins Umland von Tirtagangga (ca. 80000 Rp/Std. für 1–2 Pers.).

Bungbung Adventure
Zwei- bis sechsstündige Mountainbike-Touren ab 350000 Rp. Los geht es gegenüber dem Eingang zum Wasserpalast. Man kann auch Führer für die Besteigung des Gunung Agung (▶ 106) anheuern (ca. 1,5 Mio. Rp für 2 Pers.).
189 E2 0813 38 40 21 32

TULAMBEN

Eine Schnorchelausrüstung kostet ca. 30000–450000 Rp, zwei Tauchgänge gibt's für ca. 850000 Rp, beliebig viele Tauchgänge an einem Tag für 1,5 Mio. Rp und PADI-Tauchkurse für rund 5 Mio. Rp. Den besten Ruf genießt **Tauch Terminal** (▶ 123); Nicht-Gäste können gegen Gebühr eine Dusche nehmen. Tägliche Tauchfahrten nach Amed, Nusa Lembongan und Nusa Menjangan.

Der Norden

Kleine Erlebnisse

Beerenstark

In Candikuning am **Danau Bratan** (➤ 138) dreht sich im Strawberry Shop an der Hauptstraße alles um Erdbeeren.

Der Weg ist das Ziel

Folgt man der Straße von **Kedisan** (➤ 132) aus bis Abang, kann man hübsch am Seeufer bis zum Dorf Trunyan wandern.

Außergewöhnliches Relief

In Kubutambahan unweit von **Singaraja** (➤ 143) entdeckt man am Pura Meduwe Karang das Relief eines radelnden Balinesen.

Erste Orientierung

Welch ein kinoreifes Panorama! Lavafarbene Mondlandschaften rings um den Batur-Vulkan, nebelverhangene Regenwälder und grünblau schimmernde Kraterseen, gischtende Wasserfälle und die oft spiegelglatt über ausgedehnten Korallengärten liegende Bali-See vor der Kulisse bizarrer schwarzer Strände – dem Norden Balis möchte man am liebsten einen Oskar verleihen.

Die Szenerie im Norden von Bali bietet hinter jeder Kurve neue Eindrücke – und so geht es in dieser Region in erster Linie um atemberaubende Naturerlebnisse (obwohl auch kulturell einiges geboten ist). Da sind die kilometerlangen Strände der oft noch ganz naturbelassenen Küste, da ist das steil bis über 2000 m hoch ansteigende Binnenland, in dem sich eine der großartigsten Vulkanlandschaften unserer Erde ebenso erstreckt wie das große Grün primärer

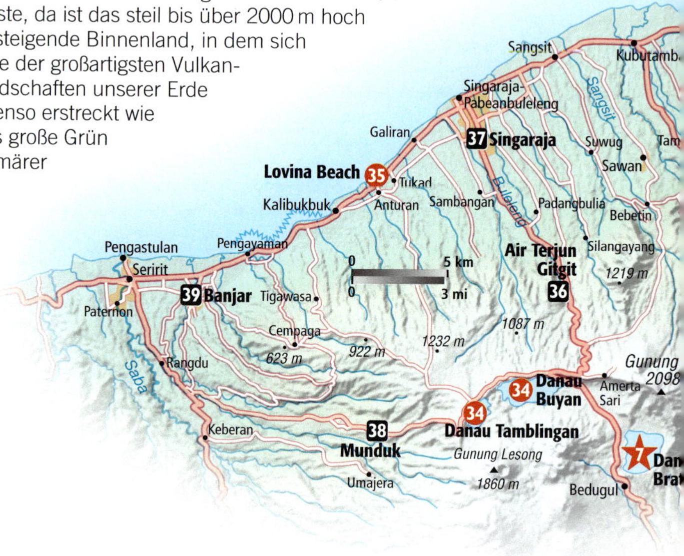

Kontrastreiches Bali: Dunkelsandige Strände …

... und dichte, üppig grüne Regen- und Nebelwälder prägen die Landschaft

Regen- und Nebelwälder. Mit jedem Höhenmeter steigt man hinauf in ein angenehm kühles Klima, das manchen Flachland-Balinesen schon frösteln lässt. Morgentau legt sich auf grüne Matten, Nebel und tief dahintreibende Wolken umhüllen eine Hügellandschaft, in der auf ausgedehnten Feldern Erdbeeren gedeihen. Und immer wieder mausern sich Aussichten zu unvergleichlichen Panoramen, die nicht nur auf Bali ihresgleichen suchen.

TOP 10

Nicht verpassen!

Nach Lust und Laune!

In fünf Tagen

Für die Entdeckungstour durch Nordbali sollten Sie wenigstens vier Tage – und einen weiteren Morgen – einplanen. Das ist nicht nur den teils sehr schmalen Bergstraßen geschuldet, auf denen man oft nur langsam vorankommt, sondern vor allem der einzigartigen Vulkanlandschaft dieses Inselteils. Für bestmögliche Mobilität ist ein Mietfahrzeug mit oder ohne Fahrer erforderlich.

Erster Tag

Vormittags

Beginnen Sie Ihre Entdeckungstour mit einer Fahrt aufs Dach der Insel, wo Sie zwischen Penelokan und Penulisan auf über 1400 m an einer der größten Calderen der Erde von Traumaussicht zu Traumaussicht fahren. Der 3 **Gunung Batur** und der **Danau Batur** (➤ 132) setzen sich faszinierend in Szene.

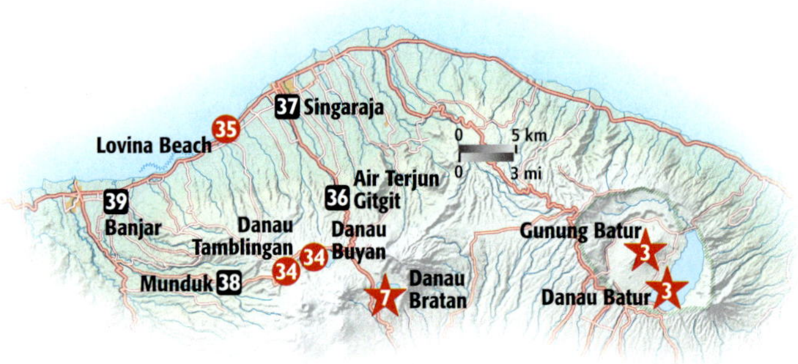

Nachmittags

Weniger ist manchmal mehr: Folgen Sie der Seeuferstraße bis an ihr Ende, schließen Sie eine Seerundfahrt an und staunen Sie den restlichen Tag über die Schönheit dieser Welt.

Zweiter Tag

Vormittags

Am nächsten Tag heißt es, um 3 Uhr morgens aufbrechen, will man den Gipfel des **Gunung Batur** (➤ 132) vor Sonnenaufgang erreichen – doch noch jeder, der im Angesicht der über Lombok aufgehenden Sonne hier oben stand, wurde mit unvergesslichen Erinnerungen für die Mühen des Aufstiegs belohnt. Nach dem Abstieg und einer erfrischenden Dusche empfiehlt sich ein zweites Frühstück und ein Nickerchen in Penelokan.

Nachmittags

Ihre Fahrt auf der Kraterrandstraße bringt Sie nach Penulisan, von wo es konstant bergab geht, mit stetem Blick aufs Meer erreicht man Kubutambahan und dann entlang der Küste 37 **Singaraja** (➤ 143). Auf dem Weg zurück ins Inselinnere passieren Sie den Wasserfall 36 **Air Terjun Gitgit**

(➤ 143), bevor bei Wanagiri der höchste Streckenpunkt erreicht wird und es zum Etappenziel Danau Bratan hinuntergeht.

Dritter Tag

Vormittags
Auch passionierte Langschläfer sollten abermals früh aufstehen, wollen sie den Sonnenaufgang über dem ★7 **Danau Bratan** (➤ 137) nicht verpassen. Es ist ein erhabener Anblick, wenn sich die Tempeltürme des Pura Ulun Danu Bratan vor dem leuchtenden Himmel abheben. Kaum weniger schön ist der südlich gelegene Botanische Garten **Kebun Raya Eka Karya** (➤ 138). Dazu noch ein Picknick mit Früchten, die Sie in **Candikuning** (➤ 138; oben) bekommen – perfekt!

Nachmittags
An den Zwillingsseen 34 **Danau Buyan** und **Danau Tamblingan** (➤ 139) und vor allem im nahen 38 **Munduk** (➤ 144) finden sich ausgesucht schöne Unterkünfte und ausgezeichnete Restaurants.

Vierter Tag

Vormittags
Stetig wechselnde Landschaftsbilder begleiten die rund 20 km lange Strecke von Munduk hinunter zur Küste bei Seririt. Folgen Sie nun der Hauptstraße nach rechts, ist bald 39 **Banjar** (➤ 145) ausgeschildert. Erstes Ziel sollte hier das Brahma Vihara Arama sein, anschließend geht es zu den heißen Quellen von Komala Tirta.

Nachmittags
Richtig gut tut jetzt ein fauler Nachmittag am Strand von 35 **Lovina** (➤ 141), wo sich auch fürs Abendessen Dutzende Lokale anbieten.

Fünfter Tag

Kein Aufenthalt in Lovina wäre vollkommen, ohne nicht auch an einer Delfin-Beobachtungstour teilgenommen zu haben. Da schon gegen 9 Uhr alles vorbei ist, hat man noch reichlich Zeit zu einem Frühstück, wie auch der ganze restliche Tag dem Relaxen gewidmet ist.

4 Gunung Batur & Danau Batur

Der 1717 m hohe kegelförmige Gunung Batur ist zwar nicht der höchste Vulkan der Insel, dafür aber der aktivste. Er erhebt sich im Zentrum einer 10 × 13,5 km großen, äußeren Caldera aus den tiefblauen Fluten des größten Sees Balis und formt eine der großartigsten Vulkanlandschaften unserer Erde.

Zwar köchelt er zurzeit nur auf kleiner Flamme, aber die vegetationslosen Lavafelder am Fuß, die zahlreichen heißen Quellen und zischenden Fumarolen an seinen Flanken und die vereinzelt aufsteigenden Rauchfäden über seinen mehreren Kratern sind ein klares Indiz für schlummernde vulkanische Kräfte, die jederzeit freigesetzt werden können. Immerhin kam es in den letzten 200 Jahren zu mehr als 20 Eruptionen.

Entlang dem Kraterrand

Mehrere Dörfer im Innern der vor Jahrmillionen entstandenen Riesencaldera wurden dabei von glutflüssigen Lavaströmen zerstört. Noch 1963, beim bislang letzten größeren Ausbruch, musste ein Dorf evakuiert und am Kraterrand neu aufgebaut werden. Es erhielt den Namen Penelokan, was übersetzt so viel wie »schöne Aussicht« heißt – und tatsächlich ist kaum ein schöneres Panorama denkbar als das vom auf 1452 m Höhe gelegenen Ort auf die Caldera, den Kratersee und den daraus aufsteigenden Vulkankegel. Zahlreiche Lokale und Unterkünfte mit der »besten Aussicht« buhlen denn auch um Kundschaft. Wer sich intensiver mit dem Vulkanismus beschäftigen will, sollte das **Museum Gunung Api Batur** besuchen.

Rund 6 km weiter liegt das Dorf Kintamani mit dem Tempel **Pura Ulun Danu Batur**, der sich an der Straße entlang des Kraterrands befindet. So überwältigend die Ausblicke auch sind, es gibt noch eine Steigerung. Und zwar vom knapp 5 km weiter gelegenen **Penulisan** aus, das auf 1650 m den höchsten auf Bali per Straße erreichbaren Punkt markiert. Wem selbst das noch nicht genug ist, der sollte sich hier zu Fuß aufmachen und über 333 Stufen zum **Pura Tegeh Koripan** aufsteigen: Er erhebt sich auf 1745 m Höhe, ist damit Balis höchster Tempel und überragt den Gunung Batur um 32 m, den Kratersee Danau Batur hingegen um mehr als 600 m.

Am Seeufer

Dort hinunterzufahren, ist touristische Pflichtübung auch dann, wenn man den Batur-Vulkan nicht besteigen will (► 169). Auf der ab Penelokan mit »Kedisan« ausgeschilderten Straße geht es im Zickzack steil hinab ans Ufer des

Das friedliche Idyll trügt: Die Eruptionen des Gunung Batur 1917 und 1926 forderten mehr als 1000 Todesopfer und gelten als die stärksten in historischer Zeit

Balis vulkanisches Herz

5561 km² Erde vulkanischen Ursprungs: Bali, die westlichste der Kleinen Sunda-Inseln, liegt im Indischen Ozean zwischen Java und Lombok und damit zugleich auf dem Ring of Fire, der den Pazifik auf einer Länge von rund 40 000 km umgibt (➤ 22). Die höchste Erhebung der Insel ist der noch aktive Vulkan Gunung Agung mit 3142 m. Letztmals ausgebrochen ist der Vulkan, der von den Hindus als heilig angesehen wird, im Jahr 1963. Nur gut halb so hoch, aber nicht weniger imposant ist der weiter westliche gelegene Gunung Batur. Die Vulkane sind das prägende Element der Inseltopografie.

Gunung Batur & Danau Batur

1 Zentralbali: Die zentrale Region Balis wird von vier Vulkankomplexen beherrscht, von denen der höchste der im östlichen Inselteil gelegene Gunung Agung ist. Den Übergang nach Nordbali bildet der Gunung Batur (1717 m) mit seinem imposanten Kratersee, der weltweit zu den größten seiner Art zählt. Weiter westlich erheben sich die Vulkane Catur (2096 m) und Batukau (2276 m).

2 Westbali: Tiefe Täler zwischen im tertiären Erdzeitalter entstandenen Bergketten kennzeichnen den schmalen Westteil der Insel, in dem der Bali-Barat-Nationalpark (➤ 158) liegt. Da diese Region auf der dem Wind abgekehrten Seite im Schutz der Gebirge liegt, ist sie wesentlich trockener als der Süden Balis.

3 Südbali: Der Süden Balis ist der fruchtbarste Teil der Insel, bestimmt wird er von feuchten und durch Vulkanasche fruchtbar gemachten Aufschüttungsebenen. Diese liegen auf der dem Wind zugekehrten Seite des zentralen, sich nach Süden hin abdachenden Vulkangebirges und profitieren von ganzjährig hohen Niederschlägen. Hier liegen die landwirtschaftlich intensiv genutzten Inselbereiche.

4 Ostbali: Die zentralbalinesischen Gebirgszüge reichen bis dicht an den Inselrand heran und bestimmen die dortige Landschaft. Der omnipräsente Gunung Agung (➤ 106) mit seinen in Nord-Süd-Richtung streichenden Ausläufern und der Gunung Batur, dessen Massiv den Übergang nach Zentralbali bildet, dominieren das Landschaftsbild in diesem Inselteil.

Mondlandschaft am Gunung Batur

VORSICHT FALLE!
Da die allermeisten geführten Touren in Penelokan und/oder Kintamani einen Foto-, Essens- und auch Shoppingstopp einlegen, sind die Schlepper und Souvenirverkäufer in beiden Ortschaften noch wesentlich nerviger als üblich. Man braucht also schon ein dickes Fell, um nicht wie manch anderer Tourist fluchend das Weite zu suchen, weil ihm Dutzende Händler auf den Fersen sind und Kinder lauthals »money, money!« fordern.

Sees, der als einer der größten Kraterseen der Erde über 100 m tief ist. Von **Kedisan** aus, wo man auch übernachten kann, schlängelt sich die Straße durch zu bizarren Formen erstarrte Lavafelder nach **Toya Bungkah**, dem Ausgangspunkt für die frühmorgens startenden Trekkingtouren auf den Gunung Batur und für Bootsfahrten auf dem Danau Batur. Die ziemlich schäbigen Thermen des Ortes sind nicht der Rede wert, und auch die Bootstour nach Trunyan, einem Dorf der Ureinwohner Balis, ist ihren stolzen Preis nicht wert. Eine kleine **Seerundfahrt** sowie die bereits erwähnte Vulkanbesteigung bieten aber auf jeden Fall unvergessliche Erlebnisse.

KLEINE PAUSE
In Penelokan und Kintamani warten Dutzende von 08/15-Restaurants auf Busladungen voller Touristen. Die Mittagsbüfetts, die sie allesamt anbieten, sind entsprechend geschmacklos bis grauenvoll und extrem überteuert. Recht passabel präsentiert sich dagegen das Essen im **Lakeview Restaurant** (➤ 146) in Penelokan sowie im **Pulu Mujung Warung**, das ein paar Meter weiter am Weg nach Kintamani liegt (beide haben ab ca. 7/8 Uhr geöffnet). Schöner ist es auf alle Fälle, sich in Kintamani auf dem Markt ein paar Früchte fürs Panorama-Picknick zu kaufen.

---

188 B3

UNESCO Global Geopark Mount Batur Caldera
Penelokan 15 000 Rp/Pers. (bei der Einfahrt in den Ort zu entrichten; das Ticket gilt für die gesamte Umgebung – gut aufbewahren!)

Yayasan Bintang Danu
Penelokan 0366 5 17 30 tägl. 10–15.30 Uhr (private Infostelle engagierter Dorfbewohner)

Museum Gunung Api Batur
Penelokan 0366 5 11 86 tägl. 9–17 Uhr 10 000 Rp

Pura Ulun Danu Batur
Kintamani tägl. 8–18 Uhr 15 000 Rp

Pura Tegeh Koripan
Penulisan tägl. 8–18 Uhr 10 000 Rp

7 Danau Bratan

Aus welcher Richtung man auch anreist: Vom Landschaftsbild rings um den 4 km² großen und bis zu 30 m tiefen Bratan-See kann man nur begeistert sein. Zusammen mit seinen Nachbarseen Buyan und Tamblingan (► 139) erstreckt er sich auf rund 1200 m Höhe inmitten eines riesigen ehemaligen Vulkankraters. Dessen auf über 2000 m ansteigende und mit dichtem Bergregenwald bedeckte Flanken bilden eine eindrucksvolle Szenerie in allen Schattierungen, die die Farbe Grün anzunehmen vermag.

Der kleine Seetempel ziert das Westufer des Bratan-Sees

Angesichts dieser landschaftlichen Schönheit überrascht es kaum, dass der Danau Bratan den Balinesen heilig ist, weshalb man es nach Möglichkeit einrichten sollte, zumindest eine Nacht hier zu verbringen. Und sei es nur, um den Sonnenaufgang über dem See und dem buchstäblich in ihn hineingebauten **Pura Ulun Danu Bratan** zu genießen. Schlicht überwältigend ist das Schauspiel, wenn die ersten Sonnenstrahlen auf die blau-violett leuchtenden Bougainvilleen fallen, die blutroten Lilien und die in weißer Taupracht glitzernden Gardenien, die den Park rund um diese der Seegöttin geweihten Tempelanlage zieren. Und dann der Lotos mit seinen weißen und hellrosafarbenen Knospen am Seeufer, denen man nun – ganz wie im Zeitraffer – bei ihrem Entfalten zuschauen kann.

Ins große Grün

Je später es wird, desto mehr verliert das Licht an Farbkraft und weicht die frühmorgens geradezu schon mystische Stimmung einer geschäftigeren Atmosphäre. Dies ist Busladungen von Touristen geschuldet, die tagtäglich ab etwa 8 Uhr am See und Tempel eintreffen. Bald kreuzen lautstarke Motorboote auf und beginnen Souvenir-Verkäufer ihr Tagwerk – höchste Zeit also für die Weiterreise ins weite Grün des **Kebun Raya Eka Karya**, der in Broschüren oft als eine der schönsten Naturattraktionen Balis angepriesen wird. Und die steht übrigens auch Besuchern offen, die etwas schlechter zu Fuß sind: Der Naturpark kann mit dem Auto befahren werden.

1959 eröffnet, ist er der älteste nicht von den Niederländern gegründete Botanische Garten von Indonesien, mit 160 ha Fläche zudem einer der größten des Landes. Nicht weniger als rund 2000 Pflanzenarten werden hier kultiviert, darunter 800 verschiedene Baum- und 400 Orchideenarten, die im Orchideenhaus von den Vertretern aus 27 Schmetterlingspezies umflattert werden; auch ein Kakteenhaus ist angeschlossen. Ein Spaziergang durch dieses von markierten Wegen durchzogene, vorbildlich angelegte und beschilderte Refugium, das Lotosteiche und Tempelchen auflockern, ist nicht nur für Naturfreunde ein Erlebnis.

Kasuarinenwald im Naturpark Kebun Raya Eka Karya

KLEINE PAUSE

Das nah beim Tempel gelegene Dorf Candikuning hat einen Morgenmarkt, der außerordentlich üppig mit Früchten bestückt ist. Hier kann man sich perfekt für ein späteres Picknick im Botanischen Garten mit Erdbeeren, Bananen und Papayas, Ananas und Mangos u. v. a. leckeren Früchten eindecken.

---

187 E3

Pura Ulun Danu Bratan
Candikuning, Danau Bratan tägl. 7–18 Uhr 30 000 Rp, Parkplatz 5000 Rp

Kebun Raya Eka Karya
Candikuning 0368 2 03 32 11, www.kebunrayabali.com
tägl. 7–18 Uhr 20 000 Rp, Auto zzgl. 15 000 Rp, Parkplatz 6000 Rp

BAEDEKER TIPP

Wer auf der Suche nach etwas Nervenkitzel ist, sollte den in den Botanischen Garten integrierten **Bali Treetop Adventure Park** ansteuern. Kletterparcours in luftiger Höhe garantieren Adrenalinkicks und Spaß für die ganze Familie (Kebun Raya Eka Karya, Tel. 0361 9 34 00 09, www.balitreetop.com, Eintritt 22–28 US$).

34 Danau Buyan & Danau Tamblingan

Wie schon der Danau Bratan (➤ 137) füllen auch die weiter nordwestlich gelegenen Seen Buyan und Tamblingan den tiefsten Absenkungsbereich einer gigantisch großen Einsturzcaldera aus. Entstanden sind sie durch den Kollaps eines Urvulkans vor Millionen von Jahren.

Eine Handvoll kleiner Dörfer und einsamer Tempel zieren als einzige von Menschenhand geschaffene Einsprengsel die seichten, unverfälschten Ufer. Wunderbar eignet sich die Gegend für Wanderungen, eine **einfache Tour** beginnt am Parkplatz des Danau Buyan, wohin nördlich vom Danau Bratan im kleinen Marktflecken Pancasari eine Straße abzweigt. Sie führt am Südufer des Danau Buyan entlang, quert dann einen Bergsattel zum kleineren Danau Tamblingan hinunter, von wo sie zum Dorf Tamblingan aufsteigt. Die Strecke beträgt knapp 4 km, für die man jedoch gut und gern zwei Stunden ansetzen sollte. Eindeutig im Vorteil ist, wer in einem Auto mit Fahrer angereist ist und sich am Ziel abholen lassen kann.

Panoramablicke ...

... auf beide Seen kann man auch vom Autofenster aus genießen. Und zwar von der **Höhenstraße** aus, die oberhalb der Seen am Pass Wanagiri von der Hauptstraße nach Westen abzweigt. Auf den folgenden Kilometern genießt man traumhafte Ausblicke sowohl gen Norden auf die endlose Weite des Ozeans als auch gen Süden, wo man durch

Traditionelle Holzboote am Ufer des Tamblingan-Sees

Türkis schimmert das Wasser des Buyan-Sees

das dichte Urwaldgrün hindurch ein ums andere Mal die türkis und blau glitzernden Seen erblickt.

Die Straße führt schließlich zum Dorf **Tamblingan**, von dessen Parkplatz es etwa zehn Gehminuten bis hinunter ans Seeufer sind. Hier bieten stets Bergführer ihre Dienste an, die diverse Wanderungen im Programm haben. Auch übernachten kann man, doch können die schlichten Herbergen in keiner Weise mit dem breit gefächerten Angebot von Munduk (► 147) konkurrieren, das nur wenige Autominuten entfernt ist.

KLEINE PAUSE

Nicht nur Kinder werden in den **Erdbeerfeldern** beim Danau Buyan leuchtende Augen und rot verschmierte Münder bekommen. Rund 30 000 Rp kostet der herrliche Spaß, sich eine große Tüte voll der leckeren Früchte selbst zu pflücken – ein Spaß, bei dem man zugleich spart, denn für bereits gepflückte Früchte zahlt man rund das Doppelte. An Erdbeerfeldern herrscht kein Mangel, sie erstrecken sich z. B. entlang der Straße von Pancasiri zum Danau Buyan.

187 D3

BAEDEKER TIPP

Das gesamte Gebiet rings um die Zwillingsseen ist für Spaziergänge und auch **längere Wanderungen** geradezu prädestiniert; auch **ganztägige Vulkanbesteigungen** sind von hier aus möglich. Zentrum des Wandertourismus ist das Dorf Tamblingan. Das Angebot der Guides ist relativ identisch: Die Preise für eine Gruppe von bis zu vier Personen liegen bei etwa 350 000 Rp für eine eineinhalbstündige Tour; 500 000 Rp werden für drei bis vier Stunden fällig, ca. 750 000 Rp für eine Ganztagestour.

35 Lovina Beach

Mehr als 60 Jahre soll es nun schon her sein, dass Anak Agung Panji Tisna, damals Raja von Buleleng, mit prophetischem Weitblick ein paar denkbar schlichte Palmwedelhütten auf sein Strandgrundstück 5 km westlich von Singaraja stellte und dieses »Lovina« nannte.

Eine Händlerin verkauft am Lovina Beach Fisch, den kurz zuvor Fischer mit ihren Auslegerbooten angelandet haben

Heute bezeichnet der Name einen etwa 12 km langen und noch immer wachsenden Küstenstrich mit einem halben Dutzend Feriendörfer. Größter und bekanntester Ort ist **Kalibukbuk**, das – wie alle anderen Dörfer auch – aus nichts als Unterkünften und Restaurants, Shops und Reisebüros besteht. Im Hinterland, etwas vom Ozean entfernt, verläuft die Hauptdurchgangsstraße, die auf Reisfelder und das Zentralgebirge blickt. An der Küste erstrecken sich kilometerlange lavaschwarze bis hellgraue, eher unspektakuläre und aufgrund von Korallensplittern meist auch pieksige Sand- und Kiesstrände vor einem nahezu spiegelglatten Meer, das dank eines vorgelagerten **Korallenriffs** gute Schnorchelbedingungen bei angenehmen warmen Wassertemperaturen bietet. Von einem Nachtleben kann keine Rede sein, es geht relaxt und alles in allem beschaulich zu. Vergleichsweise niedrige Preise locken größtenteils Backpacker und Individualtouristen an; zu diesen gesellen sich in den frühen Morgenstunden scharenweise Tagesausflügler, die im Rahmen von organisierten Touren aus dem Inselsüden hier stranden.

Dolphin Watching

Das Beobachten von Delfinen ist die touristische Hauptattraktion im äußersten Norden von Bali. Los geht es kurz vor Sonnenaufgang: Dutzende schmale, traditionelle, gleichwohl von laut knatternden Außenbordmotoren angetriebene Auslegerboote schippern mit ihrer touristischen Fracht vom Strand aufs Meer hinaus. Ihr Ziel ist das rund 9 km weit vorgelagerte Korallenriff, über dem tagtäglich kurz nach der Dämmerung mehrere Delfinschulen auf Futtersuche auftauchen. Es dröhnen die Ohren, nach Benzin und Abgasen stinkt es obendrein – und was den Betrachter am meisten verwundert, ist die Tatsache, dass sich die Meeressäuger von dieser schon seit Jahren stattfindenden »Delfinjagd« anscheinend nicht im geringsten gestört fühlen. Sie lassen sich ihr Frühstück schmecken, während die Touristen knipsen, was die Speicherkarten hergeben, wohlwissend, dass der Spuk bald schon wieder vorbei ist. Nach insgesamt rund zwei Stunden ist man zurück und kann sich dem Faulenzen am Strand oder dem Riffschnorcheln widmen.

Ob sich die Delfine angesichts der Touristenboote gestört fühlen?

KLEINE PAUSE

Das luftige, ganz in Grün gehaltene und außerordentlich gemütliche **Akar Café** ist die beste Adresse im Norden für Vegetarier, Veganer und alle, die nachhaltig produzierte Lebensmittel zu schätzen wissen. Die Smoothies könnten sämiger und leckerer nicht sein, die Eiscreme ist einfach ein Gedicht und auch Hauptgerichte und Salate, der Kaffee und die Desserts können sich schmecken lassen.

186 C4/5

BAEDEKER TIPP

- Wer gerne in die Pedale tritt, ist auf den Straßen südlich und westlich der Jl. Raya Lovina gut aufgehoben. Radfahrer finden hier angenehm wenig Autoverkehr vor, reizvolle **Radstrecken** führen durch malerische Reisfelder und auf Hügel und Berge hinauf, von denen sich immer wieder bezaubernde Ausblicke auf Umland und Pazifik bieten. Leihfahrräder gibt es überall ab 20000 Rp pro Tag.
- Richtig spannende, aber leider auch recht teure maßgeschneiderte Angebote hat **Bali Vespa Tour** (Tel. 0877 62457772, www.bali-vespa-tour.com): Zum einen kann man hier liebevoll restaurierte und gepflegte **Vespa-Oldtimer** ausleihen (1. Std. 120000 Rp, jede weitere Std. 100000 Rp), zum anderen werden hier mehrere Rollertouren (mit Begleitfahrzeug) organisiert, so z. B. eine Shoppingtour nach Singaraja (6 Std., 510000 Rp). Ebenfalls im Programm sind ein Kochkurs (4 Std., 510000 Rp) und rund ein Dutzend Trekkingtouren im Umland von Munduk (6–9 Std., 510000–850000 Rp).

Nach Lust und Laune!

36 Air Terjun Gitgit

Air Terjun bedeutet übersetzt »Wasserfall« – und der Gitgit-Wasserfall, der rund 11 km südlich von Singaraja am steilen Weg zum Danau Bratan liegt, gilt als schönster Wasserfall auf Bali und wird entsprechend vermarktet. Kann man schon an der Straße die Gitgit-Schilder kaum übersehen, so erst recht nicht Dutzende von Andenkenläden, Verkaufsbuden, Restaurants und Erfrischungskioske, die den rund 15 Minuten langen Fußweg vom Parkplatz zum Wasserfall nahtlos säumen. Das vielstimmige Anpreisen der Waren und Dienstleistungen mag man als nervig empfinden und wird erst ganz nah am Fall vom Rauschen der Wassermassen übertönt. Rund 35 m tief ergießt sich der Schwall in ein vom Dschungel gesäumtes Felsbassin – ein Bad in dem Becken oder auch nur eine »Dusche« in der verwehenden Gischt ist jedenfalls ein angenehm kühles Erlebnis. Derart erfrischt kann man dann auf dem Rückweg das Brimborium der touristischen Vermarktung viel lockerer nehmen und das herrliche Panorama hinunter aufs blaue Band des Ozeans noch intensiver genießen.

tägl.
10 000 Rp

Ein erfrischendes Naturerlebnis: Bad im Bassin des Air Terjun Gitgit

37 Singaraja

Obwohl mit über 130 000 Einwohnern zweitgrößte Stadt auf Bali und Wirtschaftszentrum des gesamten Inselnordens, träumt der »König der Löwen«, so die Bedeutung des Stadtnamens, von früheren Zeiten, als Singaraja die Nummer eins auf der Insel war. Die bereits im 10. Jh. bedeutende Handelsmetropole mit Kontakten bis nach China und Indien, war vom 16. bis 19. Jh. **Machtzentrum des Raja von Buleleng**, bevor 1849 die Niederländer die Stadt eroberten und von hier aus ganz Bali unterwarfen. Von nun an und bis 1946 blieb Singaraja Hauptstadt der Insel und Sitz der niederländischen Kolonialmacht, die von hier aus bis ins Jahr 1953 den gesamten Großraum der Kleinen Sundainseln regierte. Auch die machtvolle Niederländische Ostindien-Kompanie, die die sogenannte Gewürzroute kontrollierte, war hier ansässig. Breite Alleen, repräsentative Kolonialbauten und übergroße Speicherhäuser sind Überbleibsel aus dieser Zeit, deren Spuren man besonders im Bereich des **alten Hafens** noch heute aufspüren kann.

Beherrscht wird das Hafenareal vom beeindruckenden **Unabhängigkeitsdenkmal** und dem gegenüberliegenden **chinesischen Tempel**, der an seiner exotischen Farbenpracht unschwer zu erkennen ist. Die andere Sehenswürdigkeit von Singaraja liegt ein wenig landeinwärts nahe der Hauptdurchgangsstraße: In der historischen Bibliothek **Gedung Kirtya** werden nicht weniger als rund 4000 *lontars* aufbewahrt, traditionelle »Bücher« aus getrockneten Palmblättern. Sie verkörpern das literarische Erbe Balis, auch die ältesten schriftlichen Überlieferungen werden hier aufbewahrt. Des Weiteren finden sich Tausende von Büchern sowie Zeitungen und Magazine aus der Zeit der niederländischen Besatzung.

187 D5

Buleleng Government Tourism Office
Jl. Veteran 23,
0362 6 11 41
Mo–Fr 8–15.30 Uhr

Gedung Kirtya
Jl. Veteran 20
Mo–Do 8–16, Fr bis 12 Uhr
frei (Spende erbeten)

38 Munduk

Die Lage des kleinen Dorfes auf rund 700 m Höhe, eingebettet im üppigen Grün am Nordhang des zentralen Gebirgsmassivs, ist umwerfend und allein schon Grund genug, dass hier bereits die Niederländer ihre Refugien errichteten, um sich von der schwülen Hitze des Tieflands zu erholen. Heute sind es vermögende Balinesen und natürlich Touristen, die hier nicht nur das angenehme Klima zu schätzen wissen, sondern auch die atemberaubenden Panoramen aus dem großen Grün hinaus und hinunter aufs glitzernde Meer genießen. Unzählige **Wanderwege** rund

Herrliche Wander- und Spazierwege erschließen die Umgebung von Munduk

Beim kleinen Dorf Banjar kann das einzige buddhistische Kloster Balis besichtigt werden

um Munduk führen durch den gezähmten Dschungel zu Kaffee- und Kakao-, Nelken- und Obstplantagen, zum Danau Buyan und Danau Tamblingan (► 139) sowie zu Dutzenden von Wasserfällen. Tipps und Wegbeschreibungen sowie (meistens handgezeichnete) Karten bekommt man in jeder Unterkunft am Ort und überall bieten sich Führer an, Touristen versteckte Highlights in der Natur zu zeigen.
186 C3

39 Banjar

Wenn Ihnen nach all den nach außen hin eher unscheinbaren Tempeln des balinesischen Hinduismus zur Abwechslung mal der Sinn steht auf ein prachtvolles Bauwerk mit reich verzierten Hallen und golden blinkenden Pagoden, mit farbenfrohen Statuen in imposanten Gewölben, dann empfiehlt sich ein Besuch des Dorfes Banjar. Hier liegt strandnah und doch idyllisch im Saum von Reisterrassen der Komplex **Brahma Vihara Arama**, das einzige buddhistische Kloster Balis. Es wurde 1972 mit thailändischer Unterstützung errichtet und erinnert mit seinen verspielten Details folgerichtig auch besonders an thailändische Vorbilder. Ein Guide, ein gelb gekleideter Mönch, geleitet den Besucher gerne von einem herrlichen Lotosteich aus durch die einzelnen Räume (vor dem Betreten Schuhe ausziehen!), zu Stupas und Schreinen, Meditationspavillons und Mönchszellen sowie zum Klostergarten mit einem **Modell des Tempels Borobodur** auf der Nachbarinsel Java. Es herrscht eine geradezu schon körperlich spürbare Stille und meditative Ruhe. Wer diese Eindrücke vertiefen will und ausreichend Zeit hat, kann sich hier auch im Rahmen von zehntägigen Retreats in die Kunst der Vipassana-Meditation einweisen lassen.

Auf der Rückfahrt Richtung Küste bietet sich ein Besuch der ausgeschilderten **Air Panas Komala Tirta** (auch: Air Panas Banjar) an. Auch bei diesen »heißen Quellen«, die inmitten tropischer Vegetation in drei Becken sprudeln, handelt es sich um einen Ort der Ruhe und Besinnung. Diese stellt sich spätestens dann ein, wenn Sie im 38 °C warmen schwefel- und kaliumhaltigen Wasser treiben und dabei den Klängen des Dschungels lauschen. Die heilsame Wirkung des Wassers soll außerordentlich hoch sein, es soll Linderung bei Hauterkrankungen und Arthritis bringen. Der Anlage angeschlossen ist ein kleines Restaurant; auch Wertschließfächer sind zu finden.
186 B4

Brahma Vihara Arama
Banjar Tegeha, www.brahmaviharaarama.com tägl. 8–18 Uhr Spende erbeten

Air Panas Komala Tirta
Banjar Tegeha tägl. 8–18 Uhr
10 000 Rp

Wohin zum ... Übernachten?

Preise
für ein Doppelzimmer pro Nacht:
€ unter 750 000 Rp **€€** 750 000–1,5 Mio. Rp **€€€** über 1,5 Mio. Rp

DANAU BATUR

Baruna Cottages €

Wunderschön am Seeufer gelegene Anlage mit Bungalows im Reisspeicherstil, die noch mehr Potenzial hätte, wäre sie etwas besser gepflegt. Für eine Nacht o. k., zumal auch hier die Vulkanbesteigung angeboten wird.

188 B3 Buahan (nahe Trunyan), 0366 5 13 78, www.barunacottages.com

Batur Mountain View €/€€

2 km vor Kintamani am Steilhang zum Danau Batur gelegenes Haus. Dessen großes Plus ist der Blick auf Vulkan und See, den man in manchen der teils etwas karg möblierten Zimmer sogar vom Bett aus genießt. Organisierte Vulkantouren.

188 B3 Jl. Culali 0877 62 59 65 03, www.baturmountainview.com

Lakeview Eco Lodge €/€€

Ein Hotel in Europa in derart exponierter Lage würde für eine Übernachtung ein Vermögen verlangen, hier ist man ab ca. 20 € im Mehrbettzimmer für Backpacker bzw. ab 40 € in einem der Balkonzimmer dabei, die es in drei Kategorien gibt. Angeschlossen ist – natürlich! – ein Panoramarestaurant.

188 B3 Penelokan 0366 5 25 25, www.lakeviewbali.com

Surya Hotel €

Das Surya ist nur durch die Straße vom Danau Batur getrennt. Es hat sehr schlichte Zimmern und Bungalows, die nicht immer ganz sauber sind. Alles ist etwas in die Jahre gekommen; hier wird auch die Batur-Besteigung angeboten.

188 B3 Jl. Kedisan, Lake Batur 0366 5 13 78, www.suryahotel.com

DANAU BRATAN

Bali Handara Kosaido Country Club €€€

Wohnen mit Blick auf den – so sagt man – »schönsten Golfplatz der Welt«. Das ist manch einem auch 300 US$ wert, was hier das teuerste Chalet kostet. Die 100 US$, die das in warmen Farben gehaltene Standardzimmer kostet, sind jedenfalls vollauf angemessen.

187 E3 Bali Handara Golfclub, Pancasari 0362 3 42 26 46, www.handaragolfresort.com

Enjung Beji Resort Villa €/€€

Ebenfalls nahe beim Pura Ulun Danu Bratan gelegene Mittelklasse-Anlage mit Steinbungalows in drei Komfort-/Preisklassen.

187 E3 Jl. Raya Bedugul 0852 85 21, www.enjungbejiresort.com

Puri Candicuning Retreat €€€

Die Villenanlage der Spitzenklasse liegt nahe dem Pura Ulun Danu Bratan direkt am See. Selbst die kleinste und günstigste Villa (ca. 90 € via Buchungsportal) hat mehr als 80 m² Wohnfläche, bietet Küche, Wohn-, Ess- und Schlafzimmer, Bad mit Whirlpool und eine riesige Veranda und ist reich mit erlesenem Kunsthandwerk ausgestattet. Zum Haus gehören eine Joggingstrecke, eine Bibliothek und ein Billardzimmer; das Restaurant serviert indonesische und internationale Kost.

✚ 187 E3 ✉ Jl. Raya Candficuning
☎ 0368 2 03 32 52, www.puricandicuning.com.

Strawberry Hill Hotel €€
Gartenanlage mit Blick auf Erdbeerfelder. Die 17 urigen, aus natürlichen Baustoffen errichteten Bungalows haben mitunter eine offene Feuerstelle und sind außerordentlich gemütlich, aber dennoch modern eingerichtet. Sehr empfehlenswert!
✚ 187 E3 ✉ Jl. Raya Denpasar-Singaraja, bei Km 48 ☎ 0368 2 12 65, www.strawberryhillbali.com

MUNDUK

In dem aufstrebenden Feriendörfchen bieten sich zahlreiche Unterkünfte aller Kategorien an. Ihnen gemeinsam ist, dass sie ein wesentlich besseres Preis-Leistungs-Verhältnis haben als vergleichbare Häuser am nahen Bratan-See.

Aditya Homestay €
Das von außen moderne und eher unscheinbare Haus bietet nette und zweckmäßig eingerichtete Zimmer. Diese haben alle eine riesige Glasfront zum Balkon hin, von dem aus man ein traumhaftes Panorama genießt. Obendrein ist der Besitzer außerordentlich nett (u. a. verteilt er Wanderkarten, mit deren Hilfe man die Wasserfälle findet), das Frühstück ist üppig und vielseitig, das Abendessen im hiesigen Restaurant überdurchschnittlich gut. Ausnahmsweise ist es günstiger, über die Hotel-Website zu buchen: Die Zimmer kosten 25–29 US$, je nach Saison.
✚ 186 C3 ✉ Jl. Pura Buseh
☎ 0852 38 88 29 68, www.adityahomestay.com

Lesong Hotel €€
Etwas abseits der Durchgangsstraße schmiegt sich der Neubau malerisch an einen üppig grünen Hang. Die eleganten Zimmer sind mit hochwertigen Holzmöbeln ausgestattet und haben große Glasfronten und großzügig dimensionierte Panoramabalkone. Die Gerichte der balinesischen Küche im angeschlossenen Restaurant sind fantastisch. Wer einen Führer für Wanderungen sucht, kann sich an Nyoman wenden, den liebenswerten Manager dieser empfehlenswerten Anlage mit Wohlfühlgarantie.
✚ 186 C3 ✉ Banjar Gesing
☎ 0859 65 94 45 22, www.lesonghotel.com

Puri Lumbung Cottages €€/€€€
Bei den rund 35 Bungalows dieser nachhaltig betriebenen Anlage handelt es sich sowohl um aufwendig restaurierte balinesische Reisspeicher wie auch um originalgetreue Nachbauten dieser *lumbung*. Uriger und romantischer kann man in Munduk kaum wohnen. Aktivitäten wie Koch- und Tanz-, Schnitz-, Flöten- und Yogakurse, Wanderungen und Fahrradtouren lassen auch bei längeren Aufenthalten keine Langeweile aufkommen.
✚ 186 C3 ✉ Banjar Taman, ☎ 81 23 87 40 42, www.purilumbung.com

LOVINA

Adirama Beach Hotel & Restaurant €€
Etwas westlich vom Kalibukbuk-Zentrum zwischen Straße und Meer gelegene Anlage unter niederländischer Leitung. Die rund 25 Zimmer haben Garten-, Pool oder Meerblick. Manche Zimmer sind ein wenig abgewohnt, man sollte sie daher vor dem Buchen anschauen.
✚ 186 C5 ✉ Jl. Raya Singaraja-Seririt
☎ 0362 4 17 59, www.adiramabeachhotel.com

Banyualit Spa 'n Resort €/€€
Charmantes, familiengeführtes Strandhotel in einem gepflegten tropischen Garten mit auffallend großem Pool. Die Zimmer im Cottage-Stil sind mit Klimaanlage oder Ventilator ausgestattet; das beste Preis-Leistungs-Verhältnis bieten die Villen, vor allem der Kategorie »DeLuxe« (800 000 Rp). Das Restaurant serviert hervorragende Spei-

sen und im liebevoll gestalteten Spa gibt's günstige Wellnessangebote.
186 C5 0362 4 17 89, www.banyualit.com

Rambutan Boutique Hotel €/€€
Rund fünf Gehminuten vom Strand entfernte Anlage in einem 2 ha großen, üppig begrünten Garten mit zwei Pools. Die Zimmer – jeweils mit Terrasse oder Balkon – bieten in allen fünf Kategorien ein außerordentlich gutes Preis-Leistungs-Verhältnis. Nonplusultra, nicht nur in puncto Aussicht, ist die 45 m² große Turmsuite (ab 67 € via Buchungsportal). Außerdem werden mehrere wunderschöne, individuell gestaltete Villen vermietet; am gemütlichsten ist die »Hobbit Hut«. Angeschlossen sind u.a. ein Restaurant und ein kleiner Fitnessraum.
186 C4/5 Jl. Rambutan 0362 4 13 88, www.rambutan.org

Sawah Lovina €
Das im üppigen Grün gelegene Sawah Lovina steht unter niederländischer Leitung und präsentiert sich als eine wahre Oase. Kommt man vom teils eng bebauten Strand hierher, glaubt man kaum, am gleichen Ort zu sein, so großzügig, so ruhig und ästhetisch ist das Sawah. Die balinesisch gestalteten Bungalows der gepflegten Gartenanlage sind groß und super in Schuss. In dem Pool kann man tatsächlich auch schwimmen und nicht nur planschen. Fazit: ein Schnäppchen!
186 C4/5 Jl. Mawar 0362 4 10 91, www.sawah-lovina.com

Wohin zum ... Essen und Trinken?

Preise
für ein Hauptgericht ohne Getränke:
€ unter 60 000 Rp **€€** 60 000–120 000 Rp **€€€** über 120 000 Rp

LOVINA

Akar €
In diesem niedlichen Café wird so gut vegan und vegetarisch gekocht, dass sich auch Fleischliebhaber die Finger lecken. Auf den Tisch kommen z.B. die libanesisch inspirierte Middle East Plate (mit Humus und Falafel) oder eine Quiche mit Spinat, Feta und karamelisierten Zwiebeln. Auch die Smoothies oder das selbst gemachte Eis sind genial.
186 C4/5 Jl. Binaria 0362 3 43 56 36 tägl. ab 7 Uhr

Jasmine Kitchen €/€€
Wer etwas Abwechslung wünscht, ist in diesem gepflegten Restaurant mit authentisch thailändischer Küche richtig. Besonders der Papayasalat Som Tham kitzelt die Geschmacksknospen mit seltenen Aromen. Aber auch die Currys und der unvergleichliche Mango Cheesecake sind eine Wucht.
186 C4/5 Jl. Binaria 0362 4 15 65 tägl. 8–22 Uhr

Pasar Malam €
Wer gut und spottbillig balinesisch essen will und nicht zu viel Wert aufs Ambiente legt, sollte den allabendlichen Nachtmarkt von Kalibukbuk ansteuern. Zum Abschluss lockt eine süße Verführung: *pisang goreng* (gebratene Bananen).
186 C4/5 Ecke Jl. Raya Singaraja/Jl. Damai tägl. ab 17 Uhr

Rikki's Beach Bistro €/€€

Direkt am Strand sitzen, mit den Zehen Muster in den Sand zeichnen und bei preiswerten Cocktails und softiger Livemusik (18–19 Uhr) die Sonne im Meer versinken lassen – ach ja, Urlaub ist schön! Die Speisekarte ist international; mittags gibt es hauptsächlich Salate.

186 C4/5 Lilin Lovina Beach Hotel, Jl. Raya Singaraja 0362 4 16 70, www.rikkisonthebeach.com tägl. 13–22 Uhr

Secret Garden €/€€

Geschmackvoll gestaltete Gartenanlage mit nur einer Handvoll Tische fürs Candlelight-Dinner und extrem leckeren Gerichten der balinesischen Hausmannskost. Zum Nachtisch gibt's ... Kaiserschmarrn! Da das außerhalb gelegene Restaurant nicht leicht zu finden ist, sollte man den kostenlosen Shuttle nutzen: Anruf genügt.

187 D5 Jl. Pura Dalem 0887 3 32 10 07, www.secret-garden-restaurant.biz, tägl. 17–22 Uhr

The Damai €€€

Wer sich mal etwas gönnen will und nicht nur Strandklamotten eingepackt hat, sollte in Nordbali in diesem Luxus-Resort dinieren. Schon die Anfahrt durch das grüne, von Urwald und Reisfeldern geprägte Hinterland von Lovina ist ein Genuss. Dem steht die Fünf-Sterne-Oase des guten Geschmacks in Nichts nach, punktet doch das Restaurant mit einem geradezu göttlichen Küstenpanorama. Und dann der perfekte Service und das täglich neu kreierte Drei-Gänge-Dinner der französisch veredelten »königlich«-balinesischen Küche, die so gut ist, dass sie schon mehrfach in Koch- und Lifestyle-Büchern vorgestellt wurde. Alle Zutaten sind übrigens bio und kommen aus der Farm des Resorts. Reservieren zwingend notwendig!

186 C4/5 Jl. Damai 0362 4 10 08, www.thedamai.com tägl. 12–14 und 17–21 Uhr

Wohin zum ... Ausgehen?

DANAU & GUNUNG BATUR

Alles steht hier im Zeichen des Vulkans. Für eine Besteigung (► 169) ist ein Führer obligatorisch, bei organisierten Batur-Touren ist er inklusive. Am günstigsten bucht man diese direkt bei der **Association of Gunung Batur Trekking Guides**, die am Ende der Seeuferstraße in Toya Bungkah (► 136) ein Büro unterhält. Hier kostet die Tour 400 000 Rp pro Person (inkl. schlichtem Frühstück). Da in den späteren Morgenstunden der Gipfel oft in Wolken gehüllt ist, bricht man in der Regel nachts um ca. 3 Uhr auf, sodass man rechtzeitig zum Sonnenaufgang oben ist. Unbedingt Trinkwasser, Taschenlampe, feste Schuhe und warme, wasserfeste Kleidung mitnehmen.

MUNDUK

Dutzende Wasserfälle stürzen im Umland von Munduk zu Tal; in allen Unterkünften werden Wegbeschreibungen für Wanderungen und handgezeichnete Karten ausgehändigt. Organisierte Wanderungen werden ebenfalls von allen Unterkünften aus geboten, sind doch viele Wasserfälle ohne Ortskenntnis nicht zu finden. Auch als Nicht-Gast kann man an den vier geführten Tageswanderungen der **Puri Lumbung Cottages** (► 147) teilnehmen; Gleiches gilt für die fünf angebotenen Mountainbike-Touren, den täglich auf dem Programm stehenden Yogakursen, den Koch- und Webkursen und den sonstigen Unternehmungen dieser Eco Lodge. Zahlreiche Wanderungen im Großraum von Munduk hat auch der Veranstalter **Bali Vespa**

Tour (► 142) im Programm; wer auf der Suche nach einem Abenteuer auf vier Rädern ist, sollte sich die Extremtouren und »Expeditionen« von **Munduk Wilderness** (Tel. 0812 38 12 14 44, www.munduk wilderness.com) anschauen.

LOVINA

Delfin-Safaris sind die Top-Attraktion im Ort (► 141). Sie kosten pro Person 60 US$ bzw. 750 000 Rp aufwärts, sofern man in Lovina über die Unterkunft, ein Reisebüro oder direkt bei Bootsführern bucht (die am Spätnachmittag am Strand auf Kundensuche gehen). Mitunter werden bis zu 500 000 Rp pro Person gefordert – wer nicht handelt, zahlt stets zu viel. Verhandlungssache ist auch, ob noch eine Schnorchel- oder Angeltour angehängt wird, was sich anbietet, da man ohnehin bereits am Riff ist.

Lovina selbst ist kein lohnender Tauchspot, da den Riffen die Korallenbleiche und das Fischen mit Sprengstoff zugesetzt haben. Die hiesigen Tauchzentren bieten daher vor allem geführte Tauchexkursionen in die weitere Umgebung an (ca. 60–80 US$). Bestens ausgestattet ist der **Spice Beach Club** (Jl. Raya Singaraja, Tel. 0851 00 01 26 66, www.spicebeachclub bali.com), ein PADI-Zentrum, das auch Kurse durchführt (320 US$).

Lovina ist der einzige Ort Nordbalis, wo von einem Nachtleben die Rede sein kann. Hotspot ist die Touristen-Meile im Zentrum von Kalibukbuk. Allerdings sollte man nicht Clubs und Discos erwarten, wie man sie vielleicht von Kuta kennt. Die Stimmung konzentriert sich auf Pubs und Bars – irgendwo gibt es ab 21 Uhr immer Livemusik, meist chillige Sounds, niemals ohrenbetäubend laut. Zapfenstreich ist meist schon vor Mitternacht, nur während der Hochsaison oder in Partynächten kann's auch mal später werden.

Kantin 21 Lovina

An der Hauptstraße gelegene Freiluft-Bar, allabendlicher Treff der Jugend von Lovina und zahlreicher Backpacker, die Rock- und Gitarrensounds mögen. Günstig, ab spätestens 21 Uhr Livemusik.

186 C4/5 Jl. Raya Singaraja 0812 4 60 77 91 tägl. 13–2 Uhr

Poco Bar

Typische Musikbar zum Abhängen bei kaltem Fassbier und Livemusik.

186 C4/5 Jl. Binaria 0362 4 14 35 tägl. 11–1 Uhr

Spice Beach Club

Treff zum Sehen und Gesehenwerden. Die elegant gestylte Lounge-Bar rings um eine schnieke Poollandschaft bietet kreative Crossover-Küche, gute Livemusik (ab 21 Uhr), Shishas (150 000 Rp) und fantasievolle Cocktails (40 000–150 000 Rp). Jeden Monat steigen hier Vollmondpartys.

186 C4/5 Jl. Raya Singaraja 0851 00 01 26 66, www.spicebeachclub bali.com tägl. 9–1 Uhr

The Duke

Das Duke hat den vielleicht besten Soundmix von Lovina. Ganz sicher ist es »der« Treff von hier lebenden Expats und Touristen jenseits der 40. Montags ab 21 Uhr gibt es Blues auf die Ohren, dienstags Classic Sounds, donnerstags Soul, freitags Swing und Jazz und an den restlichen Tagen von allem etwas.

186 C4/5 Jl. Mawar 0813 37 08 43 18, www.theoldies-lovina.com tägl. 18–1 Uhr

Zigiz

Gemütliche Bar mit entspannter, handgemachter, etwas reggealastiger Livemusik. Guter Treff, um Kontakte zu knüpfen, einen relaxten Abend zu haben und supergünstige Cocktails zu genießen (davon gibt es über 100 zur Auswahl; meist 35 000–40 000 Rp).

186 C4/5 Jl. Binaria 0857 38 44 60 86, www.zigiz-bar.com tägl. 13–1 Uhr

Der Westen

Kleine Erlebnisse

Schutz für eine gefährdete Art

Beim Proyek Penyu (www.reefseenbali.com) in **Pemuteran** (➤ 158) dreht sich alles um Meeresschildkröten – sehr sehenswert!

(Nicht nur) Surfermekka

Rund 10 km östlich des **Pura Rambut Siwi** (➤ 160) liegt mit dem felsigen Pantai Medewi ein Hotspot für Surfer am Weg.

Ein Paradies für Vögel

Ein Bootsausflug ab **Labuhan Lalang** (➤ 157) in die Mangroven südwestlich der Pulau Menjangan begeistert nicht nur Ornithologen.

Erste Orientierung

Der Westzipfel von Bali, der sich im Großen und Ganzen westlich einer gedachten Linie vom Pura Tanah Lot im Süden nach Lovina im Norden Richtung Java hinzieht, ist der mit Abstand am wenigsten erschlossene, am dünnsten besiedelte und von Touristen auch am seltensten besuchte Teil der Insel. Fast zur Hälfte steht er als Taman Nasional Bali Barat unter Naturschutz.

Noch bis in die 1930er-Jahre streifte der mittlerweile ausgestorbene Bali-Tiger durch das Dickicht des sehr gebirgigen Naturrefugiums. Heute vereint der Nationalpark wie kaum ein anderer die Gegensätze. Denn auch Balis Unterwasserattraktion, die im äußersten Nordwesten von Bali gelegenen Korallengärten im Bereich der Insel Pulau Menjangan, gehören zu diesem insgesamt fast 800 km² großen Areal. Sie zählen zu den spektakulärsten Korallenriffen in ganz Südostasien. Da es jedoch auf der Insel selbst keinerlei Unterkünfte gibt, hat sich Pemuteran, ein kleines Fischerdorf auf dem »Festland«, zu einem alternativen Ferienort entwickelt, der längst nicht mehr nur Schnorchler und Taucher anzieht, sondern auch Touristen, die auf der Suche nach ein wenig Ruhe und Entspannung am Meer sind.

Ganz so wie an der südlichen Westküste auch, wo die größtenteils noch naturbelassenen Sand-, Kies- und Geröllstrände, die sich kilometerlang am Band des Ozeans hinziehen, Domäne nicht mehr nur von Wellenreitern sind. Wer von hier ins Hinterland fährt, kann vielerorts auf schmalen Nebensträßchen dem Lauf sprudelnder Bäche folgen, während sich dichter Bambus über den Köpfen biegt und am Straßenrand gestapelte Früchte farbenfrohe Türme bilden.

Die traditionellen Wasserbüffelrennen von Negara sind für die Wasserbüffel vermutlich kein Spaß

TOP 10

9 Pulau Menjangan ➤ 156

Nach Lust und Laune!

40 Taman Nasional Bali Barat ➤ 158
41 Pemuteran ➤ 158
42 Negara ➤ 159
43 Pura Rambut Siwi ➤ 160
44 Balian ➤ 161

In zwei Tagen

Erst geht es an der Südküste parallel zu Balis einzigem Nationalpark bis zum Westzipfel der Insel, wo Java fast schon zum Greifen nahe liegt, dann folgt ein Abstecher auf die benachbarte Tauch- und Schnorchelinsel Pulau Menjangan – für die wichtigsten Ziele von Westbali sollten zumindest zwei Tage eingeplant werden. Auch für diese Tour ist ein Mietfahrzeug – ob mit oder ohne Fahrer – fast schon zwingende Voraussetzung.

Erster Tag

Vormittags

Starten Sie den Tag mit einer Fahrt zum Ferienzentrum 44 **Balian** (➤ 161), das sich in Kreisen Ruhe suchender Touristen und Wellenreiter einen guten Namen gemacht hat. Da man bis zum Etappenziel des Tages keine auf Touristen eingestellten Restaurants und Cafés finden wird, bietet es sich an, hier ein zweites Frühstück oder einen frühen Lunch einzunehmen, bevor es zum 43 **Pura Rambut Siwi** (➤ 160) weitergeht.

Nachmittags & abends

Wie lange die Fahrt nach 42 **Negara** (➤ 159) währt, ist kaum zu planen, da es vor allem auf den Verkehr ankommt. Ein Stopp in der Stadt lohnt ohnehin nur dann, wenn in dem Ort ein Wasserbüffelrennen stattfindet. Und auch den 33 km weiter am Weg liegende 40 **Taman Nasional Bali Barat** (➤ 158; unten) wird nur ansteuern, wer bei Cekik an einer geführten Wanderung teilnimmt. Jedenfalls zweigt in Cekik die Straße nach Nordwest-Bali ab (geradeaus geht es nach Gilimanuk, dem Fährhafen nach Java). Nach 13 km passiert man Labuhan Lalang (➤ 156), dem Hafen für Fahrten nach Pulau Menjangan; auf den folgenden 15 km bis zum Ferienort 41 **Pemuteran** (➤ 158) kommt man an Dutzenden Hotels und Resorts vorbei, im Ort selbst finden sich zahlreiche Restaurants für ein Abendessen.

Zweiter Tag

Vormittags

⑨ **Pulau Menjangan** (➤ 156; oben) ist zum Abtauchen schön: Wer den Westen von Bali besucht, kommt an einem Bootsausflug auf diese Insel nicht vorbei. Sei es nur zum Faulenzen am Strand, zum Schnorcheln oder eben zum Tauchen. Das Mittagessen nimmt man am besten in Form eines Lunchpakets mit, das man sich am Hafen von Labuhan Lalang zusammenstellt.

Nachmittags & abends

Wenn schon, denn schon – die meisten Besucher bleiben bis nachmittags auf Pulau Menjangan. Auf einen späten Lunch geht es dann in den **Bali Tower Resto** (➤ 163), obwohl die Eindrücke in diesem Restaurant hoch über dem Boden zum Sonnenuntergang noch viel imposanter sind. Wenn es also der Hunger erlaubt, kommt man besser erst zum Abendessen.

9 Pulau Menjangan

Will man vor Bali abtauchen, ist die zum Bali-Barat-Nationalpark gehörende Pulau Menjangan mit Abstand die beste Adresse. Im extrem sauberen und klaren Wasser rings um diese nur etwa 1,8 km lange und 3,5 km breite Insel hat man selbst in 40 m Tiefe noch den vollen Durchblick auf eine märchenhafte marine Welt, die sich vor allem in puncto Steilwandtauchen einen herausragenden Namen gemacht hat.

Die hiesigen Drop Offs stürzen bis zu 60 m in die Tiefe. Nicht weniger spektakulär ist die Korallenvielfalt – wie eine Zählung von Jacques Cousteau 1963 ergab, finden sich rund um Pulau Menjangan mehr Hart- wie auch Weichkorallenarten als in der gesamten Karibik. Auch heute noch – selbst nach der Korallenbleiche, die auch Pulau Menjangan nicht verschont hat – sind die zumeist sehr dicht bewachsenen Riffe rings um die Insel weitgehend intakt und bieten unzähligen Tieren und Pflanzen einen geschützten und unwirklich schönen Lebensraum (Abb. ➤ 155).

So findet man hier beispielsweise ein außerordentlich großes Röhrenaal-Feld, Gorgonien-Fächerkorallen, Skorpion- und Fledermausfische, Geisterpfeifenfetzenfische und Seepferdchen, Krokodilfische und Zackenbarsche. Auch Napoleonfische und Feuerfische, Adlerrochen und Anglerfische, Barrakudas und Haie sowie mehr als 100 weitere Fischarten kommen vor. In der Regenzeit soll man angeblich selbst Mantas und Walhaie zu Gesicht bekommen, immer wieder auch Schildkröten.

Tauch- und Schnorchelrevier deluxe

Aber nicht nur Steilwände gilt es hier mit dem Druckluft-tauchgerät zu erkunden, sondern auch sandige Hänge und Riffplatten, Höhlen, steile Überhänge und grüne Lagunen sowie ein in 40 m Tiefe liegendes Wrack aus dem 19. Jahrhundert. Dabei sind die Bedingungen sowohl für Taucher als auch für Schnorchler exzellent. Nach der Überfahrt von Labuhan Lalang aus, die rund 30 Minuten dauert, kann man direkt bei der Anlegestelle im Inselsüden ins Wasser steigen und zur etwa 20 bis 40 m entfernten Riffkante schwimmen, wo die Sicht 20 bis 30 m beträgt. Und da es keine nennenswerten Strömungen gibt, kann

Pulau Menjangan ist ein Paradies für Taucher und Schnorchler

Mähnenhirsche, die mitunter auch von Bali nach Pulau Menjangan schwimmen, sind die Namensgeber der »Insel der Hirsche«

man sich in Ruhe am Riff entlangtreiben und von Fischen umschwärmen lassen.

KLEINE PAUSE

Da Pulau Menjangan unter Naturschutz steht, gibt es dort keine Restaurants. Im *warung* beim **Bootssteg in Labuhan** Lalang kann man sich Lunchpakete zusammenstellen lassen. Nach der Rückkehr von der Insel ist jedoch ein Besuch des nahe beim Bootssteg gelegenen **Bali Tower Resto** (► 163) ein Muss.

---

184 B5

BAEDEKER TIPP

- Anbieter für Tauch- und Schnorcheltouren vor Pulau Menjangan finden sich zwar in allen Ferienzentren der Insel. Da aber die Transfers zeitraubend sind – ab Kuta z.B. ist man ca. sechs bis sieben Stunden mit dem Auto unterwegs –, empfiehlt es sich, im rund 17 km entfernten **Pemuteran** (► 158) Quartier zu nehmen, wo zahlreiche Tauchzentren niedergelassen bzw. gleich den Resorts angeschlossen sind. Die Angebote in Permuteran sind ziemlich identisch: Mit allem Drum und Dran kosten Schnorcheltrips vom Boot aus rund 550 000 Rp (halber Tag, mind. 4 Teilnehmer), zwei Tauchgänge 1,5 Mio. Rp; ein privater Tauchführer schlägt nochmals mit ca. 500 000 Rp zu Buche.
- Alternativ zu Pemuteran kann man auch in **Labuhan Lalang** übernachten, wo auch die Boote ablegen. Doch geht das kaum unter 300 € pro Nacht, sind doch alle hier gelegenen Domizile höchstem Luxus verpflichtet.
- Da Pulau Menjangan zum Bali-Barat-Nationalpark gehört, ist eine **Nationalparkgebühr** zu entrichten, die 225 000 Rp für Taucher bzw. 215 000 Rp für Schnorchler beträgt.
- Damit das Korallenriff nicht übermäßig stark belastet wird, wird pro Tag nur eine **bestimmte Anzahl Taucher** zugelassen – es ist daher sehr ratsam, Tauchgänge möglichst frühzeitig zu reservieren.
- **Etikette:** Dass das Füttern der Fische sowie das Beschädigen der Korallen strengstens verboten ist, sollte ebenso klar sein, wie die eindringliche Bitte, an seichten Abschnitten nicht mit den Flossen auf dem Riff herumzutrampeln!

Nach Lust und Laune!

40 Taman Nasional Bali Barat

Dieser bereits 1983 eingerichtete Nationalpark ist aus einem schon von den Niederländern angelegten Naturpark hervorgegangen und der einzige auf Bali. Mit einer Gesamtfläche von rund 780 km² umfasst er halb Westbali und nahezu 15 % der gesamten Inselfläche, präsentiert sich aber nicht – wie oft zu lesen – als »ungezähmte Urwaldwildnis«, sondern vielmehr als Trockensavanne mit ausgedehnten Monsun- und dichten Mangrovenwäldern; lediglich vereinzelt finden sich auch Regenwald-Enklaven. Bekannt ist das Schutzgebiet vor allem wegen seiner außerordentlichen **Vielfalt an Vogelarten**, von denen insgesamt über 200 hier beheimatet sein sollen. Zu diesen gehört auch der extrem gefährdete und weltweit nur auf Bali lebende Bali-Star, zu dessen Schutz der Nationalpark einst gegründet wurde. Vor allem aufgrund der zunehmenden Entwaldung und auch des illegalen Tierhandels ist er vom Aussterben bedroht; während der letzten offiziellen Zählung 2004 konnten im Schutzgebiet nur noch 37 Exemplare des Bali-Stars registriert werden. Auf den Bali-Tiger, der hier zum letzten Mal im Jahr 1937 gesichtet worden ist, kann man längst einen Nachruf verfassen, und auch Wildrinder, Leoparden und Zibetkatzen gibt es aller Wahrscheinlichkeit nach nur noch auf dem Papier.

Im Nordwesten der Insel reicht der Nationalpark Bali Barat direkt bis an die Küste

Lediglich unter Wasser, nämlich rings um die ebenfalls zum Schutzgebiet gehörige Insel Pulau Menjangan (► 156), halten Flora und Fauna, was man sich im allgemeinen von einem Nationalpark verspricht. **Wanderungen** durch die unberührte Natur des Nationalparks bietet das Hauptquartier bei Cekik südlich von Gilimanuk; diese sind zwar nicht sonderlich spektakulär, vor allem für Hobbyornithologen aber durchaus lohnend. Ein obligatorischer Guide kostet 100 000 Rp (nicht im Parkeintritt enthalten). Im Besucherzentrum empfohlen werden vor allem der zweistündige **Tegal Bunder Trail** (einfache Wanderung vor allem zum Vogelbeobachten) und der **Gunung Klatakan Trail**, der fünf bis sechs Stunden dauert und durch Regenwald führt.

185 D/E3

Bali Barat National Park Office Headquarter

Jl. Raya Cekik-Gilimanuk-Jembrana-Bali, Cekik ☎ 0365 6 10 60, tnbb@telkom.net
tägl. 7.30–17 Uhr 200 000 Rp

41 Pemuteran

Wie Candidasa, Amed und Lovina, so gehört auch das im äußeren

Als vergleichsweise ruhiges Ferienidyll mit dunkelfarbigen Stränden und meist nur geringer Brandung eignet sich Pemuteran gut für Familien

Nordwesten von Bali beiderseits der Hauptdurchgangsstraße gelegene Pemuteran zu den vergleichsweise kleinen und ruhigen Reisezielen auf Bali. Die Strände sind hier allesamt von dunkler Färbung und relativ schmal, dabei feinsandig bis grobkiesig. Das Meer präsentiert sich fast immer

spiegelglatt und bietet beste Voraussetzungen zum Schnorcheln. Dies um so mehr, seit hier im Jahr 2000 ein **Korallen-Wiederaufforstungs-Programm** ins Leben gerufen wurde, bei dem Korallen auf künstlichen Riffstrukturen mit schwachem Strom zum Wachsen angeregt werden. Es handelt sich hierbei um das von der UNO mittlerweile gar preisgekrönte, weil weltweit größte und bislang auch erfolgreichste »Biorock Project« überhaupt; wer sich ansehen will, wie so ein künstliches Riff aussieht, schwimmt vor dem Taman Sari Hotel ein Stück weit hinaus. Im maximal 15 m tiefen Wasser erkennt man auch schnorchelnd insgesamt rund 50 Stahlkonstruktionen, die so dicht mit Korallen bewachsen sind, dass man ihre ursprünglichen Formen oft kaum noch erahnen kann.

Wer noch mehr von den Unterwasserwelten sehen will, der kann an einer Schnorchel- oder Tauchtour zur nahen Insel Pulau Menjangan (► 156) teilnehmen oder mit dem Fahrrad auf Inselexkursion gehen. Auch Koch- und Yogakurse stehen in Pemuteran in den allermeisten Unterkünften im Angebot.

✚ 184 C4

42 Negara

Negara, die mit rund 30 000 Einwohnern größte Stadt von Westbali, bietet eigentlich keinerlei Sehenswürdigkeiten und ist daher für Touristen die meiste Zeit des Jahres

Ein kleiner Schrein am Strand des Pura Rambut Siwi steht bei Flut mitten im Wasser

eine Durchgangsstation. Lediglich zwischen Juli und Oktober mischen sich auch Ausländer unter die Städter. Dann nämlich werden hier die *makepung* ausgetragen, traditionelle **Wasserbüffelrennen** (Abb. ➤ 153), mit denen die (ursprünglich aus Java stammenden) Bauern der Umgebung die Götter um Segen für die Reisernte bitten.

Entsprechend fein herausgeputzt sind die Wasserbüffel, bunt bemalt und reich geschmückt die *cikars*, die Streitwagen, die die eigens zu diesem Zweck gezüchteten Tiere hinter sich herziehen. Dabei erreichen sie Geschwindigkeiten von 50 bis 60 km/h. Da aber in die Wertung der Rennen nicht nur eingeht, wer als Erster am Ziel ist, sondern gerade auch das Erscheinungsbild von Büffel, Streitwagen und »Jockey«, kann man sich vorstellen, wie herrlich bunt und fotogen das Geschehen ist, das nicht nur Touristen sondern auch Zigtausende Balinesen aus allen Ecken der Insel anzieht.

Den Höhepunkt der Rennsaison markieren die beiden Derbys, die auf der 2 km langen Erdrennbahn von **Mertha Sari** im Süden Negaras stattfinden. Zum einen handelt es sich dabei um den **Bupati-Cup** am Sonntag vor dem 17. August (indonesischer Nationalfeiertag), zum anderen um den **Gubenur-Cup**, der zu wechselnden Terminen im September oder Oktober ausgetragen und mitunter sogar im balinesischen Fernsehen übertragen wird. Aber auch zwischen diesen beiden Höhepunkten werden zwischen Juli und September mindestens zweimal pro Monat – in der Regel sonntags – Rennen veranstaltet, die nicht nur, aber in erster Linie für Touristen gedacht sind.

184 C2

Jembrana Government Tourism Office
Jl. Dr. Setia Budi 1, Negara 0365 4 10 60

43 Pura Rambut Siwi

Auf etwa halber Strecke zwischen Balian und Negara wird der nur für passionierte Wellenreiter interessante Strandort **Pantai Medewi** passiert. Rund 7 km weiter liegt am Ende einer rund 500 m langen Sackgasse der prachtvolle Tempel Pura Rambut Siwi auf einer Klippe über dem tosenden Meer. Eine

GENUG BARGELD DABEI?
In Balian gibt es weder Geldautomaten noch Wechselstuben – wer nicht ausreichend Bargeld mitbringt, muss mindestens bis Tabanan (Geldautomat), wohin man etwa 30 bis 40 Minuten unterwegs ist.

Treppe führt hinab zum Strand, eine andere hinauf zum Heiligtum, das zusammen mit dem Pura Tanah Lot (➤ 48) und dem Pura Luhur Ulu Watu (➤ 50) zu den drei bedeutendsten Meerestempeln von Bali zählt und auch in puncto Schönheit und Panorama seinen beiden Schwestertempeln in nichts nachsteht, aber kaum besucht wird.
185 E2 tägl. 8–17 Uhr 15 000 Rp, zusätzliche Spende erbeten

44 Balian

Der Strandtourismus auf Bali sucht ständig nach Alternativen zu den Ferienzentren im Süden der Insel und hat nun Balian »entdeckt«, noch vor wenigen Jahren ein nur den Einheimischen bekannter Strandabschnitt 70 km westlich von Kuta & Co. Bis nach Tabanan, der nächsten Stadt, sind es fast 40 km. Der hell- bis dunkelgraue Strand beiderseits der Mündung des Balian River ist lang und breit und perfekt für ausgedehnte Spaziergänge geeignet. Nur zum Baden taugt er nicht allzu sehr, da hier mitunter eine enorme Brandung heranrollt, die zudem mit starken Strömungen einhergehen kann. Entsprechend dreht sich hier vieles ums Bodysurfen bzw. klassische Surfen und die meisten Besucher sind folgerichtig Wellenreiter. Für das leibliche Wohl sorgen eine Handvoll Restaurants und Cafés im Bereich der parallel zum Strand verlaufenden, erhöhten und damit Meerblick bietenden Straße. Dörfliches Leben mit kleinen *warungs* und einem allabendlichen Nachtmarkt kann man im rund 1 km entfernten Ort **Lalang Lingah** genießen.

Auf dem Weg nach Balian kann man im **Museum Subak** in Tabanan Einblicke in die Arbeit der Reisbauern gewinnen.
186 B1

Museum Subak
Jl. Gatot Subroto Mo–Do und Sa 8–16.30, Fr bis 12 Uhr

Von Dünen und kleinen Hügeln blickt man auf den Strand von Balian, der vor allem bei Surfern hoch im Kurs steht

Wohin zum ... Übernachten?

Preise
für ein Doppelzimmer pro Nacht:
€ unter 750 000 Rp — €€ 750 000–1,5 Mio. Rp — €€€ über 1,5 Mio. Rp

In Balian herrscht an Luxusresorts kein Mangel, ein Stück landeinwärts gibt es auch etliche günstige Bungalowanlagen. Ein tolles Preis-Leistungs-Verhältnis bekommt man in Pemuteran, wo die Durchgangsstraße die günstigen Unterkünfte auf der Landseite von den teureren trennt.

BALIAN

Gajah Mina Beach Resort €€€

Erhöht über dem Meer liegt dieses Luxusresort mit separat stehenden Villen, die auch gehobenen Komfort-Ansprüchen genügen und teils eine atemberaubende Aussicht aufs offene Meer und eine kleine private Sandbucht haben. Ruhepavillons lockern den mit Skulpturen geschmückten Garten auf. Spa und mehrmals im Jahr veranstaltete Yoga-Retreats.

186 B1 Jl. Pantai Balian
0812 3 88 24 38, www.gajahminaresort.com

Gubug Balian Beach Bungalow €

In zweiter Reihe hinter dem Strand gelegene Anlage mit zweistöckigen Steinbungalows, die aus zwei großen klimatisierten Zimmern mit Kachelboden und einfacher Möblierung bestehen. Großer Pool.

186 B1 Jl. Pantai Balian
0812 39 63 06 05, gubugbalian@gmail.com

Pondok Pisces/Balian Riverside Sanctuary €–€€€

Während das Pondok Pisces exotische Grasdachbungalows und Zimmer am Meer hat, liegen die wunderschönen Bungalows des Balian Riverside ein paar Meter landeinwärts am Flussufer in einem üppig begrünten Garten. Alle Bungalows sind komfortabel für zwei bis sechs Personen ausgestattet, teils mit Kochnische, immer mit Ventilator (keine Klimaanlage). Mit Pool und Tom's Restaurant.

186 B1 Jl. Pantai Bailan
0852 37 83 98 99, www.pondokpiscesbali.com

Pondok Pitaya €€/€€€

In der Poleposition direkt hinter dem Strand gelegene Anlage, die in der Mehrheit von australischen Wellenreitern besucht wird. Entsprechend viel Bier wird abends in der angeschlossenen Bar konsumiert. Vermietet werden Zimmer und Bungalows in verschiedenen Größen und Kategorien. Bevor man sich einquartiert, unbedingt die Unterkunft anschauen – manche Zimmer/Bungalows sind ihr Geld nicht wert.

186 B1 Jl. Pantai Balian
0819 99 84 90 54, www.pondokpitaya.com

Shankari's Bali Retreat €–€€€

Rund zehn Gehminuten vom Strand entfernt liegt das spirituelle Hideaway. Die Bungalows aus Naturmaterialien sind einfach mit Bett und Schreibtisch, Ventilator, Bad und Balkon eingerichtet und bieten Blick auf den Garten, zu dem drei Pools gehören. Das Restaurant serviert außerordentlich günstige Gerichte der indonesischen Küche und ein paar italienische Klassiker, das Spa offeriert Massagen und immer wieder werden Yogakurse

gegeben; mehrmals im Jahr finden auch Yoga-Retreats statt. Über ein Buchungsportal wird's billiger.
186 B1 Jl. Raya Gilimanuk ☎ 0361 81 49 93, www.shankari.com

PEMUTERAN

Adi Assri Beach Resort €€/€€€

Helle Wände, edle Hölzer, Marmorfußboden, Himmelbett und Klimaanlage – das bieten schon die einfachsten der in fünf Kategorien eingeteilten Bungalows; die teuerste Villa hat gar einen privaten Pool. Zur Anlage gehören ein großer Pool, ein gepflegter Garten, ein Tauchzentrum und ein Spa.
184 C4 ✉ Jl. Singaraja-Gilimanuk ☎ 0362 9 48 38, www.adiassribeachresorts.com

Kubuku Eco Lodge €

Aufgrund der Lage, rund zehn Gehminuten abseits des Strandes, wohnt man hier schon ab 20 € in einem der 14 hellen und luftigen Zimmer richtig schön und mit vergleichsweise viel Komfort. Gutes Restaurant, hübscher Pool und großes Angebot an Aktivitäten; selbst Vulkanbesteigungen auf Java werden angeboten, ferner Yoga-Retreats, Fahrradtouren, Vogelbeobachtungstouren u. v. m.
184 C4 ✉ Jl. Singaraja-Gilimanuk ☎ 0813 38 57 53 84, www.kubukuhotel.com

Taruna Homestay €/€€

Als »Homestay« ist die an den Strand angrenzende Anlage unpassend bezeichnet. Denn Familienanschluss hat man hier nicht, dafür aber einen Service, der keinen Vergleich mit einem Viel-Sterne-Hotel scheuen muss. Der Garten samt Pool sieht aus wie gemalt, das Restaurant serviert ausgezeichnetes Essen und die hellen und luftigen Zimmer bieten viel Luxus für wenig Geld. Man fühlt sich vom ersten Augenblick an wohl. Neben den in Pemuteran allgegenwärtigen Tauchtrips nach Pulau Menjangan werden (teure) Trekkingtouren im Nationalpark und Sightseeing-Touren nach Java angeboten.
184 C4 ✉ Jl. Singaraja-Gilimanuk ☎ 0813 38 53 63 18, www.tarunapemuteran.com

Tirta Sari Bungalows €/€€

Zauberhaftes kleines Resort direkt am Meer: Die gepflegten Bungalows sind eingebettet in eine hübsche Gartenanlage mit tollem Pool. Angenehmes Restaurant, professionelles Spa, freundlicher Service und ein üppiges Angebot an Aktivitäten.
184 C4 ✉ Jl. Singaraja-Gilimanuk ☎ 0877 62 13 21 23, www.tirtasaribungalows.com

Wohin zum ... Essen und Trinken?

Preise
für ein Hauptgericht ohne Getränke:
€ unter 60 000 Rp **€€** 60 000–120 000 Rp **€€€** über 120 000 Rp

LABUHAN LALANG

Bali Tower Resto €€€

Das auch als »Menjangan Tower« bekannte Spitzenrestaurant, Teil des Resorts The Menjangan, präsentiert sich als ein 33 m hoher Holzturm, von dessen Plattformen aus man ein 360°-Panorama bis nach Pulau Menjangan und die mediterrane und indonesische Feinschmeckerküche genießen kann.

184 B4 The Menjangan 0362 94 700, www.themenjangan.com tägl. 7.30–23 Uhr

BALIAN

Secret Bay Restaurant €€€

Das einzige herausragende Restaurant von Balian ist dem Gajah Mina Beach Resort (► 162) angeschlossen. Es liegt unnachahmlich unter Palmen oberhalb der wunderschönen Secret Bay. Während man entspannt auf loungigen Sitzelementen sanften Jazzklängen lauscht und an kreativen Cocktails oder Longdrinks nippt, wird schon das Warten aufs Essen zum reinsten Vergnügen. Das Essen selbst – eine Kreation der edlen Crossover-Küche – setzt dem Ganzen aber noch eins obendrauf.

186 B1 Jl. Pantai Balian
0812 3 88 24 38, www.gajahminaresort.com

PEMUTERAN

Bali Balance Café & Bistro €€

Dieses den Hang hinauf an der Hauptstraße gelegene Gartenrestaurant serviert mit Abstand den besten Kaffee und die leckersten Backwaren von Pemuteran. Man sitzt unter weißen Sonnenschirmen und genießt – und findet's völlig in Ordnung, dass die Preise europäisches Niveau haben.

184 C4 Jl. Singaraja-Gilimanuk
0853 37 45 54 54, www.bali-balance.com
tägl. 8–18 Uhr

Frangipani Restaurant & Bar

Etwas von der Hauptstraße zurückversetztes Restaurant im zweiten Stock mit Blick über Pemuteran. Angenehmes Ambiente, zuvorkommende Bedienung und eine sehr umfangreiche Speisekarte indonesischer und europäischer Gerichte. Die Preise sind generell etwas höher als üblich (das gilt auch für die riesige Cocktailauswahl).

184 C4 Jl. Arjuna 0813 38 41 86 68, www.frangipanirestaurant.com
tägl. 13–22 Uhr

La Casa Kita

Endlich mal keine »balinesischen Pizzas«, sondern richtig knusprige, perfekt belegte und nicht zu teure Holzofenpizzas.

184 C4 Jl. Singaraja-Gilimanuk
0852 38 89 02 53 tägl. 11–23 Uhr.

Wohin zum ... Ausgehen?

Von einem Nachtleben ist in Westbali nicht einmal ansatzweise die Rede. Wer aktiv sein will, wird in erster Linie surfen (vor Balian) bzw. schnorcheln und tauchen (vor Pemuteran und Pulau Menjangan).

PEMUTERAN

Rund 25 Tauchzentren gibt es mittlerweile in Pemuteran; zählt man diejenigen in Labuhan Lalang und Umgebung hinzu, dürfte es etwa 40 Tauchzentren geben, die ein Stück vom großen Tauchtourismus-Kuchen abhaben wollen. Die Angebote sind meist ähnlich, die Ausrüstungen in aller Regel gut gepflegt. Wer Wert auf eine deutsche Leitung sowie einen deutschen bzw. deutschsprachigen Tauchlehrer legt, ist in den **Tauchzentren von Werner Lau** in guten Händen. Derer gibt er gleich zwei in Pemuteran: eines im Matahari Rersort, eines im Pondok Sari Resort. Buchungen erfolgen online unter www.wernerlau.com sowie telefonisch über das deutsche Buchungszentrum (Tel. 040 69 21 05 38) oder über die Tauchzentren direkt vor Ort (Tel. 0812 38 59 161). PADI-Tauchkurse kosten 330 €, Tauchtörns nach Pulau Menjangan 77 €, Schnorcheltörns 44 € und Tauchgänge vom Strand in Pemuteran aus 22 €. Man kann auch Tauchpakete inklusive Unterkunft buchen.

Spaziergänge & Touren

1 BESTEIGUNG DES GUNUNG AGUNG

Wanderung

DAUER: 8/12/14 Std. (hin & zurück) **HÖHENDIFFERENZ:** 1400/1600/2100 m **START/ZIEL:** Für die Südrouten der Pura Pasar Agung ✚ 189 D2, für die Westroute der Pura Besakih ✚ 188 C2

Mit seinem gewaltigen Konus dominiert der aktive Schichtvulkan Gunung Agung den gesamten Osten der Insel. Eine Wanderung zum luftigen Gipfel des mit 3142 m höchsten (und heiligsten) Berges von Bali ist gerade das Richtige nach ein paar faulen Strandtagen. Allerdings nur, wenn man sich in der Trockenzeit von April bis September – noch besser im Juli oder August – auf der Insel befindet, bei wirklich guter körperlicher Fitness ist und die entsprechende Ausrüstung wie festes Schuhwerk sowie warme und wasserfeste Kleidung dabeihat. Alles, was sonst noch benötigt wird – also u. a. Taschenlampe, Trekkingstöcke, Handschuhe und Proviant –, stellen in der Regel die Wanderführer zur Verfügung. Und wirklich nur mit einem Guide sollte man sich auf den schwer zu findenden, steilen, oft rutschigen und mitunter auch gefährlichen Weg machen!

Sonnenaufgang über dem Gunung Agung – ein unvergesslicher Moment

1–2 (Westroute)
Drei Routen gibt es insgesamt, die dem »Hohen Berg« (so die Übersetzung von Gunung Agung) aufs Dach steigen. Die mit Abstand schwerste und längste ist die **West-** oder auch **Besakih-Route**. Sie startet am oberen Ostende des Besakih-Tempels. Da sich der Gunung Agung im Laufe des Vormittags oft in Wolken hüllt, beginnt man mit dem Aufstieg in der Regel gegen 23 Uhr. Zum Sonnenaufgang wird dann der Gipfel erreicht, von dem aus man – ein wenig Glück vorausgesetzt – ein 360°-Panorama der Superlative genießen kann.

Der Weg verläuft entlang der steilen Westflanke des Agung über

BERGFÜHRER

Ortskundige Führer können in Tirtagangga (➤ 109), vor dem Pura Besakih (➤ 104) und am Mahagiri Restaurant (➤ 108) organisiert werden. Außerdem hat nahezu jedes Reisebüro in den Ferienzentren die Tour zum Krater und Gipfel des Gungung Agung im Programm. Die vielleicht qualifiziertesten Bergführer finden sich aber in Selat nahe dem Startpunkt der Südroute zum Gipfel. Unser Tipp: **Dartha Mount Agung Trekking** (Tel. 0852 37 00 85 13, agungguide@yahoo.com, www.darthamountagungtrekking.com). Eine organisierte Tour kostet alles inklusive etwa 1–1,5 Mio. Rp für zwei Personen; es kann auch eine Unterkunft direkt vor Ort sowie ein Transfer von bzw. zu den Ferienzentren gebucht werden.

Am Ziel! Bei guter Sicht reicht der Blick vom Gunung Agung bis zu Balis Nachbarinseln

mehr als 2100 Höhenmeter zum Gipfel hinauf. Anfangs geht es noch durch dichte Bergregenwälder. Ab der auf rund 2500 m gelegenen Felswand **Kori Agung**, die nach rund sechs Stunden erreicht ist, dringt man in die von steil aufsteigenden Lavafeldern geprägte Gipfelregion vor.

2–3 (Westroute)
Gut zwei bis drei schweißtreibende Stunden später wird der **Gipfel** erreicht, bei dem es sich genau genommen um den höchsten Rand des rund 700 m durchmessenden **Vulkankraters** handelt. Dessen steile und meist in Schwefelschwaden gehüllte Innenwände stürzen bis zu 200 m in die Tiefe.

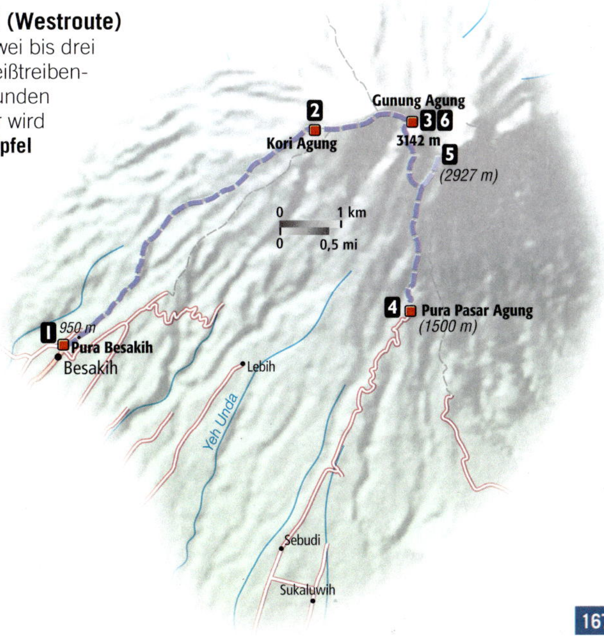

3–1 (Westroute)

Da der Abstieg mindestens so schwer wie der Aufstieg ist, sind gut weitere sieben Stunden anzusetzen, bis der **Pura Besakih** wieder erreicht wird und damit das Ziel dieser strapaziösen, aber umso unvergesslicheren Tour.

4–5 (Südrouten)

Die **zwei Südrouten** starten und enden am Tempel **Pura Pasar Agung**, der knapp 10 km nördlich von Selat an der Südflanke des Vulkans auf rund 1500 m Höhe liegt und mit dem Auto erreicht werden kann. Auch hier gilt es wegen der frühen Wolkenbildung so frühzeitig aufzubrechen, dass man zu Sonnenaufgang am Ziel angekommen ist: Der Start erfolgt in aller Regel also gegen Mitternacht, wenn es bis zum Gipfel hinaufgeht, bzw. um 2 Uhr, wenn die Tour »schon« am Kraterrand endet.

Auch dieser Weg ist steil, mitunter rutschig, aber alles in allem doch leichter begehbar als die Westroute. Die erste Variante bis zum hier auf 2927 m gelegenen **Kraterrand** sollte in drei bis vier Stunden zu bewältigen sein.

5–3 (Südrouten)

Weiter zum **Gipfel** sind nochmals eine bis zwei Stunden anzusetzen.

MOUNT AGUNG CAMPING TOUR

Mitten in der Nacht aufstehen bzw. erst gar nicht ins Bett gehen und bis zum Morgengrauen im fahlen Licht von Taschenlampen auf steilen und teils rutschigen Pfaden den Vulkan erklimmen – der Aufstieg zum Gipfel des Gunung Agung ist in puncto Wandervergnügen vielleicht nicht jedermanns Sache. Abhilfe schafft die zweitägige **Mount Agung Camping and Spiritual Meditation Tour** von Dartha Mount Agung Trekking (➤ 166). Sie folgt der Südroute über insgesamt zwei Tage (Übernachtung im Zelt), sodass man reichlich Zeit hat, um die Landschaft zu genießen (und natürlich auch zu meditieren).

In Sachen Panorama sind beide Ziele von schlicht einzigartiger Schönheit. Wer sich seiner körperlichen Fitness nicht ganz sicher ist, ist daher gut beraten, der kürzeren Tour den Vorzug zu geben. Denn rund 40 % der Touristen, die den Gipfel erklimmen wollen, geben unterwegs erschöpft auf!

Südrouten 3–4

Wie auch bei der Westroute wird bei den Südrouten noch Energie für den Abstieg benötigt, der in etwa gleicher Zeit wie der Aufstieg bewältigt wird.

Beim Abstieg liegt dem Wanderer der gesamte Ostteil Balis zu Füßen

2 BESTEIGUNG DES GUNUNG BATUR

Wanderung

DAUER: 4–6 Stunden (hin & zurück)
HÖHENDIFFERENZ: ca. 600 m
START/ZIEL: Pura Jati 188 B3

Die vielen bizarren Vulkanlandschaften der Erde haben eine treue Anhängerschaft. Aber selbst wer nicht zu dieser gehört, wird bei der Besteigung des 1717 m hohen Gunung Batur ins Schwärmen geraten. Sicher, es ist kein leichtes Unterfangen, die Lavahänge hinaufzuwandern – unterwegs werden sich vielleicht gar Momente des Bereuens einstellen. Doch sind Sie erst einmal oben, sehen die Welt zu Ihren Füßen und über ihr die rotgolden leuchtende Sonne aufgehen, sind die Mühen schnell vergessen.

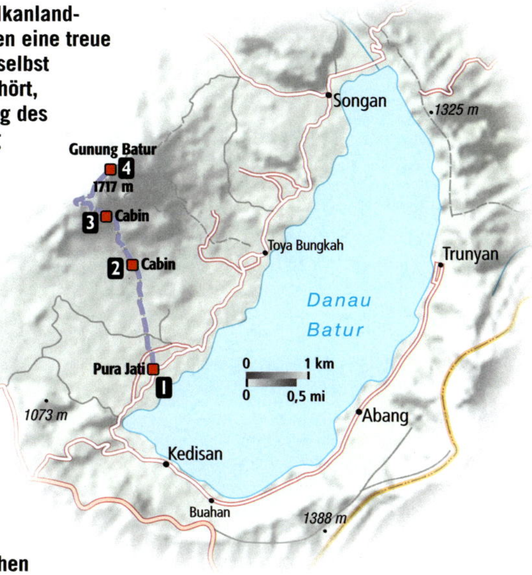

1–2

Insgesamt gibt es drei verschiedene Routen, die vom Danau Batur auf den Gipfel des Gunung Batur führen. Die mit Abstand kürzeste und leichteste – weshalb sie auch von den obligatorischen Führern (► 149) am häufigsten gewählt wird – beginnt in **Pura Jati** direkt an der **Seeuferstraße**. Hier kann auch das Auto geparkt werden (unbedingt vorher alle Wertsachen mitnehmen!). Und wie auch am Gunung Agung gilt: Unbedingt an Trinkwasser, Taschenlampe, feste Schuhe und warme, wasserfeste Kleidung denken!

Höhenangst ist für die Guides am Gunung Batur ein Fremdwort

Den »großen Bruder«, den Gunung Agung, hat man vom Batur-Vulkan bestens im Blick

Obwohl es ungewohnt ist, im Schein der Taschenlampe auf der sandweichen Schlacke zu laufen, die den Weg dick bedeckt, kommt man gut voran. Nach etwa einer Stunde ist eine **Holzhütte** erreicht, die erst ab ca. 7 Uhr als Kiosk dient. Hier wird in aller Regel eine erste kurze Rast eingelegt.

2–3

20 Min. etwa haben Sie jetzt noch »Schonzeit«, dann wird es steil bis sehr steil und rutschig bis sehr rutschig – wer mit normalen Turn- oder gar Straßenschuhen unterwegs ist, wird es spätestens jetzt bitter bereuen. Immer wieder wird man auch die Hände zum Steigen mitbenutzen müssen, auch vereinzeltes Ausrutschen ist programmiert. Dann taucht voraus und ganz übergangslos und plötzlich ein Vierkantschatten im diffusen Licht auf. Und ehe man sich versieht, ist nach insgesamt etwa zwei Stunden eine weitere Holzhütte erreicht. Für die allermeisten Wanderer markiert sie das »Ende der Tortur«, da sie am unteren östlichen **Kraterrand** des Vulkans auf rund 1500 m Höhe liegt und damit hoch genug, um den Sonnenaufgang und ein Traumpanorama über große Inselteile, die Lombok-Straße und bis hinüber nach Lombok zu genießen. Auch der Kraterkessel ist von hier aus zugänglich. Dort zischt und pfeift es aus unzähligen Fumarolen – manche Wegabschnitte sind gar so heiß, dass man die Hitze durch die Schuhsohlen hindurch spüren kann.

3–4

Nur die wenigsten haben hier noch die Energie, bis zum eigentlichen **Gipfel** vorzustoßen, zu dem jetzt noch etwa 200 Höhenmeter zu überwinden sind. Den Weg hinauf kann man nicht verfehlen – er beginnt direkt bei der Hütte und zieht sich als schmale, teils auch recht ausgesetzte Spur linker Hand am ansteigenden **Kraterrand** hinauf.

4–1

Am Gipfel angekommen, geht es um den oberen Krater herum, anschließend über Schlackefelder wieder zum unteren Kraterrand und schließlich zum **Ausgangspunkt** zurück.

KLEINE PAUSE

Der Kraterrand ist das eigentliche Ziel der Wanderung, an dem der Führer in aller Regel auch ein paar Eier aus seinem Rucksack zieht, die er dann in einer heißen Quelle kocht und zusammen mit Brot und Bananen als Frühstück serviert. Wer etwas anderes mag, muss es mitbringen bzw. auf die Kekse zurückgreifen, die ab etwa 7 Uhr morgens in den »**Kiosken**« am Weg serviert werden.

3 IM SCHATTEN DER VULKANE

Autotour

LÄNGE: ca. 350 km
DAUER: 3 Tage
START/ZIEL: Ubud 191 E4

Die Autotour umrundet sowohl den 3142 m hohen Götterberg Gunung Agung als auch den aktiven Gunung Batur, überquert den mit 1640 m höchsten Pass der Insel und verbindet die Highlights im Ostteil Balis zu einer spannenden Rundreise, die man problemlos um weitere Tage verlängern kann.

1–2

Wer sich von **Ubud** (➤ 74) aus auf den Weg rings um das vulkanisch aktive Zentrum der Insel macht, lernt Bali zuerst einmal als einen einzigen grünen und blühenden Garten kennen. Diese seit jeher dicht besiedelte Inselregion ist das landwirtschaftliche Zentrum Balis: Bis nach **Klungkung** (➤ 117), Bezirkshauptstadt von Ostbali, steht sie voll und ganz im Zeichen der Reiskultur (➤ 20).

2–3

Auf der Weiterfahrt dominiert bald schon der imposante Kegel des Gunung Agung die Szenerie. Durch das weite Grün tropischer Wälder genießt man ein ums andere Mal überraschende Blicke zur Küste hinunter, die hier teils in schwarze vulkanische Strände gefasst ist. Ferienzentren bieten sich dort gleich mehrere an, etwa **Padang Bai** (➤ 111) und **Candi Dasa** (➤ 119), doch wohnt man viel schöner etwas abseits der Küste. Zuvor sollte man aber wenigstens **Tenganan** (➤ 113)

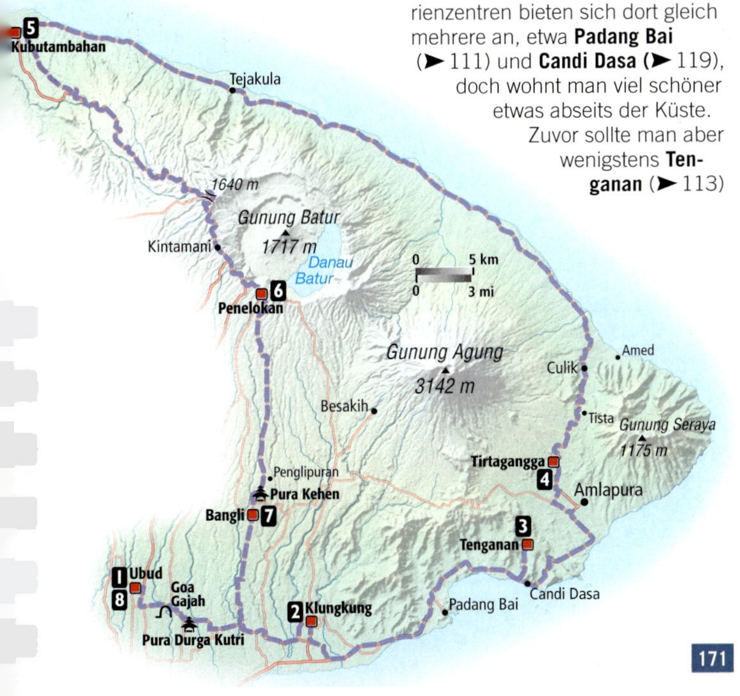

besucht haben, das spannende Dorf der Ureinwohner Balis.

3–4
Weiter geht's nach **Tirtagangga** (➤ 109), wo Sie sich im Schatten eines Banyan-Baumes ins kühle Nass mehrerer Bassins stürzen können, die von einer heiligen Quelle gespeist werden. Tirtagangga gilt vielen Bali-Besuchern als das vielleicht schönste Refugium der Insel überhaupt – wer also einen faulen Tag mit Nichtstun einschieben will, sollte überlegen, es hier zu tun.

4–5
Die mit »Singaraja« ausgeschilderte Hauptstraße weist den weiteren Weg. Kaum liegen die geradezu dramatisch schönen Landschaften der Reisterrassen von Tirtagangga und – ein paar Kilometer weiter– von **Tista** zurück, dominiert das Schwarz-Grau-Braun von erstarrter Lava den Blick durch die Scheiben. Auch der Gunung Agung, der nun umrundet wird, fügt sich in dieses nur von Kakteen aufgelockerte und von Ziegen bevölkerte Bild. Daran ändert sich auf den folgenden 70 km kaum etwas, stets in Sichtnähe zu Meer und schwarzen Stränden geht es so bis **Kubutambahan** dahin.

5–6
Von hier geht es den Schildern »Kintamani« folgend wieder südostwärts und für 36 km steil auf 1640 m hinauf. Oben angekommen kann man erstmals einen grandiosen Ausblick auf den Vulkan und See **Batur** (➤ 132) genießen, bevor man dem Rand der Caldera folgt, in dessen Mitte sich der imposante Feuerberg erhebt. Eine Frage des persönlichen Geschmacks ist es, ob man am Ufer des **Danau Batur** oder am Kraterrand in **Penelokan** (➤ 132) übernachten will.

6–7
Knappe 30 km nur trennen Penelokan von **Bangli** (➤ 80). Bevor Sie dort den Tempel Pura Kehen ansteuern, sollten Sie aber unbedingt das Dorf **Desa Tradisional Pengelipuran** (➤ 81) besuchen.

7–8
Ubud ist von hier aus ausgeschildert; über den **Pura Bukit Dharma** (➤ 91) und die **Goa Gajah** (➤ 91) geht es schnell zum Ausgangspunkt der Rundtour zurück.

ABSTECHER
Nicht weit von Kubutambahan entfernt – kurz nach der Stadt biegt man von der Küstenstraße links ins Hinterland ab – liegt der kleine Ort **Jagaraga**. Der dortige Tempel Pura Dalem (187 E5) ist wegen seiner Verzierungen sehenswert. Sie zeigen u. a. einen Luftkampf zwischen zwei historischen Flugzeugen und einen Oldtimer (➤ Abb. unten).

4 GILI TRAWANGAN

Bootstour

DAUER: mindestens 2 Tage
START: Sanur ✚ 191 E2/3, Serangan ✚ 191 D2, Nusa Lembongan ✚ 192 A2/3, Padang Bai ✚ 192 B4 oder Amed ✚ 189 E2

Wer sich das Paradies vorstellt als eine Idylle aus schneeweißen Puderzuckerstränden am smaragdfarbenen Meer, in dem sich Korallengärten von atemberaubender Schönheit erstrecken, wird es auf dieser gerade mal 4 km langen und 2 km breiten Insel vorfinden. Sie ist die größte und zauberhafteste der drei Inselwinzlinge des Lombok vorgelagerten Gili-Archipels.

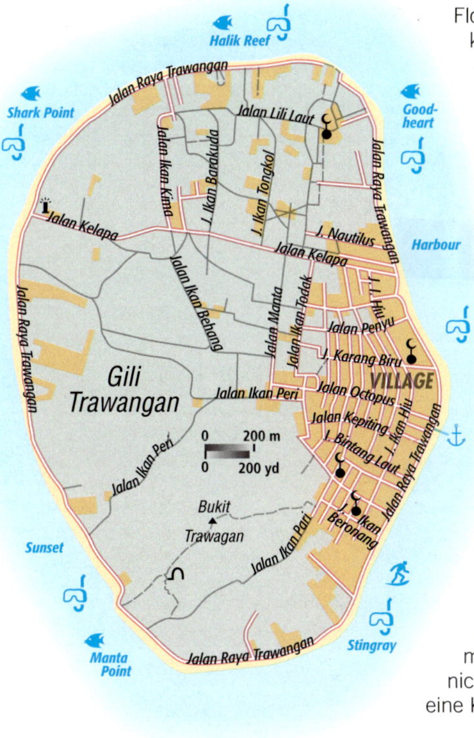

Getrennte Welten

Egal, von wo aus auf Bali man das Schnellboot nach Gili Trawangan nimmt, stets ist schon die Fahrt selbst ein Highlight, genießt man doch unterwegs atemberaubende Ausblicke auf die gigantischen Vulkankegel von Bali und Lombok. Getrennt werden die beiden Inseln von der rund 35 km breiten und bis zu 3000 m tiefen Lombok-Straße, die in biogeografischer Hinsicht eine Trennlinie für Flora und Fauna markiert. Im Westen hat die Tier- und Pflanzenwelt eine asiatische Prägung, im Osten hingegen eine australische – eine Tatsache, die aus der erdgeschichtlichen Vergangenheit des indonesischen Archipels resultiert. Darüber hinaus grenzt die Lombok-Straße, die in der Biogeografie Wallace-Linie genannt wird, auch Völker gegeneinander ab (westlich herrscht der malaiische Typus vor, östlich der melanesische). Und nicht zuletzt bildet sie eine Klimascheide zwi-

Urlaubsträume werden auf der kleinen Insel Gili Trawangan wahr

schen der tropischen Monsunzone im Westen und der relativen Trockenzone im Osten.

Südseetraum und Taucherparadies

Zwar sind die Übergänge fließend, doch nichtsdestotrotz liegen Welten zwischen Bali und Lombok bzw. dem **palmengesäumten Koralleninselchen** Gili Trawangan, der touristisch am besten erschlossenen Gili-Insel. Diese bietet alles, was man sich von einem »Südsee«-Strandurlaub nur wünschen kann. Lediglich Ruhe ist zumindest während der Hochsaison von Juni bis Ende August schwer zu finden – was beispielsweise Ko Pha Ngan in Thailand, das ist Gili Trawangan in Indonesien: die Partyinsel überhaupt für junge und jung gebliebene Traveller. Und wer dann noch leidenschaftlich gern schnorcheln und/oder tauchen geht, kann mit einem Ausflug auf diese Insel eigentlich gar nichts falsch machen. Die marine Wasserwelt rings um Trawangan ist von exotischer Vielfalt, weshalb es mitunter schon genügt, den Kopf mit der Maske auf der Nase ins Wasser zu tauchen – so flach ist das Wasser oft über den Korallen und so klar ist es auch.

GUT ZU WISSEN!

- Rund eine Stunde dauert die **Überfahrt** mit dem Schnellboot von Padang Bai und Amed aus nach Gili Trawangan, 90 Minuten von Nusa Lembongan; ab Sanur und Serangan vor Denpasar, von wo die meisten Verbindungen bestehen, muss man mit zweieinhalb Stunden rechnen. Inklusive Transfer von der Unterkunft auf Südbali kostet die einfache Strecke rund 500–600 000 Rp. Einen Überblick über alle Verbindungen bietet die Website www.gilibookings.com; hier kann man die Überfahrt auch gleich buchen, was mindestens einen Tag im Voraus geschehen sollte.
- Anders als auf dem hinduistisch geprägten Bali leben auf Trawangan überwiegend Muslime. **Oben ohne** zu baden ist daher tabu. **Strandbekleidung** abseits des Strandes zu tragen, gilt ebenfalls als verpönt.
- Auf Gili Trawangan wird so einiges an **Drogen** ziemlich unverhohlen angeboten, »Magic Mushrooms«, also halluzinogene Pilze, stehen z. B. in manchem Restaurant sogar auf der Speisekarte. Dennoch: Sie sind verboten und Drogendelikte auch von Touristen werden in Indonesien äußerst hart bestraft!
- Die **Strömungen** zwischen den Inseln sind mitunter extrem: Wer versucht, von Gili Trawangan zur nur etwa 800 m entfernten Gili Meno zu schwimmen, riskiert Kopf und Kragen!

Praktisches

REISEVORBEREITUNGEN

WICHTIGE PAPIERE

● Erforderlich
○ Empfohlen
▲ Nicht erforderlich

	Deutschland	Österreich	Schweiz
Reisepass (mindestens 6 Monate nach Einreise gültig)	●	●	●
Visum (für Aufenthalte unter 30 Tagen, ➤ 32)	▲	▲	▲
Weiter- oder Rückflugticket	●	●	●
Impfungen (Tetanus, Masern/Röteln/Mumps, Hepatitis A/B)	○	○	○
Auslandskrankenversicherung (➤ 180)	●	●	●
Reiseversicherung	○	○	○
Führerschein (international) zum Mieten eines Autos	●	●	●

REISEZEIT

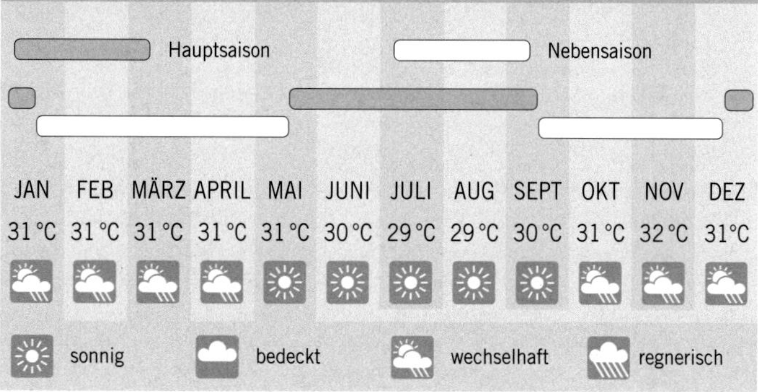

Die Grafik zeigt die durchschnittlichen Tageshöchstwerte des jeweiligen Monats in Denpasar. Bali liegt im Tropengürtel und damit im Einflussbereich der Monsunwinde, die der Insel zwei Jahreszeiten bescheren: Von Anfang/Mitte Mai bis September weht der trockene Südostmonsun, es herrscht Trockenzeit; die trockensten und zugleich kühlsten Monate sind Juli und August, wenn das Thermometer nur im Süden regelmäßig die 26 °C-Marke überschreitet und es durchschnittlich an drei bis vier Tagen im Monat regnet. Von Oktober bis April/Mai weht der Westmonsun und es herrscht die Regenzeit mit teils heftigen Niederschlägen vor allem südlich des Zentralgebirges (Maxima im Dez. und Jan.). Dabei regnet es aber in aller Regel nicht in einem durch, sondern vorwiegend nachmittags oder nachts. Und immer wieder werden auch reine Sonnentage verzeichnet. Die Temperaturen sind nun die höchsten und auch die Luftfeuchtigkeit steigt in extreme Höhen.

INFORMATION VORAB

Touristeninformationen

- www.indonesia-forum.de
- www.bali.de
- www.nachbalireisen.de
- www.dein-bali.de
- www.baliguide.com
- www.bali-paradise.com
- www.bali.com
- www.balitourismboard.org
- www.balitravelforum.com
- www.bali-travel-online.com
- www.balidiscovery.com
- www.balinews.com

ANREISE

Drehkreuz des Flugtourismus nach Bali ist der Ngurah Rai International Airport von Denpasar (IATA-Code: DPS). Die reine Flugzeit von Mitteleuropa nach Bali beträgt rund 16 bis 18 Stunden. Ohne Zwischenstopp kommt man auf der rund 13 500 km langen Luftlinie jedoch nicht aus; er erfolgt meist auf der Arabischen Halbinsel, mitunter auch in Bangkok, Kuala Lumpur, Singapur oder Jakarta.
Dutzende **Fluggesellschaften** haben Bali im Programm; ab 550 € kann man durchaus schon einen Hin- und Rückflug buchen, im Durchschnitt muss man aber eher mit 700 bis 800 € rechnen, im Hochsommer und über den Jahreswechsel auch mit bis zu 1000 €.
Da die Flugangebote vollkommen unübersichtlich sind und oft in kurzen Abständen wechseln, lohnt es sich, die Angebote der verschiedenen Online-Reisebüros zu vergleichen. Dazu bieten sich spezielle Vergleichsportale an, so z. B. www.flug.idealo.de, www.opodo.de oder www.touristikboerse.de.

ZEIT

Für Bali gilt die **Zentralindonesische Zeit** (WIT). Da es in Indonesien keine Sommerzeit gibt, beträgt der Unterschied zur Mitteleuropäischen Zeit (MEZ) im Winter plus sieben und im Sommer plus sechs Stunden.

GELD

Die **indonesische Landeswährung** heißt Rupiah (Rp). Es gibt Münzen zu 50, 100, 500 und 1000 Rp sowie Banknoten zu 1000, 5000, 10000, 20000, 50000 und 100000 Rp.
Wechselkurs: Der Wechselkurs lag in den letzten Jahren relativ stabil bei 1 € = 14000 bis 15 000 Rp; aktuelle Kurse kann man u.a. über www.oanda.com abrufen.
Geldumtausch: Die Kurse sind in Indonesien wesentlich besser als hierzulande. Banken gibt es in jedem größeren Ort. Aber auch in den Wechselstuben der Touristenzentren kann man Bargeld – oft zu besseren Kursen – tauschen und Reiseschecks einlösen.
Bargeld: Geldautomaten (ATM) finden sich in Ferienzentren, Städten und auch in vielen kleineren Ortschaften. Sie akzeptieren alle gängigen Kredit- und Bankkarten (Maestro). Für den Notfall ist es sinnvoll, einen Teil der Reisekasse in Form von Bargeld mitzuführen (auch Euro oder US-Dollar, nicht zu hohe Notierungen, nicht geknickte Scheine).
Kreditkarten der gängigen Anbieter werden nur in den Touristenzentren akzeptiert; für Online-Buchungen von Tickets und Dienstleistungen ist eine Kreditkarte zwingend erforderlich.
Sperrnummern: Unter Tel. 0049 11 61 16 kann man in **Deutschland** elektronische Berechtigungen wie Kreditkarten, Handykarten und die Identitätsfunktion des neuen Personalausweises bei Verlust sperren lassen. Für **Österreich** gilt die Telefonnummer: 0043 1 204 88 00.
In der **Schweiz** gibt es keine zentrale Sperrnummer. Die wichtigsten Nummern für den Notfall sind: 0041 044 659 69 00 (Swisscard); 0041 848 88 86 01 (UBS Card Center); 0041 589 58 83 83 (VISECA); 0041 44 8 28 32 81 (PostFinance).

In Deutschland
Visit Indonesia Tourism Office
Hanauer Landstr. 184
60314 Frankfurt
☎ 069 1 75 37 10 38,
www.tourismus-indonesien.de
(auch für A und CH zuständig)

Auf Bali
Bali Tourism Board
Jl. Raya Puputan 41
Renon, Denpasar
☎ 0361 23 56 00,
www.balitourismboard.org

Praktisches

DAS WICHTIGSTE VOR ORT

FEIERTAGE

1. Jan.	Neujahr
März/April	Karfreitag, Ostersonntag
21. April	Kartinitag (Muttertag; halboffiziell)
Mai	Christi Himmelfahrt
17. Aug.	Unabhängigkeitstag
1. Okt.	Pancasila Tag (Tag der fünf Grundpfeiler des Staates; halboffiziell)
5. Okt.	Tag der Streitkräfte
25. Dez.	Erster Weihnachtstag

Neben diesen in ganz Indonesien gültigen gesetzlichen Feiertagen gibt es auf Bali noch **bewegliche Feiertage**.

ELEKTRIZITÄT

Spannung und Stecker entsprechen europäischen Standards (50 Hz, 230 V), sodass alle mitgebrachten Geräte benutzt werden können. Probleme bereiten mitunter die vielen Stromausfälle während der Regenzeit und starke Spannungsschwankungen.

ÖFFNUNGSZEITEN

- Geschäfte
- Ämter
- Banken
- Postämter
- Restaurants & Cafés
- Apotheken

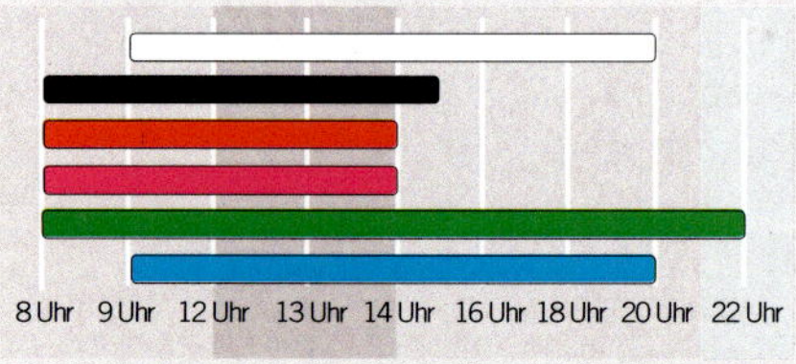

tagsüber | mittags | abends

Zeitangaben sind für die Balinesen zweitrangig. Landesweit herrscht neben der offiziellen Zeit die *jam karet*, die **»Gummizeit«**: Keine Zeitangabe ist fix. **Tempel** haben nur feste Öffnungszeiten, wenn sie von Touristen häufig besucht werden. **Geschäfte** in Ferienzentren öffnen und schließen ein bis zwei Stunden später als sonst üblich.

ETIKETTE

Sakrale Stätten sollten mit langen Hosen und bedeckten Schultern betreten werden. Der Tempelbesuch mit offenen Wunden (dazu zählt auch die Menstruation) entweiht das Heiligtum und ist daher verboten. Da die linke Hand als unrein gilt, reicht man mit ihr nichts und nimmt auch nichts mit ihr entgegen. Der Austausch von Zärtlichkeiten in der Öffentlichkeit ist anstößig, Nacktbaden untersagt. Bei der Konversation wildes Gestikulieren vermeiden, nicht mit den Händen an der Hüfte sprechen und auf andere Leute zeigen.

TRINKGELD

In Restaurants wird kein Trinkgeld erwartet, bei gutem Service aber sind ca. 10 % bzw. höchstens 15 000 Rp angemessen. Gleiches gilt für Taxifahrten. Mietwagenfahrer und Guides sollten mit mindestens 50 000 Rp pro Tag für ihre Dienste honoriert werden.

ZEITUNTERSCHIED

Bali	Berlin (MESZ)	London	New York	Sydney
12 Uhr	6 Uhr	5 Uhr	0 Uhr	14 Uhr

IN KONTAKT BLEIBEN

Post: Briefmarken erhält man im *kantor pos*, dem »Postamt«, das in keinem Ort fehlt. In den Touristenzentren kann man auch in Kiosken und Souvenirgeschäften fündig werden. Die indonesischen Briefkästen sind rot. Postkarten und Briefe nach Europa sind etwa fünf bis zehn Tage unterwegs und werden in der Regel automatisch per *udara* (Luftpost) versendet. *Jerman* steht für Deutschland, *Swis* für die Schweiz und *Austria* für Österreich.

Telefonieren: Am günstigsten telefoniert man in Internetcafés (z. B. über Skype) und über Telefonzentralen (*wartel;* die günstigsten Tarife gibt es mit den Einwahlnummern 01017 und 01013), am teuersten über die Anschlüsse in Hotels, die extreme Aufschläge verlangen. Es kann recht mühsam sein, auf Bali übers Festnetz zu telefonieren, da dieses oft überlastet ist. Vielerorts gibt es noch Kartentelefone; Telefonkarten können in Postämtern, Telefonstuben, Supermärkten und Hotels gekauft werden. Mobilnummern beginnen grundsätzlich mit der Ziffernfolge 08.

Internationalen Vorwahlen:

Deutschland 0049	Schweiz 0041
Österreich 0043	Indonesien 0062

Mobiltelefon: Die Netzabdeckung für Telefonie und mobiles Internet ist inselweit gut bis ausgezeichnet, die Roaming-Gebühren sind jedoch recht hoch. Günstiger ist es meistens, wenn man für ein paar Rupiah vor Ort eine Prepaid-SIM-Karte kauft, z.B. von XL-Data (www.xl.co.id/en): Inlandsgespräche kosten dann ca. 500 Rp/Min., internationale Gespräche nach Europa ca. 5000 Rp/Min. und SMS ca. 3000 Rp. Eine 3G-Flatrate gibt es ab ca. 5000 Rp (35 MB/1 Tag), eine Monatsflatrate (2,3 GB) gibt es ab 200 000 Rp.

WLAN und Internet: Hotspots für WLAN (WiFi) gibt es in den Ferienzentren wie Sand am Meer; in nahezu jedem Restaurant, Cafe, Pub etc. können sich Gäste kostenlos einloggen. Gleiches gilt für die allermeisten Unterkünfte, wo man selbst auf den Zimmern kostenlosen surfen kann.

SICHERHEIT

An Touristen verübte Gewalttaten sind selten. Ansonsten gilt:

- Niemals Wertsachen unbeaufsichtigt lassen; im Hotel sollten sie bei Abwesenheit im Safe deponiert werden. Fenster und Türen nachts geschlossen halten.
- Nur so viel Bargeld mitnehmen, wie man tagsüber benötigt.
- In Discos etc. nie das eigene Getränk aus den Augen verlieren! Mitunter wurden Touristen narkotisiert und ausgeraubt bzw. missbraucht.
- In Kuta und Umgebung nachts nicht allein in ein Taxi steigen und dunkle Gassen meiden. Im Notfall wendet man sich an die Touristenpolizei in Kuta (Tel. 0361 224111).
- Beim Schwimmen im Meer vor allem an der Südküste, und hier rund um Kuta, äußerst vorsichtig sein! Hier herrschen teils extreme Strömungen, die jedes Jahr Todesopfer fordern!
- Nur wirklich sehr erfahrene Motorradfahrer sollten sich in den balinesischen Straßenverkehr wagen. Unkonventionelle Fahrstile und schmale Straßen werden regelmäßig Touristen zum tödlichen Verhängnis.

ALLGEMEINER NOTRUF: 112

POLIZEI: 110

FEUERWEHR: 113

RETTUNGSDIENST: 151, 111, 115

KRANKENWAGEN: 118

Praktisches

GESUNDHEIT

Krankenversicherung: Der Abschluss einer speziellen Auslandskrankenversicherung wird dringend angeraten. Diese sollte auch ggf. den Rücktransport in die Heimat übernehmen.

Medizinische Versorgung: Nur in den Ferienzentren von Bali ist die ärztliche Versorgung auf einem europäischen Niveau zumindest ansatzweise gewährleistet. Und auch nur dort sind englischsprachige Ärzte niedergelassen, die Hotels und/oder Reiseveranstalter vermitteln können. Die diplomatischen Vertretungen sprechen zudem Empfehlungen aus, auch in puncto Krankenhäuser, die auf Bali nicht im geringsten europäischen Ansprüchen gerecht werden (im Ernstfall sollte man sich daher möglichst nach Singapur oder nach Hause ausfliegen lassen).

Wetter: Die Sonne hat es auch am Äquator gewaltig in sich. Unabdingbar sind Sonnenhut sowie Sonnenschutzkleidung bzw. Sonnenschutzmittel mit hohem Lichtschutzfaktor. Die ersten Tage sollte man körperliche Anstrengungen meiden und sich ans tropische Klima gewöhnen.

Medikamente und Impfungen: Die Apotheken (indonesisch: *apotik* oder *toko bat*) sind generell gut ausgestattet; wer aber auf ein bestimmtes Medikament angewiesen ist, sollte es möglichst von zu Hause mitbringen. Viele Medikamente sind rezeptfrei und günstiger als in Europa. Impfungen werden bei der Einreise aus Europa keine vorgeschrieben, ein Impfschutz gegen Tetanus, Polio, Diphterie und Hepatitis A/B wird angeraten. Das Infektionsrisiko für Malaria wird auf Bali als gering eingeschätzt, eine Prophylaxe ist in aller Regel nicht erforderlich. Auskünfte erteilen die Tropeninstitute in der Heimat.

Trinkwasser: Auf Bali sollte man es tunlichst unterlassen, Leitungswasser zu trinken! Stilles Wasser in versiegelten Flaschen ist überall für ein paar Cents erhältlich. Eiswürfel sind in touristischen Gegenden meist unbedenklich.

EINRICHTUNGEN FÜR BEHINDERTE

Auf Bali gibt es keine spezielle Einrichtungen für Menschen mit Behinderungen. **Bali Access Travel** (Tel. 0851 00 51 99 02, www.baliaccesstravel.com) ist auf Reisen für Behinderte spezialisiert und bietet diverse Dienstleistungen an.

KINDER

Überall auf Bali werden Kinder buchstäblich mit offenen Armen empfangen. Besondere Attraktionen für Kinder sind durch oben stehendes Symbol gekennzeichnet.

TOILETTEN

Der Zustand öffentlicher Toiletten (2000 Rp; meist Hockklos) ist erbärmlich. Tagsüber sollte man daher nach WCs in Restaurants und Cafés suchen. Toilettenpapier ist rar und sollte mitgeführt werden.

ZOLL

Die Einfuhr von Souvenirs, für die Teile von gefährdeten Tieren oder Pflanzen verwendet werden (u.a. Elfenbein, Reptilienleder, Schildplatt oder Korallen), ist in Mitteleuropa verboten.

DIPLOMATISCHE VERTRETUNGEN

Deutsches Honorarkonsulat
Jl. Dr. Pantai Karang 17,
Batujimbvar, Sanur ☎ 0361 28 85 35,
www.bali-ntb.com.

Schweizer Honorarkonsulat
Jl. Ganetri 9D, Denpasar ☎ 0361 8 02 35,
bali@honrep.ch (nimmt auch die Interessen
Österreichs wahr)

EINFÜHRUNG

Im Gegensatz zu vielen anderen asiatischen Sprachen ist die dem Malaiischen eng verwandte Landessprache Bahasa Indonesia (kurz »Bahasa«) aufgrund ihrer vergleichsweise einfachen Grammatik für Europäer relativ leicht zu erlernen: So gibt es beispielsweise wenig Pluralformen; in der Mehrzahl wird der Singular einfach verdoppelt (»bulan« = Monat; »bulan-bulan« = Monate; allerdings kann ein verdoppeltes Wort auch eine gänzlich andere Bedeutung annehmen). Bahasa kennt keine Artikel. »Was kostet das Zimmer?« heißt auf Bahasa »Berapa harga kamar kosong ini?« (= »Wie viel kosten Zimmer?«). Die Konjugation der Verben entfällt; die Beugeform ergibt sich aus dem Sinn des Satzes.

Bahasa weist einige Besonderheiten bezüglich der Aussprache auf. So wird ein »c« grundsätzlich wie »tsch« gesprochen (»Candi« sprich »Tschandi«), der Anfangsbuchstabe »j« wie »dsch« (»Jalan« sprich »Dschalan«); ein »z« ist stets stimmlos (= »ts«).

Eine förmliche Anrede ist in Indonesien nicht üblich; es gibt auch keine entsprechenden Redewendungen dafür. Um ein Gespräch zu eröffnen, ist die Frage nach der Herkunft oder nach dem Namen (»Siapa namayana?«) sehr beliebt. Manchmal wird auch die Frage nach dem Befinden (»Apa khabar?«) gestellt, die man entweder mit »Bagus, bagus« (= »Gut, gut«) oder mit »Khabar baik« (= »Ich fühle mich wohl«) beantwortet.

IMMER ZU GEBRAUCHEN

Ja/Nein **Ya/Tidak**
Vielleicht **Mungkin/Bis jada/Barangkali**
Bitte (anbietend, einladend) **Silankan**
Bitte (um Hilfe bittend) **Tolong**
Bitte (keine Ursache) **Kembali**
Danke **Terima kasih**
Vielen Dank **Terima kasih banyak**
Gern geschehen **Sama-sama**
Entschuldigung! **Maaf!/Sorry!**
Wie bitte? **Maaf, bagaimana?**
Ich verstehe Sie/dich nicht.
Saya tidak mengerti.
Ich spreche nur ein wenig ...
Saya hanya bisa berbicara sedikit ....
Sprechen Sie/sprichst du ...
Apa Bapak/Ibu/kamu berbicara bahasa ...
Deutsch? **Jerman?**
Englisch? **Inggris?**
Französisch? **Perancis?**
Können Sie mir bitte helfen?
Apa Basak/Ibu bisa menolong saya?
Ich möchte ... **Saya mau ...**
Das gefällt mir (nicht).
Saya (kurang) menyukainya.
Haben Sie ...? **Apa di sini ada ...?**
Wie viel kostet es? **Berapa harganya?**
Wie viel Uhr ist es? **Jam berapa sekarang?**

KENNENLERNEN

Guten Morgen! **Selamat pagi!**
Guten Tag! (bis 15 Uhr) **Selamat siang!**
Guten Tag! (bis 18 Uhr) **Selamat sore!**
Guten Abend! **Selamat malam!**
Hallo!/Grüß dich! **Halo!**
Mein Name ist ... **Nama saya ...**
Wie ist Ihr Name, bitte?
Siapa nama Bapak/Ibu?
Wie geht es Ihnen/dir? **Apa kabar Pak/Ibu?**
Danke. Und Ihnen/dir?
Terima kasih. Dan Bapak./Ibu/kamu?
Auf Wiedersehen! **Sampai jumpa lagi!**
Gute Nacht! **Selamat tidurr!**
Tschüss! **Permisi!/Ayo!/Bye!/Daag!/Mari!**
Bis später! **Sampai nanti!**
Bis morgen! **Sampai besok!**

UNTERWEGS

links/rechts **kiri/kanan**
geradeaus **terus, lurus**
nah/weit **dekat/jauh**
Bitte, wo ist ...? **Maaf, di mana ...?**
Wie weit ist es zum/zur ...?
Berapa jauhnya ke ...?
Welcher Bus fährt nach ...?
Bus mana pergi ke ...?
Wo kann ich den Fahrschein kaufen?
Di mana saya bisa membeli karcis?
Wo ist der nächste Taxistand?
Di mana pangkalan taksi terdekat?
Zum Bahnhof/... Hotel **Ke stasiun/hotel.**
Nach ..., bitte. **Ke ...**
Wo ist bitte die nächste Tankstelle?
Di man pompa bensin terdekat?
Ich möchte ... Liter **Saya mau ... liter**
... Normalbenzin **... premium**
... Super **... premix**
... Diesel **... solar**
... Gemisch **... bensin campur**
Volltanken, bitte! **Isi penuh!**

UNFALL

Hilfe! **Tolong!**
Achtung! **Awas!**

Vorsicht! **Hati-hati!**
Rufen Sie bitte schnell **Tolong cepat panggil**
... einen Krankenwagen. **... ambulans.**
... die Polizei. **... polisi.**
... die Feuerwehr. **... pemadam kebakaran.**
Es war meine/Ihre Schuld.
Ini kesalahan saya/Bapak/Ibu.
Geben Sie mir bitte Ihren Namen und Ihre Anschrift! **Tolong berikan saya nama dan alamat Bapak/Ibu.**

ESSEN & EINKAUFEN

Wo gibt es hier **Di mana ada**
... ein gutes Restaurant?
... restoran yang baik?
... ein typisches Restaurant?
... restoran yang khas?
Reservieren Sie uns bitte für heute Abend einen Tisch für 4 Personen.
Saya mau memesan meja untuk vier orang un tuk malam ini.
Haben Sie vegetarische Gerichte/Diätkost?
Apa ada hidangan tanpa daging/untuk diet?
Können wir noch etwas Reis/Wasser bekommen?
Apa bisa mendapat nasi/ar lagi?
Auf Ihr Wohl! **Cheers!/Prost!**
Guten Appetit! **Selamat makan!**
Bitte nicht zu scharf!
Tolong jangan terlalu pedas!
Bezahlen, bitte! **Saya mau bayar!**
Das Essen war ausgezeichnet.
Makanannya enak sekali.
Das ist für Sie. **Ini untuk Bapak./Ibu.**
Wo sind bitte die Toiletten?
Di man kamar kecil?
Wo finde ich **Di mana saya bisa membeli**
... eine Apotheke? **... apotik?**
... eine Bäckerei? **... toko roti?**
... ein Kaufhaus? **... pasar swalayan?**
... ein Reisebüro? **... biro perjalanan?**
Wo ist hier bitte eine Bank/eine Wechselstube?
Di mana ada bank/money changer di sini?
Ich möchte ... Euro (Schweizer Franken) in Rupien wechseln. **Saya mau menukar ... Euro (Frank Swis) dalam Rupiah.**

ÜBERNACHTUNG

Ich habe bei Ihnen ein Zimmer reserviert.
Saya telah memesan kamar die sini.
Haben Sie noch ein Zimmer frei
Apa di sini masih ada kamar kosong
... für eine Nacht? **... untuk satu malam?**
... für eine Woche? **... untuk satu minggu?**
... mit Bad? **... denang kamar mandi?**
Was kostet das Zimmer mit ...
Berapa harga kamar dengan ...
... Frühstück? **... makan pagi?**
... Halbpension?
... makan pagi dan malam saja?
... Vollpension? **... tiga kali makan?**

ARZT

Können Sie mir einen guten Arzt empfehlen?
Apa Bapak/Ibu tahu seorang dokter yang baik?
Ich habe mir den Magen verdorben.
Perut saya tidak enak.
Ich habe Durchfall. **Saya diare.**
Ich habe Fieber. **Saya demam.**
Ich habe hier Schmerzen. **Saya sakit di sini.**
Ich vertrage die Hitze/das Essen nicht.
Saya tidak tahan makanan itu/panas.

ZAHLEN

0	**nol**	10	**sepuluh**	20	**dua puluh**	200	**dua ratus**
1	**satu**	11	**sebelas**	21	**dua puluh satu**	1000	**seribu**
2	**dua**	12	**dua belas**	30	**tiga puluh**	2000	**dua ribu**
3	**tiga**	13	**tiga belas**	40	**empat puluh**	10 000	**sepuluh ribu**
4	**empat**	14	**empat belas**	50	**lima puluh**		
5	**lima**	15	**lima belas**	60	**enam puluh**		
6	**enam**	16	**enam belas**	70	**tujuh puluh**	½	**seperdua, setengah**
7	**tujuh**	17	**tujuh belas**	80	**delapan puluh**		
8	**delapan**	18	**delapan belas**	90	**sembilan puluh**	⅓	**sepertiga**
9	**sembilan**	19	**sembilan belas**	100	**seratus**	¼	**seperempat**

Reiseatlas

Kapiteleinteilung siehe vordere Umschlaginnenseite

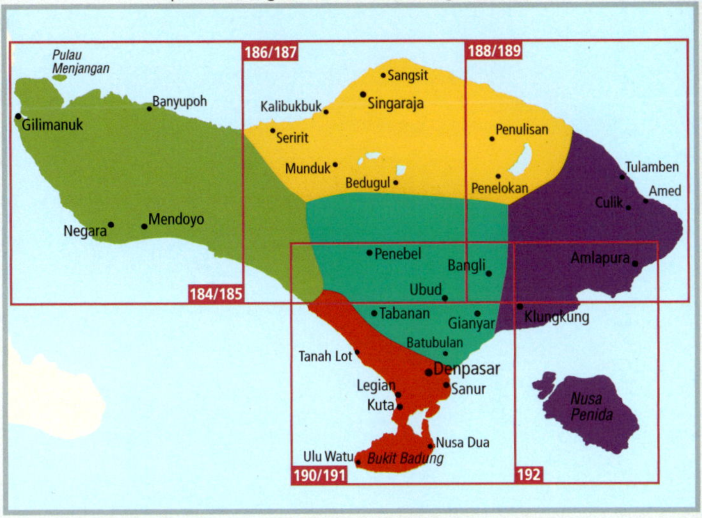

Legende

Schnellstraße	Balinesischer Tempel
Fernstraße	Chinesischer Tempel
Hauptstraße	Buddha-Tempel
Nebenstraße	Museum
Straße in Bau/Planung	Sehenswürdigkeit
Straße ungeteert	Badestrand
Fahrweg	Bus-Station
Fußweg	Golfplatz
Fähre	Wasserfall
Provinzgrenze	Höhle
Distriktgrenze	Naturpark
Nationalpark	Berggipfel, Höhepunkt
Flughafen	1 TOP 10
Hafen	26 Nicht verpassen!
Heiße Quelle, Windsurfing	22 Nach Lust und Laune!
Riff	

1 : 250.000

0 – 5 – 10 km

0 – 2.5 – 5 mi

A
B
C
5
4
3
2
1
Tanjung Pasirputih
Teluk Kelor
Tanjung Bedak
9
Pulau Menjangan
Tanjung Batulicin
Gunung Prapat Agung
375 m
Tanjung Pulaki
Teluk Pegametan
Tanjung Sendang
Gawana
Sumberkerta
Pemuteran
41
Banyuwedang
Teluk Terima
Teluk Gilimanuk
Labuhan Lalang
Makam Jayaprana
Sumberklampek
Gilimanuk
Pura Bakungar
Cekik
Kantor Informasi Taman Nasional Bali Barat
B U L
1178 m
Gunung Kelatakan
698 m
Penginuman
Gunung Sangiang
1004 m
Gunung Merbu
1386 m
Klatakan
Gereja Santo Fransiskus
Belimbingsari
S. Melaya
S. Sangiang
1305 m
Pelasari Reservoir
Taman Nasi
Sumber Sari
Pelasari
Melaya
Nusasari
Ekasari
Warnasari
Cangkupkemuning
S. Daya
Pangkunglaten
Sarikuning
Manis Tutu
Aya Barat
Berawan Tangi
Candi Kesumah
Tuwed
Banyubiru
Tanjung Pasir
Tukaddaya
Berangbang
Banyubiru
Kaliakah
Banjabaterbaleagung
Rening
42
Yembrana
Sebu
Negara
Baluk
Cupel
Loloan
Pangkung gondang
Mertasari
Tegalbanteng
Sangkaragung
Budeng
Tegacantel
Yehkuning
Pengambengan
Fishing Port
Taman Rekreasi
Perancak
Tanjung Pengambengan
Pura Ancak
Lemondang
Tanjung Perancak
Samudera Hindia
A
B
C

D
E
F
Laut Bal
5
Tanjung
Banyupoh
Tanjung Gondol
41
Pura Pulaki
S. Banyupo
Gondol
Penyabangan
Musi
Kayuputih
Grokgak
Tinga Tinga
Celukan-bawang
Teluk Bawang
Brombong
Kalisada
Tukadsumaga
4
1178 m
Gunung Merbuk
1386 m
Gunung Musi
1224 m
Gunung Mesehe
1344 m
1305 m
40
Bilukpoh
Gunung Patas
1580 m
3
JEMBRANA
Embang
Sekarkejula
Sumbul
Medewi
Pangkung Belangsah
Nusamara
Satang
Sambul
2
Sebual
Pesantren
Sembung
Pangkung-gondang
Mendoyo
Pencaringan
Yeh Embang Kauh
Mendoyo-dagintukad
Tegal-cangkring
Rambut Siwi
Yeh Embang
Yeh Embang Kangin
Medewi
Pulukan
Asah
Tegacantel
Dlodbrawah
Munduk
Lemondang
43
Pura Rambut Siwi
Airsumbul
Airsatang
Tinggi
Pekutatan
Medewi Beach
Pangyang
Lebah
1
D
E
F

A
B
C
a5 l i
Singaraja-
Pabeanbuleleng
Singaraja-Pegulangan
Galiran
Bakti Sebaga
Pemaron
Lovina Beach
35
Tukad
Anturan
Kalibukbuk
Kaliasem
Temukus
Wanupanggang
Labuhan Aji
Air Terjun
Sing-Sing
Selat
Pengastulan
Genit
Pengayaman
Teluk
Bawang
4
Seririt
Umaanyar
Yehanakan
Dencarik
39
Bubunan
Tangguwesia
Banjar
(Tegede)
Kalisada
Banjar-
asem
Paternon
Johanyar
Kalaraksa
Air Panas
Komala Tirta
Brahma Vihara-Arama
Tigawasa
Pangkung
Paruk
Sidetapa
Ringdikit
Cempaga
922 m
1232 m
623 m
Rangdu
Ularan
Saba
Pedawa
Mayong
Bestala
Gobeg
Asah
Munduk
Unggahan
Busungbiyu
Tirta Sari
Kayuputih
Tunjuk
(Munduk Bestala)
Banyuatis
38
Munduk
Air Terjun
Munduk
Tamblingan
Keberan
Pelapuan
Bengkel
Telaga
Kedis
Gesing
3
1080 m
Subuk
Tinggar Sari
Umajera
Kutul
800 m
Sepang
Bantran
Pucaksari
Pupuan
798 m
Air Terjun
Blahmantung
Pujungan
Gunung Ba
2276
Medewi
Batungsel
Batukaru
Reserve
Tista
Pasut
Padangan
Munduk
Mengenu
Pempatan
Manggis Sari
Kebonpadangan
Sanda
Pura Luhur Batu
2
Lebih
Galiukir
Pulukan
Asahduren
Mengenu
Anyar
Yuwuk Manis
Belimbingtegal
Kebonjajung
Lebah
Yeh Leh
Balian
Belimbing
Pangiyangan
Badingkayu
Slabih
Otan
TABAN
Sura Dadi
Pangyangan
Mundeh
Dalang
Gumbrih
Ampadan
Penggragoan
Angkah
Tinggading
1
Lumbung Kauh
Antegana
Lembung
Manseke
Selamadeg
Singing
Jelijih
Gadungan
186
190
Surabratan
Antosari
Megali
44
B
Lalang Linggah
C
Bajera
Simpingan
Bantas-
Balian Beach
A

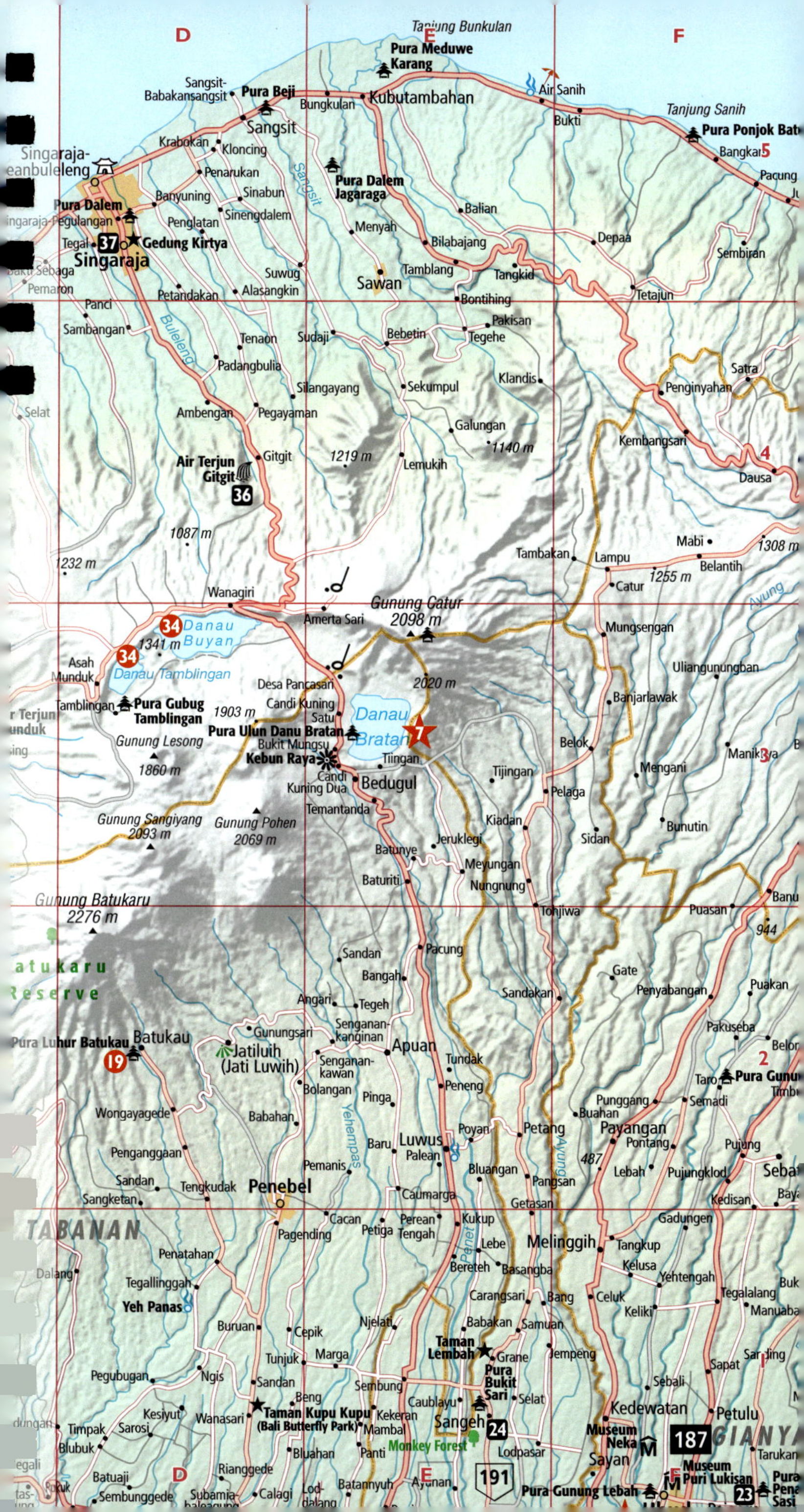

D
E
F
Tanjung Bunkulan
Pura Meduwe Karang
Sangsit-Babakansangsit
Pura Beji
Bungkulan
Kubutambahan
Air Sanih
Bukti
Tanjung Sanih
Pura Ponjok Batu
Bangkar
5
Pacung
Sangsit
Krabokan
Kloncing
Singaraja-Banjarbuleleng
Penarukan
Pura Dalem Jagaraga
Pura Dalem
Banyuning
Sinabun
Singaraja-Pegulangan
Penglatan
Sinengdalem
Balian
Menyah
Tegal
37
Gedung Kirtya
Singaraja
Bilabajang
Depaa
Sembiran
Pemaron
Suwug
Tamblang
Tangkid
Sawan
Alasangkin
Petandakan
Bontihing
Tetajun
Panci
Sambangan
Buleleng
Pakisan
Bebetin
Tegehe
Tenaon
Sudaji
Padangbulia
Satra
Klandis
Sekumpul
Penginyahan
Silangayang
Selat
Ambengan
Pegayaman
Galungan
Kembangsari
1140 m
Air Terjun Gitgit
Gitgit
1219 m
Lemukih
4
Dausa
36
1087 m
Tambakan
Mabi
1308 m
Lampu
1232 m
Belantih
1255 m
Catur
Wanagiri
Ayung
Gunung Catur
2098 m
Amerta Sari
34
Danau Buyan
Mungsengan
1341 m
34
Asah Munduk
Danau Tamblingan
2020 m
Uliangunungban
Desa Pancasari
Candi Kuning
Tamblingan
Pura Gubug Tamblingan
Banjarlawak
1903 m
Satu
Danau Bratan
7
Pura Ulun Danu Bratan
Bukit Mungsu
Belok
Manikaya
Gunung Lesong
Kebun Raya
Tiingan
Tijingan
Mengani
3
1860 m
Candi Kuning Dua
Bedugul
Pelaga
Temantanda
Gunung Sangiyang
Gunung Pohen
Kiadan
Bunutin
2093 m
2069 m
Sidan
Jeruklegi
Batunye
Meyungan
Baturiti
Nungnung
Gunung Batukaru
Banu
2276 m
Tohjiwa
Puasan
944
Pacung
Sandan
Bangah
Gate
Batukaru Reserve
Sandakan
Penyabangan
Puakan
Angari
Tegeh
Senganan-kanginan
Pakuseba
Pura Luhur Batukau
Gunungsari
Apuan
Belon
Batukau
19
Jatiluih (Jati Luwih)
Senganan-kawan
Tundak
Taro
Pura Gunung
2
Bolangan
Peneng
Punggang
Semadi
Wongayagede
Pinga
Buahan
Babahan
Poyan
Petang
Payangan
Yehempas
Ayung
Pontang
Pujung
Baru
Luwus
Palean
487
Penganggaan
Lebah
Pujungklod
Pemanis
Bluangan
Seba
Sandan
Pangsan
Bayu
Sangketan
Tengkudak
Penebel
Caumarga
Kedisan
Getasan
TABANAN
Cacan
Perean Tengah
Kukup
Gadungen
Petiga
Pagending
Melinggih
Lebe
Tangkup
Penatahan
Penet
Bereteh
Basangba
Kelusa
Yehtengah
Dalang
Buk
Carangsari
Tegallinggah
Bang
Celuk
Tegalalang
Keliki
Manuaba
Yeh Panas
Njelati
Babakan
Samuan
Buruan
Cepik
Taman Lembah
Grane
Jempeng
Sapat
Sanding
Tunjuk
Marga
Pura Bukit Sari
Pegubugan
Ngis
Sebali
Sandan
Sembung
Selat
Beng
Caublayu
Kedewatan
Petulu
Kesiyut
Taman Kupu Kupu (Bali Butterfly Park)
Kekeran
Sangeh
24
Timpak
Sarosi
Wanasari
Museum Neka
187
GIANYAR
Mambal
Monkey Forest
Blubuk
Bluahan
Panti
Lodpasar
Sayan
Tarukan
Batuaji
Rianggede
D
E
Museum Puri Lukisan
F
Sembunggede
Subamia-baleagung
Calagi
Lod-dalang
Batannyuh
Ayunan
191
Pura Gunung Lebah
23
Pura Penataran Sasih

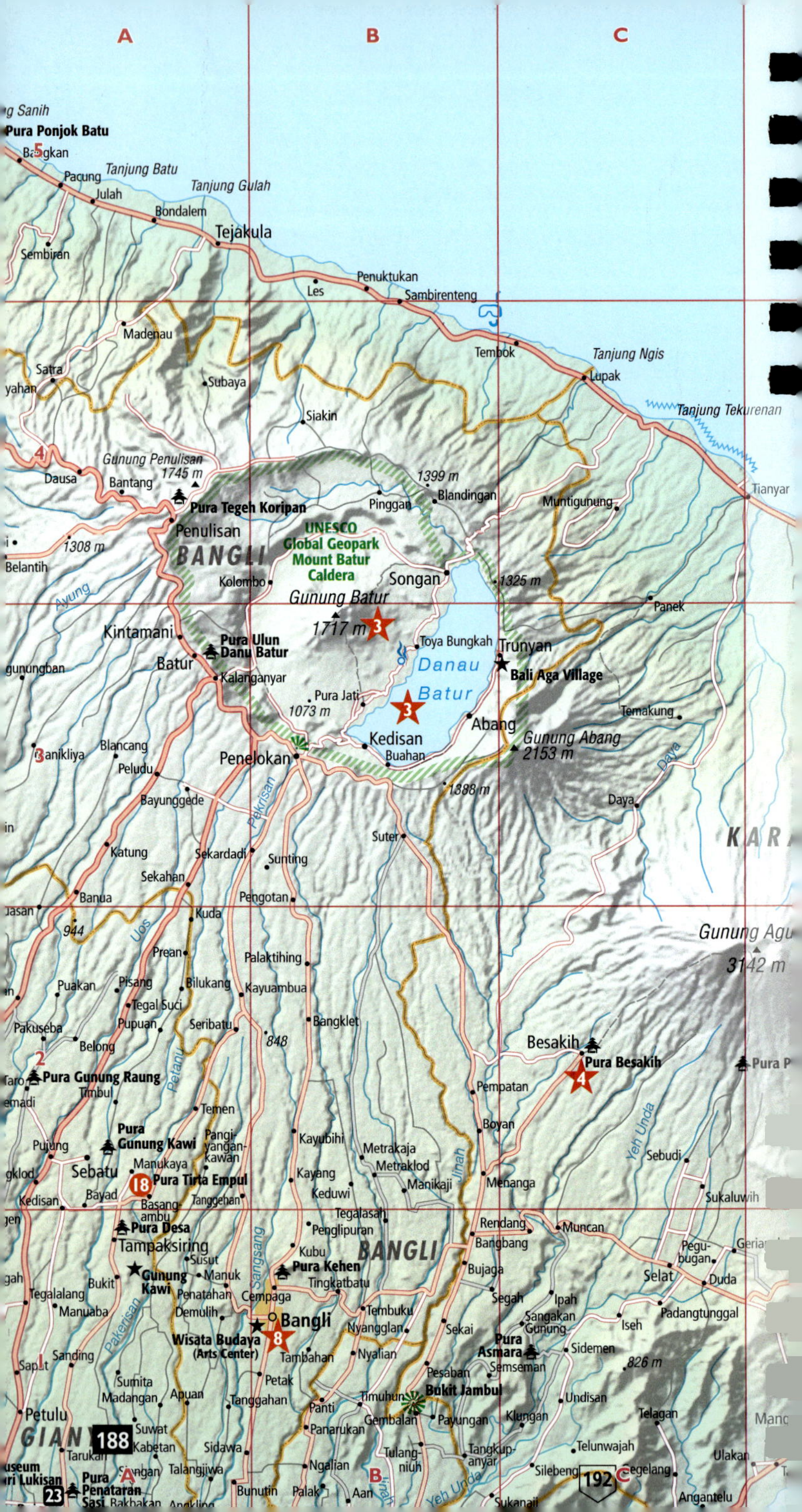
A
B
C
Pura Ponjok Batu
Pacung
Tanjung Batu
Julah
Tanjung Gulah
Bondalem
Tejakula
Sembiran
Les
Penuktukan
Sambirenteng
Madenau
Tembok
Tanjung Ngis
Lupak
Satra
Subaya
Siakin
Tanjung Tekurenan
Gunung Penulisan
1745 m
Dausa
Bantang
1399 m
Blandingan
Pinggan
Muntigunung
Tianyar
Pura Tegeh Koripan
Penulisan
1308 m
BANGLI
UNESCO
Global Geopark
Mount Batur
Caldera
Belantih
Kolombo
Songan
1325 m
Panek
Ayung
Gunung Batur
1717 m
Kintamani
Pura Ulun
Danu Batur
Toya Bungkah
Trunyan
Danau
Batur
Bali Aga Village
Batur
Kalanganyar
Pura Jati
1073 m
Temakung
Abang
Gunung Abang
2153 m
Kedisan
Buahan
Blancang
Peludu
Penelokan
1388 m
Daya
Bayunggede
Pekerisan
Suter
Katung
Sekardadi
Sunting
Sekahan
Banua
Pengotan
Kuda
944
Uos
Prean
Palaktihing
Gunung Agung
3142 m
Puakan
Pisang
Bilukang
Kayuambua
Tegal Suci
Pupuan
Seribatu
Bangklet
Pakuseba
848
Belong
Besakih
Pura Besakih
Pura Gunung Raung
Timbul
Petanu
Pempatan
Temen
Boyan
Yeh Unda
Pura
Gunung Kawi
Pangi-
yangan-
kawan
Kayubihi
Metrakaja
Metraklod
Pujung
Sebatu
Manukaya
Kayang
Jinah
Sebudi
Pura Tirta Empul
Manikaji
Menanga
Bayad
Keduwi
Sukaluwih
Kedisan
Basang-
ambu
Tanggehan
Tegalasah
Penglipuran
Rendang
Muncan
Pura Desa
Tampaksiring
Bangbang
BANGLI
Pegu-
bugan
Geria
Kubu
Susut
Pura Kehen
Bujaga
Selat
Duda
Gunung
Kawi
Manuk
Sangsang
Tingkatbatu
Bukit
Tegalalang
Penatahan
Cempaga
Segah
Ipah
Manuaba
Demulih
Bangli
Tembuku
Sangakan
Gunung
Padangtunggal
Nyangglan
Sekai
Iseh
Wisata Budaya
(Arts Center)
Pura
Asmara
Sidemen
Sanding
Tambahan
Nyalian
826 m
Semseman
Pesaban
Petak
Bukit Jambul
Sumita
Madangan
Apuan
Undisan
Tanggahan
Timuhun
Panti
Petulu
Telagan
Gembalan
Payungan
Klungan
Panarukan
Suwat
Kabetan
Sidawa
Telunwajah
Tulang-
niuh
Tangkup-
anyar
Ulakan
Ngalian
Silebeng
Talangjiwa
Tarukan
Pura
Penataran
Sasi
Bunutin
Palak
Aan
Yeh Unda
Sukanaji
Antiantelu
Bakbakan
Angkling

23
192

D
E
F
5
4
3
2
1
Laut
Bali
Bali
...ung Tekurenan
Tianyar
Baturinggil
Kubu
Kalang-
anyar
Tulamben Beach
33
Tulamben
Tanjung Muntik
Maong
Lamben
Tanjung Batunidi
Jemeluk
Sea Garden
KARANGASEM
Paselatan
Amed Beach
Merita
27
Amed
Tanjung Jambela
Jemeluk
Bunutan
Linggah
Gunung Agung
3142 m
Bekul
Culik
Dalah
Biaslantang
Kebon
Kedampal
Kahangkahang
Lipah
Selang
Tanjung
Ibus
Linggawana
Klongtong
Bangle
Tista
Pura Pasar Agung
Pidpidklod
Abang
Margatelu
Ngis
Gunung Seraya
1175 m
Pura Luhur
Lempuyang
Selang
Island
Tanah
Barak
Butus
Ababi
Bias
Royal
Ponds
5
Tirtagangga
Sadimara
Kuhum
Penahan
...aluwih
Budakling
Tihingan
Saren-
dukuh
Peladung
Padang-
kerta
Susu-
ang
Tegaling-
gah
Kebon
Bangas
Selalang
Seraya
Gerianakangin
Saren
Kayuputih
Puri Agung Kanginan
Duda
Sibetan
Bebandem
Abian Soan
Macang
Papung
32
Amlapura
(Karangasem)
Putung
Kecicang
Subagan
Biyol
Ujung
Water Palace
Bungaya
Ngis
Bali Aga
Village
26
Asak
Jasi
Slumbung
Yehpoh
Tenganan
Pasedahan
Dauhtukad
Timbrah
Manggis
Apiceh
Prasi
Nyuhtebel
Bugbug
Buitan
Tanahampo
Ngkidu
31
Candi Dasa
Tanjung Biasputih
Nusa Biaha
Sengkidu

A
B
C
187
Penganggaan
Belimbing
Balian
Otan
Sandan
Sangketan
Tengkudak
Penebel
Pemanis
Baru
TABANAN
Cacan
Pagending
Petiga
Sura Dadi
Mundeh
Dalang
Penatahan
5
Tegallinggah
Yeh Panas
Ampadan
Buruan
Cepik
Njelati
Lumbung Kauh
Angkah
Tinggading
Tunjuk
Marga
Antegana
Pegubugan
Ngis
Sandan
Sembung
Lembung
Manseke
Selamadeg
Beng
Kesiyut
Wanasari
Taman Kupu Kupu
(Bali Butterfly Park)
Kekeran
Gadungan
Timpak
Sarosi
Mambal
Singing
Jelijih
Surabratan
Blubuk
Bluahan
Panti
44
Antosari
Megali
Lalang Linggah
Rianggede
Batuaji
Bajera
Srampingan
Calagi
Lod-dalang
Batannyuh
Bantas-baleagung
Pukuk
Sembunggede
Subamia-baleagung
Ambengan
Blayu
Meliling
Mambang-kadia
Jadi
Antap
Soka
Cekik
Tawakilang
Pura Alas Kedaton
Mandung
Busana
Tanjung Bulungdaya
Lumajang
Dukuhkanginan
Santanbua
Mambanggede
Samsam
Kamasan
Soka Beach
4
Bebali
Tabanan
Tenebang
Pura Taman Ayun
Puri Agung
Bongan
Tista
Kukuh
Museum Subak
Mengwi
17
Klecung
Tanguntit
Sanggulan
Pang-kungperabu
Krambitan
Pangkung-karung
Jaketebe
Beraban
Blum-bang
Papuan
Tibubiyu
Penarukan
Bonganpuseh
Kediri
Pasekan
Pura Sadha
Pasut Beach
Kelating
Pandak-meranggi
Jempayah
Kapal
Kalanganyar
Pejaten
Pura Desa/Puseh
Kelatingdukuh
Sudimara
Pamesan
Nyitdah
Kelating Beach
Bengkel
Tangeb
Yeh Gangga
Yeh Gangga Beach
Belalang
Dauhjero
Abianbase
Kedungu
Beraban
Buduk
Tumbak-bayuh
Krobokan
Dalung
Tanah Lot
Cemagi
Munggu
BADUNG
Gaji
2
Pura Tanah Lot
Danginsema
Babakan
3
Sangiangan
Kangkang
Canggu
Mengening
Pipitan
Kalibul
Kulutulang
Jambe
Seseh
Anyarbaleran
Seseh Beach
Pengem-bungan
Banjar-tengah
Tibu-beneng
Kero-bokan
Canggu Beach
Berawa
Malas
Batubelig
Pura Petitenget
Pengipian
Samudera
Seminyak Beach
Kerobokan
Seminyak
Legian Kaja
Teluk
Legian
Kuta
Legian Beach
Pelasa
2
Kuta
Kuta Beach
10
Hindia
Waterbom
Abian Kuta
Tuban
Ngurah Rai Airport
Teluk
Jimbaran
Jimbaran
11
Jimbaran Beach
Pura Ulun Siwi
Tanjung Tegalwangi
Tanjung Balangan
Pantai Balangan
Tanjung Batupangga
Teluk Sait
Tegalsari
Cengiling
Garuda Wisnu Kencana Cultural Park
Dreamland Beach
Pura Balangan
Gua Peteng
(Pantai Padang Padang) Padang Padang Beach
Pura Gu
Bangket
Simpangan
Pura Kayu Su
(Pantai Suluban) Suluban Beach
Labuan Sait
1
Tanjung Tanguma
Suluban
Bukit Badung
12
Umpeng
Pura Pererepan
Bakung
Kutuh
Pura Luhur Ulu Watu
Gunung Djana
182 m
Ulu Watu
Ungasan
6
Pecatu
125 m
Nyang Nyang Beach
Pura Masuka
Pura Batu
A
B
C

188

Luwus
Baru
Palean
Bluang
Pangsan
Ayung
487
Pontang
Lebah
Pujungklod
Pujung
Sebatu
Gunung Kawi
yangan-kawan
Manukaya
Pura Tirta Empul
Metrakaja
Metraklod
Kayang
Manika
Caumarga
Perean
Petiga
Tengah
Kukup
Getasan
Kedisan
Bayad
Gadungen
Basang-ambu
Tanggehan
Keduwi
Tegalasah
Penglipuran
Pura Desa
Tampaksiring
Kubu
BANGLI
Lebe
Melinggih
Tangkup
Bereteh
Basangbaba
Kelusa
Yehtengah
Susut
Gunung Kawi
Manuk
Sangsang
Pura Kehen
Tingkatbatu
Carangsari
Bang
Celuk
Tegalalang
Bukit
Penatahan
Cempaga
Demulih
Bangli
Tembuku
Nyangglan
Keliki
Manuaba
Pakerisan
Babakan
Samuan
Wisata Budaya (Arts Center)
Tambahan
Nyalian
Taman Lembah
Grane
Jempeng
Sanding
Sapat
Pura Bukit Sari
Selat
Sebali
Sumita
Madangan
Apuan
Petak
Tanggahan
Panti
Timuhun
Gembalan
Caublayu
Kekeran
Sangeh
Kedewatan
Petulu
Panarukan
Mambal
Museum Neka
Sayan
GIANYAR
Suwat
Kabetan
Sidawa
Tulang-niuh
Monkey Forest
Lodpasar
Tarukan
Ngalian
Batannyuh
Ayunan
Museum Puri Lukisan
Pura Penataran Sasi
Siangan
Talangjiwa
Bunutin
Palak
Aan
Banjarsayan
Pura Gunung Lebah
Ubud
Pejeng
Bakbakan
Angkling
Guliang-kawan
Getakan
Abeansemal
Pande
Peliatan
Museum Purbakala Gedung Arca (Archaeological Museum)
Besang
Monkey Forest
Teges
Goa Gajah
Pura Dalem
Busana
Pengosekan
Bedulu
Yeh Pulu
Pacung
Tihingan
Kerta
Gosa
Pura Taman Ayun
Cemengan
Lod Tunduh
Pura Durga Kutri
Gianyar
Sidan
Penasan
Latu
Sigaran
Pura Taman Pule
Mas
Buruan
Pura Gianyar
Gunarsa Museum
Takmung
Kengetan
Tulikup
Kuripan
Tingas
Pura Puseh
Pura Puseh Blahbatuh
Bona
Losan
Pura Sadha
Sakah
Bekul
Kesihan
Negari
Sedang
Mawang
Kemenuh
Belega
Medahan
Tegalbesar
Sidayu
Kapal
Air Terjun Tenggunungan
Tojan
Keramas
Lebih
Sibanggede
Tegal
Kebun Binatang Bali (Bali Zoo)
Batuan
Pering
Bali Safari & Marine Park
Pura Segara
Peninjoan
Pasar Seni
Bangsal Beach
Lukluk
Sukawati
Pura Masceti
Abianbase
Sading
Bali Reptile Park
Kebon
Pinda
Saba
Umodesa
Jagapati
Celuk
Buduk
Sempidi
Pegu-yangan
Taman Burung (Bali Bird Park)
Batu-bulan
Batu-yang
Cemenggaon
Tanjung Petanu
Gaji
Peninjoan
Tegallingah
Semaga
Central Bus Station
Ubung
Tohpati
Uos
Pabean
Krobokan
Pande
Pura Petilan
Gumicik
Jambe
Puri Kesiman
Pagan
DENPASAR
Werdhi Budaya Art Centre
Pamedilan
Kedaton
Tanjung-bungkak
Padang Galak
Gelogor
Museum Le Mayeur
Buwagan
Panjer
Intaran
Sanur
Renon
Sindhu
Sanur Beach
Kerobokan
Gunung
Tegalwangi
Bebet
Seminyak
Pemogan
Batujimbar
Kepawon
Sidakaria
Timbul
Pegok
Blanjong
Semawang
Suwung
Selat Badung
Glogor Ambengan
Pura Merlasari
Tanjung Serangan
Kuta
Kajeng
Pantus
Pesanggaran
Pojok
Pura Sakenan
Dukuh
Waterbom Park
Pulau Serangan (Turtle Island)
Benoa Port
Kedonganan
Tanjung Benoa
Tanjung Benoa
Benoa Harbour
Mandara Toll Rd
Pengederan
Pura Ulun
Suwung Swamp
Tenora
Trora
Pura Desa
Nusa Dua Beach
Garuda Wisnu Kencana Cultural Park
Bualu
Nusa Dua
Nusa Dua
Samudera Hindia
Pura Gua Gong
Pura Kayu Sujih
Kampial
Badung
Pura Geger
Tanjung Lebang
Kutuh
130 m
Pura Karang Bona
Tanjung Geger
Pura Batu Pageh
Green Bowl Surfing Area
D
E
F
1
2
3
5

189
Royal Ponds
Tirtagangga
Ababi
Bias
Sadimara
Kuhum
Penahan
Peladung
Saren-dukuh
Padang-kerta
Susu-ang
Tegaling
Tihingan
Budakling
Saren
Kayuputih
Bebandem
Abian Soan
Amlapura (Karangasem)
Papung
Kecicang
Subagan
Bungaya
Biyo
Ujung
Ngis
Slumbung
Bali Aga Village
Tenganan
Pasedahan
Dauhtukad
Asak
Jasi
Timbrah
Prasi
Nyuhtebel
Bugbug
Candi Dasa
Tanjung Bias
Nusa
Pasir Putih
Tg. Bugbug
Candi Dasa Beach
Gili Mimpang
Gili Tepekong
Nusa Kambing
Mendira Beach
Sengkidu Beach
Balina Beach
Sengkidu
Buitan
Apiceh
Manggis
Yehpoh
Sibetan
Macang
Putung
Padangtunggal
Gerianakangin
Pegu-bugan
Duda
Selat
Sebudi
Sukaluwih
Muncan
Menanga
Manikaji
Rendang
Bangbang
Bujaga
Segah
Ipah
Sangkan Gunung
Iseh
Sidemen
Pura Asmara
Semseman
Sekai
Pesaban
Bukit Jambul
Payungan
Klungan
Undisan
826 m
Telagan
Telunwajah
Tangkup-anyar
Silebeng
Gegelang
Ulakan
Tanahampo
Angantelu
Yeh Unda
Sukanaji
Akah
Cegeng
Lebu
Besar
KLUNGKUNG
Pakel
Babakan
Pura Silayukti
Padang Bai
Teluk Amuk
Tanjung Sari
Padang Bai Beach
Pura Goa Lawah
Glogor
Pikat
Paksabali
Dawan-klod
Klungkung (Semarapura)
Sampalan
Pundukdawa
Pesing-gahan
Goa Lawah (Bat Cavern)
Kamasan
Gelgel
Jroagung
Tangkas
Kusamba
Saltern
Sidayun-yuhaya
Jumpai
Tanjung Setra
Pura Batu Klotok
a d u n g
Nusa Lembongan
Jungutbatu
Lembongan
Nusa Ceningan
Tanjung Biasmentik
Toyapakeh
Prapat
Ped
Pura Dalem Penataran Ped
Sentalkawan
Sentalkangin
Kutampi
Telaga
Mentigi
Sampalan
Batumalapan
Biyaung
Sebunibus
Jurangpait
Goa Karangsari
Karangsari
Glagah
Sakti
139 m
Klumpu
Celagilandan
Pulagan
Suana
Pura Batu Medau
Semaya
Gunung Mundi
529 m
Pundukakaja
Pe nang-kidan
Karangjawa
Batumadeg
Batukandik
Pejukutan
Karang
Tanjung Sari
Sebuluh
228 m
Nusa Penida
Dungkap
Antapan
Tanglad
Debuloh
422 m
Pamuhan
Sekartaji
Tanjung Moling
Tanjung Atuh
Tanjung Bakung
H i n d i a
A
B
C

Notizen

Notizen

Abbildungsnachweis

Getty Images: Matthew Wakem 6/7, Otto Stadler 18, Michele Falzone 23, Agung Parameswara 82, John Elk III 91, Jürgen Ritterbach 92, Michael Dean Morgan 100, Dallas Stribley 118, Ignacio Palacios 135, Brand X Pictures 138, Pandu Adnyana 139, joSon 140, Putu Sayoga 153, Wolfgang Pölzer 155, Peter Ptschelinzew 156, Nigel Killeen 166–168, Evgenia Bakanova 170, Russ Rohde 174

Glow Images: imagebroker 86/87, PhotoNonStop 143

huber-images: M. Bortoli 13, Brook Mitchell 20, Konstantin Trubavin 45 und 46, Brook Mitchell 113, Bruno Cossa 131

laif: Frank Heuer 4 und 8, hemis.fr/Stéphane Godin 10, Frank Heuer 16 und 21, Andreas Hub 24, REA/Pierre Bessard 27, hemis.fr/Marc Dozier 29 und 30, Frank Heuer 47, hemis.fr/Reinhard Dirscherl 48/49, Naftali Hilger 50, hemis.fr/Romain Cintract 55, hemis.fr/Franck Chaput 58, Frank Heuer 60, hemis.fr/Jean Du Boisberranger 61, hemis.fr/Camille Moirenc 62, hemis.fr/Franck Chaput 71, Redux/Patrick Love 73, Malte Jäger 76 und 79, Redux/VWPics/Mikel Bilbao 90, hemis.fr/Franck Chaput 102, hemis.fr/Julien Garcia 104/105, Andreas Hub 114, Frank Heuer 133, hemis.fr/Franck Chaput 137, Frank Heuer 141 und 142, hemis.fr/Franck Chaput 159, Bruno Morandi 160, Aurora/Konstantin Trubavin 161, Eva Häberle 169, Clemens Emmler 172

LOOK-foto: Rötting & Pollex 14 und 15, Design Pics 51, Rötting & Pollex 74, Kay Maeritz 80, Rötting & Pollex 88, Rötting & Pollex 107, robertharding 108, Rötting & Pollex 110–112, age fotostock 128 und 129, Rötting & Pollex 144 und 145, Kay Maeritz 154

mauritius images: age/Charles O. Cecil 11, age/Michel Renaudeau 16/17, Alamy/Peter Eastland 17, Westend61/Peter Schickert 19, age/Christopher Leggett 25, Alamy/Peter Treanor 26, age/Colin Monteath 44, age/Chua Wee Boo 53, Westend61/Thomas Haupt 57, Westend61 70, John Warburton-Lee 75, Westend61/Konstantin Trubavin 77, Stefan Hefele 89, Westend61/Konstantin Trubavin 116, robertharding/G. & M. Therin-Weise 117, Pacific Stock/Dave Fleetham 120, imagebroker/Bernd Bieder 157

picture-alliance: robertharding/Luca Tettoni 119, Photoshot/BCI/Bruce Coleman 158

vario images: imagebroker 52, RHPL 83, imagebroker 84, AGF Creative 109

Titelbild: Getty Images/Martin Puddy

VERLAG KARL BAEDEKER

1. Aufl. 2017

Text: Michael Möbius
Redaktion & Gestaltung: Frank Müller, Anja Schlatterer (red.sign, Stuttgart)
Projektleitung: Dieter Luippold
Programmleitung: Birgit Borowski
Chefredaktion: Rainer Eisenschmid

Kartografie: ©MAIRDUMONT GmbH & Co. KG, Ostfildern
3D-Illustration: jangled nerves, Stuttgart

Anzeigenvermarktung:
MAIRDUMONT MEDIA
Tel. 0711 4502-0
media@mairdumont.com
media.mairdumont.com

Printed in China

Trotz aller Sorgfalt von Autoren und Redaktion sind Fehler und Änderungen nach Drucklegung leider nicht auszuschließen. Dafür kann der Verlag keine Haftung übernehmen. Berichtigungen, Kritik und Verbesserungsvorschläge sind uns jederzeit willkommen, bitte informieren Sie uns unter:

Verlag Karl Baedeker/Redaktion
Postfach 3162
D-73751 Ostfildern
Tel. 0711 4502-262
smart@baedeker.com
www.baedeker.com

FSC
www.fsc.org
MIX
Papier aus verantwortungsvollen Quellen
FSC® C124385

10 GRÜNDE WIEDERZUKOMMEN

1. Mehr als **1000 Feste und Feiern** pro Jahr reichen für unendlich viele Besuche.
2. Die **Vulkanlandschaften** Balis gehören zu den großartigsten auf Erden.
3. Die **Herzlichkeit** auf der »Insel des Lächelns« macht jeden Urlaub zum Gewinn.
4. Vor lauter Tempeln hat man es versäumt, die **Unterwasserwelt** zu erkunden.
5. Die **kulinarische Vielfalt** der indonesisch-balinesischen Küche ist unerschöpflich.
6. Die **Nächte in Kuta** waren so lang, dass die Tage regelmäßig zu kurz gekommen sind.
7. Bali ist mehr als nur der Name einer Ferieninsel, es ist **Sehnsuchtsziel**.
8. **Balis Kultur**, die jeden Aspekt des täglichen Lebens durchdringt, ist einzigartig.
9. Wer einmal Balis zauberhafte **Reisterrassen** gesehen hat, bekommt nicht genug davon.
10. Die **tiefe Spiritualität** der Balinesen ist immer wieder aufs Neue faszinierend.